高等院校信息管理与信息系统专业系列教材

信息系统分析与设计

董洁 杜利明 钟辉 孙雪洋 等 编著

清华大学出版社

北京

内 容 简 介

本书全面介绍了信息系统的基本概念、理论体系和开发过程,详细阐述了信息系统的规划、分析、设计、实施和评价的方法。

全书共分为 10 章,以理论联系实际为指导思想,内容丰富,概念清晰,结构合理,通俗易懂,讲解深入浅出,立足于基本原理、概念、方法和工具,兼顾信息系统开发的全面性、系统性与实用性,培养学生分析、设计、研制信息系统的能力;既强调信息系统自身原理和方法的科学性、系统性和先进性,又注重其可操作性和实用性,强化方法与案例的结合,同时通过吸取国内外教材的先进教学思想与教学内容,反映了这一领域的新发展。

本书可作为高等学校信息管理与信息系统、计算机科学与技术、管理科学与工程、电子商务等专业的教材,也可供从事企业信息化建设和管理信息系统开发、管理的相关人员阅读。

图书在版编目(CIP)数据

信息系统分析与设计/董洁等编著.—北京:清华大学出版社,2020.2(2021.2重印)
高等院校信息管理与信息系统专业系列教材
ISBN 978-7-302-53669-7

Ⅰ.①信… Ⅱ.①董… Ⅲ.①信息系统-系统分析-高等学校-教材 ②信息系统-系统设计-高等学校-教材 Ⅳ.①G202

中国版本图书馆 CIP 数据核字(2019)第 196275 号

责任编辑:曾 珊
封面设计:傅瑞学
责任校对:梁 毅
责任印制:沈 露

出版发行:清华大学出版社
      网　　　址:http://www.tup.com.cn,http://www.wqbook.com
      地　　　址:北京清华大学学研大厦 A 座　　　　邮　　编:100084
      社 总 机:010-62770175　　　　　　　　　邮　　购:010-83470235
      投稿与读者服务:010-62776969,c-service@tup.tsinghua.edu.cn
      质量反馈:010-62772015,zhiliang@tup.tsinghua.edu.cn
      课件下载:http://www.tup.com.cn,010-83470236
印 刷 者:北京富博印刷有限公司
装 订 者:北京市密云县京文制本装订厂
经　　销:全国新华书店
开　　本:185mm×260mm　　印　张:15.75　　　　字　　数:381 千字
版　　次:2020 年 2 月第 1 版　　　　　　　　　印　　次:2021 年 2 月第 2 次印刷
定　　价:49.00 元

产品编号:083157-01

前　言

信息系统是一门综合了管理科学、信息科学、系统科学、行为科学、计算机科学和通信技术的新兴学科。它既有技术系统特征，又具有社会系统的特征，能为企业提供更加准确、及时而全面的数据，便于对信息进行更进一步的加工利用，加强企业管理的科学化、合理化、制度化、规范化。信息系统的综合性、边缘性、系统性、实践性等特点，使信息系统成为一门学科体系跨度大、基础知识要求广的课程。

信息技术的不断发展，互联网、云计算等技术的普及应用，社会信息化进程的不断深入，对信息系统的建设和应用产生了很大的促进作用，信息系统建设的理论和方法也在不断发展。本书在管理科学和信息技术的基本知识与技能的基础上，吸取了国内外同类教材先进的教学思想和教学内容，反映了这一领域的新发展，同时融入了作者多年来课程教学和信息系统建设的实践经验，系统地讲解信息系统分析与设计的方法，从而使学生具备承担企事业单位信息系统规划、信息系统分析与设计、信息系统实施、信息系统管理等工作的能力。

本书以简明扼要、易学、易懂、易掌握为编写原则，由浅入深、循序渐进地全面介绍开发信息系统所需要的各方面知识。全书共分为 10 章，内容涵盖了信息系统分析与设计的各个方面，可以为读者学习信息系统提供有效的帮助。

本书由董洁、杜利明主编。第 1、2 章由董洁、钟辉、刘也凡编写，第 3、4 章由董洁、李贵编写，第 5、6 章由董洁、李征宇、王艺霖编写，第 7、8 章由杜利明、孙雪洋编写，第 9、10 章由杜利明、王凤英、韩子扬编写。董洁、王凤英负责书稿的审阅。全书由董洁统稿。

本书是高等院校信息管理与信息系统本科专业核心课程的教学用书，可作为高等院校信息管理与信息系统本科专业及其相关专业的教材，同时也可作为 MBA 教材或企业信息系统研究与开发人员的参考资料。

由于时间仓促，书中难免有不妥之处，敬请读者批评指正。

作　者

学 习 建 议

　　本课程的授课对象为信息管理与信息系统、计算机应用、软件工程、电子商务等本科专业学生。参考学时为64学时,包括课程理论教学环节48课时和实验教学环节16课时。本书也可作为相关专业MBA或硕士课程教材,理论教学环节的参考学时为32学时。

　　课程系统地讲授了信息系统开发方法。首先介绍信息系统开发相关的基本概念、基本原理和开发思想,然后结合实际案例系统介绍信息系统的总体规划、系统分析、系统设计、系统实施、系统切换、维护与评价等阶段的工作原则、工作步骤、基本方法及开发文档。

　　课程理论教学环节主要包括:课堂讲授、研究性教学。课程以课堂教学为主,部分内容可以通过学生自学加以理解和掌握。研究性教学针对课程内容进行扩展和探讨,要求学生根据教师布置的题目提交报告,课内讨论讲评。

　　实验教学环节围绕信息系统的分析与设计开展,要求学生在掌握信息系统分析设计各环节的内容、技术、方法及策略的基础上,针对一些具体案例有效地进行信息系统的分析与设计。实践内容包括:系统分析设计报告的撰写,组织结构图、业务流程图、数据流图的设计与绘制,信息系统对象模型、功能模型及行为模型的建立,系统界面设计、测试及发布等内容。具体题目可根据学时灵活安排,主要由学生课后自学完成。

　　本课程的主要知识点及课时分配见下表。

序号	知识单元(章节)	知识点	要求	推荐学时
1	信息系统概论	信息系统的基本概念	掌握	4/2
		信息系统的基本性质	理解	
		信息系统体系结构	理解	
		现代信息系统企业驱动力	了解	
		信息系统关键技术	了解	
2	信息系统开发理论基础	信息系统开发基本原理	掌握	4
		信息系统开发生命周期	掌握	
		跨生命周期的活动	理解	
		信息系统开发原则	掌握	
		信息系统开发策略	理解	
		信息系统过程模型	掌握	
		信息系统开发方式	了解	

序号	知识单元(章节)	知识点	要求	推荐学时
3	信息系统开发方法	结构化开发的基本思想	理解	4/2
		结构化开发的过程	掌握	
		结构化开发的原则	掌握	
		结构化开发的特点	理解	
		面向对象开发的基本思想	理解	
		面向对象开发过程	掌握	
		面向对象的基本概念	了解	
		结构化方法与面向对象方法区别	理解	
		计算机辅助软件工程基本思想	了解	
		计算机辅助软件工程的基本功能	了解	
		计算机辅助软件工程的特点	了解	
4	系统规划	系统规划概念	了解	4/2
		系统规划的内容	了解	
		信息系统规划机构	了解	
		信息系统规划步骤	掌握	
		系统规划方法	掌握	
		业务流程重组	理解	
		系统规划报告	掌握	
5	系统分析	系统分析的任务	掌握	6/4
		系统分析要求	理解	
		系统分析方法与步骤	掌握	
		可行性分析	掌握	
		详细调查的原则和方法	了解	
		组织结构与业务流程	掌握	
		数据流程图	掌握	
		数据建模与分析	理解	
		行为建模	了解	
		系统分析报告的撰写	了解	
6	系统设计	系统设计的任务	掌握	6/4
		系统设计要求及指标	理解	
		系统设计原理	理解	
		系统功能结构设计	掌握	
		信息系统体系结构设计	了解	
		数据库设计目标	理解	
		数据库设计步骤	掌握	
		代码设计种类与原则	了解	
		用户界面设计原则	理解	
		处理过程的设计工具	掌握	
		系统设计报告	了解	

序号	知识单元(章节)	知识点	要求	推荐学时
7	面向对象分析与设计	面向对象分析概念	了解	6
		面向对象分析的原则	理解	
		面向对象模型	掌握	
		面向对象建模方法	掌握	
		UML 统一建模语言	掌握	
		面向对象模型的建立	掌握	
		面向对象分析与设计的关系	了解	
		面向对象类的设计	掌握	
		面向对象数据设计方法	了解	
		面向对象设计模式	了解	
8	系统实施	系统实施的任务	掌握	4/2
		系统实施阶段主要问题	理解	
		信息系统物理系统实施	了解	
		程序设计的目标	理解	
		程序语言的选择准则	理解	
		程序设计风格	掌握	
		程序效率	了解	
		软件调试原则与方法	掌握	
		软件测试的目的和原则	理解	
		软件测试的方法和技术	理解	
		黑盒测试方法	掌握	
		白盒测试方法	掌握	
9	系统的切换、维护与评价	系统切换的目的和内容	理解	4/2
		系统切换的工作流程	掌握	
		系统切换过程中需要注意的问题	理解	
		系统维护的目的及存在的问题	理解	
		系统维护类型及工作方式	了解	
		应用软件维护的分类	了解	
		数据维护的主要内容	了解	
		系统评价的目的	理解	
		系统评价方法	了解	
		系统评价指标与流程	了解	
10	系统项目管理	系统项目管理的目标	理解	4/2
		系统项目管理的特点与内容	理解	
		系统项目管理过程	掌握	
		信息系统项目工作计划	掌握	
		信息系统项目质量管理	掌握	
		信息系统项目风险管理	了解	
		信息系统项目文档管理	了解	
11	研究性教学	课后完成、课堂讨论点评	理解	2

目　　录

第1章 信息系统概论

社会的网络化、经济的全球化和贸易的自由化,改变了人们的生活方式和商业形态,全面而又深刻地影响着人们工作和生活的各个方面,极大地促进了信息系统的建设和应用。信息系统从传统的管理问题的处理扩展到处理企业的经营问题,相关领域相辅相成、互惠互利。

1.1 什么是信息系统

1.1.1 信息系统的概念

1. 信息系统

向日葵能感知太阳的光线信息,从而随着日升日落转动,蚂蚁能通过味觉、触觉传递消息,辨识身份建立家族联系,古代通过驿站传递消息……人类社会和自然界中存在着大量的以信息收集、传递、处理和运用为过程的实例。现代的信息系统(Information System,IS)是人、数据、过程和信息技术之间相互作用、收集、处理、存储和提供支持企业运作的信息的集合体,广泛地存在于企业、政府部门、学校等组织中。

在计算机技术迅猛发展的今天,信息系统的实施离不开信息技术。信息技术(Information Technology,IT)是计算机技术(硬件和软件)和电信技术(数据、图像和语音网络)相结合的产物。从功能角度看,凡能实现信息获取、识别、提取、转换、存储、传输、处理、分析和利用的技术都是信息技术,信息技术分为硬件和软件两个基本类别。信息系统集成了计算机硬件、软件、数据、过程和生产信息资源的人员,当然还包括组织、战略、管理与决策。信息技术是信息系统的重要资源,它根据组织战略的需要选择性能价格比适当的信息技术构成一个系统,对信息进行收集、存储,并且按照组织设计的管理决策和流程优化的新方案进行信息加工,最后输出比输入信息更有价值的信息供管理者使用。也可以这样说,一切利用信息技术去解决企业问题的组织和管理方法的集合都是信息系统。信息技术、组织、管理和决策在信息系统的融合下形成一个整体。

信息技术的进步是信息系统发展的动力;同时,信息系统是信息技术的应用和体现。例如,企业在"天猫"电子商务平台建立一个网店,"天猫"会提供服务器、程序以及数据库结构和标准流程,这时只要向数据库输入数据,并且把标准流程变成适合企业需要的流程就能进行商务活动,这时信息技术被信息系统融合了。

在管理领域,用于对经营与管理方面的信息进行加工和处理的信息系统称为"管理信息系统"(Management Information Systems,MIS)。由于信息系统在管理领域的应用最为广泛,国外有关管理信息系统的著作都用"信息系统"(Information Systems,IS)代替早些时候的"管理信息系统",从而成为广义概念上的"管理信息系统"的代名词和专用名词。

2. 信息系统的功能

各行各业不同内容的信息系统千差万别,但从信息处理过程来看,信息系统通常都具有以下功能。

(1) 数据收集和输入功能。信息系统功能的完成离不开数据,信息系统的首要任务是把通过各种途径和方法采集的信息按照不同的要求输入到系统中。传统的方法是设计信息系统的数据输入功能或不同格式数据的导入功能,而随着信息技术的发展,现在通常通过设计网络爬虫或数据挖掘软件进行自动化的数据捕获。

(2) 数据存储功能。数据进入到信息系统后,必须进行存储以便随时调用。通常使用各类数据库技术进行数据管理,实现数据的共享,减少冗余,保证数据的一致性,提高信息系统处理数据的效率。

(3) 数据传输功能。为了收集和使用信息,需要把信息从一个子系统传送到另一个子系统,或者从一个部门传送到另一个部门,即数据通信。

(4) 数据处理功能。数据的处理是信息系统的核心,包括从单项查询、组合查询和模糊查询等各类查询以及数据转换、排序、合并、计算,直到复杂的数学模型的仿真、预测、统计分析、优化计算等。将管理人员从繁重的重复性事务处理中解脱出来,对计划的执行情况进行监测、检查,比较执行情况与计划的差异,并分析其原因,辅助各级管理人员进行决策。数据仓库、数据挖掘就是典型的数据处理方法。

(5) 数据输出功能。对加工处理后的数据,必须输出才能体现信息系统的价值,输出的信息必须准确、可靠、及时且适用,根据不同的需要,采用较强的人机交互功能,以不同的形式和格式向不同的通信端口进行输出。

(6) 系统管理功能。系统管理功能主要包括系统维护和数据恢复、备份功能。

3. 信息系统的类别

信息系统最初主要用于管理部门,协助管理者完成日常事务处理。近年来,信息系统已经不局限于管理活动,广泛地应用于娱乐、教学、科研、家庭生活等领域。企业利用信息系统为企业及其员工、客户、供应商和合作伙伴提供业务支持,将信息系统看成是提高竞争力、获取竞争优势的根本要素。信息系统可以从不同角度划分,主要可以分为如下 5 维。

(1) 职能维。每个组织内部通常由不同的部门构成,不同的部门完成各自的职能,如生产、销售、后勤、财务、人事等。不同的职能有相应的信息系统,例如生产管理信息系统、人事信息系统等。

(2) 流程维。从宏观上看,任何组织都不是孤立存在的,同其他组织存在各种各样的联系,流程粗略地可分为上游、中游和下游。从企业信息系统的角度可粗略地认为供应链系统为上游系统,企业资源计划为中游系统,而客户关系管理系统为下游系统。

(3) 行业维。信息系统在不同的行业中呈现不同的特点,例如制造业、商业、邮政、政府部门等的信息系统各不相同。根据不同行业的组织特点来划分系统,就是行业维。

(4) 层次维。组织内部有不同的管理人员,管理的内容各不相同,因而就要使用不同的信息系统,组织中的各层人员一般分为基层、中层和高层(或顶层)。支持基层人员的是事务处理系统；支持中层的是终端用户系统；支持高层的是经理支持系统或主管支持系统。

(5)智能维。智能维是按照系统所具有的智能水平来区分的。智能维注重信息使用的深度，使用深度越深，系统具有的智能越高。实际上，智能和决策紧密联系，智能越高对决策支持越深，如专家系统、决策支持系统等。

实际应用中，还可以举出许多其他的维度。例如，按技术的实现、地域大小、使用的个人或群体等来划分。

信息系统以各种形式和规模出现，并且与其服务的业务系统紧密地交织在一起，常见的信息系统如下。

1）事务处理系统

事务处理系统(Transaction Processing System，TPS)存在于企业的各个职能部门，是组织中处于业务操作层的最基本的信息系统，它应用信息技术支持组织中最基本的、每日例行的业务处理活动，例如工资核算、销售订单处理、原材料出库、费用支出报销、商场的货品盘点系统、POS结算收款系统等。一般来说，TPS中的业务处理活动是高度结构化的，其过程有严格的步骤和规范。

2）决策支持系统

决策支持系统(Decision Support System，DSS)是一种以计算机为工具，应用决策科学及有关学科的理论与方法，为决策者提供分析问题、建立模型、模拟决策过程和方案的环境，调用各种信息资源和分析工具，辅助各种决策人员从可选项中选出决策，帮助决策者提高决策水平和质量。

3）主管信息系统

主管信息系统(Executive Information System，EIS)是服务于组织的高层经理的一类特殊的信息系统，专门按照主管的特殊信息需求进行裁剪，为企业制订规划，并根据规划评估效益。

主管信息系统面向组织的战略决策层，它不同于其他类型的信息系统专为解决某类或某个特定问题，而是为组织的高级主管人员建立一个通用的信息应用平台，借助于功能强大的数据通信能力和综合性的信息检索和处理能力，为高级行政主管人员提供一个面向随机性、非规范性、非结构化信息需求和决策问题的支持手段。

4）专家系统

专家系统(Expert System，ES)能够有效地捕捉专家或决策者的专业知识，模拟专家的思维过程从而为非专家服务的信息系统。

5）通信和协作系统

通信和协作系统(Communication and Cooperative System，CCS)促进工作人员、合作伙伴、顾客和供应商之间进行更有效的通信，以提高他们协作能力的信息系统。

6）办公自动化系统

办公自动化系统(Office Automation System，OA)是指通过IT技术的应用，将办公人员及其为完成业务所需的各种设备集成一体的信息系统。辅助雇员生成和共享支持日常办公活动的文档。其主要目的是通过应用信息技术，支持办公室的各项信息处理工作，协调不同地理分布区域之间、各职能之间和各信息工作者之间的信息联系，提高办公活动的工作效率和质量。

7）电子商务系统

广义上讲,电子商务系统(Electronic Commerce System,EC)是支持商务活动的电子技术手段的集合。从狭义上看,电子商务系统是指在 Internet 和其他网络的基础上,以实现企业电子商务活动为目标,满足企业生产、销售、服务等生产和管理的需要,支持企业对外业务协作,从运作、管理和决策等层次全面提高企业信息化水平。

1.1.2 信息系统的性质

20 世纪 50 年代开始,人们利用计算机进行数据处理,信息技术应用得到迅猛发展,同时,许多信息系统在耗费了大量的人力、物力、财力之后夭折了,或者根本没有实现原定的系统开发目标,这是长期以来困惑着人们的一大问题。

现在,人们日益深刻地认识到,信息系统不仅是技术系统,而且是社会系统。从技术角度看,信息系统是一组相互关联的部件的集合,它能够收集、存储、处理和传播信息,支持组织内和组织间的决策和控制。从管理角度看,信息系统是基于信息技术的、为了应对新时期互联网技术促成的电子商务以及全球化企业发展需求而生成的管理和决策的解决方案。

信息系统的技术性强调实施信息系统的信息技术,包括信息系统平台硬件和软件开发环境的选择,网络设施的布局设计、防火墙技术、通信技术、开发方法及其实现、维护技术等。信息系统的社会性体现在信息系统设计、实施和应用过程中,与组织和管理相互作用引起的各类人员的反应。例如,信息系统的运行改变了原有的管理模式,企业员工对新模式的不理解;信息系统改变了原有的工作流程、工作职责和工作制度,员工不适应;信息系统要求员工改变工作方式,部分员工对新技术产生抵触情绪;信息系统的实施造成组织扁平化,领导岗位的减少,造成权力、利益和决策程序的变化,导致组织成员行为的改变……如何使人们接受和适应这种变化是信息系统成功的关键,也是信息系统要解决的问题。推进信息系统的变革犹如推进社会变革,信息系统技术的复杂性、需用资源的密集性和用户需求的多样性仅是问题的一个方面,而更重要的则涉及管理思想、管理制度、管理方法、权利结构和人们习惯的变化。这是在开发和实现信息系统过程中必须十分明确的关键性问题。

信息系统的建设是一项既有技术系统特征又有社会系统特征的系统工程,不仅仅需要计算机技术知识,更需要经济和管理的知识(如企业管理、会计、统计、金融、财务和税收等)。信息系统专业人员需要在信息系统开发之中运用计算机技术、数学方法与模型、经济与管理知识。因此,信息系统不仅是一个应用领域,而且是一门学科——介于管理科学、数学和计算机科学之间的一个边缘性、综合性、系统性的交叉学科。它运用这些学科的概念和方法、融合提炼组成一套新的体系和方法,计算机技术对信息系统开发必不可少。

1.2 信息系统体系结构

信息系统体系结构(Information Systems Architecture,ISA)是指信息系统的组成成分及组成成分之间的联系。有的文献也称之为组织的信息体系,或者信息系统的组成模型等。

研究信息系统体系结构有不同的视角,很多学者提出了信息系统体系结构的模型。例如,德国 IDS Scheer 公司的 August-Wilhelm Scheer 教授提出了集成信息系统体系结构

（Architecture of Integrated Information Systems，ARIS）的概念；美国华盛顿大学戴维·克罗恩克（David Krenke）教授提出信息系统由计算机硬件、软件、数据、过程（Process）和人组成的五要素框架；20 世纪 90 年代薛华成教授从概念、功能、软件、硬件四个方面提出了信息系统结构；近年来刘仲英教授，提出了具有社会-技术特征的信息系统体系结构。

　　"社会-技术"信息系统体系结构模型是在总结各种信息系统体系结构的基础上构建的，如图 1-1 所示。该模型的上半部分描述信息系统的技术性，表明信息系统由应用信息系统及其依赖的数据资源和硬件平台构成；下半部分描述信息系统的社会性，信息系统的基础包括信息系统用户、组织战略、组织结构、管理模式四部分。上下两大部分共 7 个成分相互联系，构成了信息系统的有机整体。

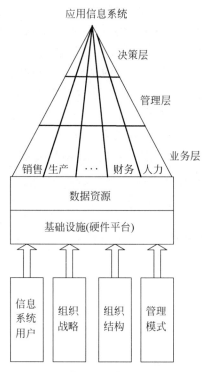

图 1-1　信息系统体系结构模型

1.2.1　应用信息系统

　　应用信息系统是信息系统体系结构的主要组成部分，它是一个通过系统开发或商品软件制造商提交给用户使用的信息系统应用软件。通过设计的用户界面，向企业管理层提供辅助管理和决策的各种应用和服务。信息系统所提供的功能由子系统（或模块）提供。按企业的内部职能可以纵向划分为销售管理、生产管理、财务管理等子系统；按照组织不同的管理层次角色，可以划分决策层、管理层、业务层等管理层次，纵横交错从而将系统划分为较小的子系统或模块。信息系统的各子系统间通过数据或者过程进行联系，形成一个集成化的信息系统应用体系，如图 1-1 中的上半部分所示。

1.2.2　数据资源

数据的组织和存储是信息系统建设的技术基础之一。信息系统数据资源是指信息系统体系结构中组织、存储、管理和使用的大量可共享的数据集合。数据资源是应用信息系统运行的基石，是管理和决策的依据，没有数据资源的信息系统是无法运行的。数据资源被组织在信息系统的数据库、数据仓库或知识库中，构成了信息系统加工的原料、半成品或成品仓库。

1.2.3　基础设施

信息系统基础设施是指为信息系统应用提供共享信息技术资源的平台，是使组织得以良好运行所必需的硬件、软件和服务的组合。信息系统基础设施的投资决策取决于组织的战略目标，其规划方案必须采用便于扩展的标准化信息技术，实现有竞争力的新型商业模式并支持企业流程的优化运行。企业信息系统的基础设施包括硬件平台、软件平台和网络通信平台。硬件平台包括计算机主机(如大型机、台式计算机、便携式计算机等)，外存储器(如光盘、USB闪存盘等)，输入设备和输出设备(如扫描仪、打印机等)。软件平台包括系统软件、实用工具软件和应用软件。操作系统、数据库管理系统等属于系统软件；各种编程语言、开发工具、群件、浏览器等属于实用工具软件。网络通信平台由网络通信设备(如交换机、路由器等)、通信线路和通信协议等组成。

1.2.4　人员

信息系统人员是指与信息系统建设和使用有关的人力资源，包括信息系统用户和信息系统专家。信息系统用户是指那些提供信息需求或使用信息系统的人员，信息系统专家指参与信息系统开发的各类专业人员，不同的人员对于信息系统有不同的视角，了解他们的需求是成功开发信息系统的关键。

1. 系统所有者

任何信息系统无论大小，都必然拥有一个或几个系统所有者，有时也称为投资者。系统所有者一般来自管理阶层。对于大中型的信息系统，系统所有者通常是中层或高层经理；对于小型系统，系统所有者可能是中层经理或主管。系统所有者是信息系统建设项目的投资者和风险承担者，其关注的主要问题是系统成本、系统将给企业带来的价值和利益等。价值和收益可以用不同的方式来衡量，例如，增加企业收益、降低企业费用、系统的费用和利益、增加市场份额、改善客户关系、提高效率、优化决策、更好地遵守法规、避免错误、提高安全性和更大的容量等。信息系统开发组要向系统所有者汇报开发进展，系统所有者负责批准或否决项目的开展、资金的使用、人员的调配等。

2. 系统用户

绝大多数信息系统的使用者是系统用户，信息系统成功与否很大程度上取决于信息系统用户对信息系统的接受程度。同系统所有者不同，系统用户很少关心系统的成本和收益。

相反,他们关心信息系统所提供的功能和系统是否易学易用等,即基于信息系统如何做好本职工作。因此,大多数系统用户主要关注各自的业务需求,而不是技术需求。

企业员工使用信息系统进行日常事务处理,如办事员、主管等,他们也称为内部系统用户。在大多数企业中,绝大多数信息系统用户为内部用户,而随着计算机网络的应用,拓展了传统信息系统的边界,将企业客户和其他企业用户都作为系统用户囊括进来,这部分用户称为外部系统用户,他们所占比例也越来越大。不同的用户具有不同的信息系统权限,主要有以下几类。

1)业务操作用户

业务操作用户是指使用系统处理日常事务的业务人员。业务操作用户应该具有较高的业务水平和接受新事物的积极性。同时为了使业务操作用户顺利使用,人机界面应该简要明了。

2)管理用户

管理用户是指企业的中层管理人员,他们希望信息系统能够提供统计信息,以便对企业的日常活动进行计划和控制,从而高效地完成每一项业务。

3)主管用户

主管用户是指企业的高级行政人员,他们是信息系统的发起者,具备组织、决策和协调能力,拥有丰富的管理经验,希望信息系统提供市场趋势等战略信息。

4)系统管理员

系统管理员负责维护操作系统、数据库和信息系统等专用软件,承担计算机网络、通信以及硬件设备的故障诊断与维修。

3. 系统设计员

系统设计员是信息系统的技术专家,主要负责信息技术的选择和使用所选技术进行系统设计。由于信息技术的复杂性,系统设计人员往往专注于一到多项的技术专业。例如,负责设计数据库以及协调修改的数据库管理员,设计、安装、配置、优化和维护网络的网络专家,擅长设计人机界面的图形技术专家,确保数据和网络安全的技术和方法的信息安全专家,使用特定技术应用的技术专家等。

4. 系统构造员

系统构造员能按照系统设计人员的设计说明构造系统,进行程序的编制和调试,负责维护现有的应用程序。系统构造人员应该具有计算程序设计和调试能力,并能够编制文档说明资料。在小型组织(或者对于小型信息系统)中,系统设计人员和系统构造人员经常是同一组人员。但在大型组织或者大型信息系统中,通常由不同人员来担任。

5. 系统分析员

系统所有者、用户、设计人员和构造人员对于系统存在不同的看法:通常系统所有者关心成本和功能范围;系统用户更关心业务处理的过程;设计和构造人员关心实现的技术。由于各自知识背景的不同,导致对应用和技术沟通的障碍,系统分析员是其中的桥梁。

系统分析员需要同系统中的其他所有关联人员交互工作。对于系统所有者和用户来说，系统分析员确定并验证他们的业务问题和需求；对于系统设计人员和构造人员来说，系统分析员确保技术方案实现了业务需求，并将技术方案集成到业务中。换句话说，系统分析员通过与其他关联人员的交互推动信息系统的开发。

系统分析员需要具有丰富的计算机、信息系统、现代管理等专业知识，知识面广，实践经验丰富，学习能力强，能够在短时间内对不同信息系统的业务有深入的了解。此外，他们还具备较强的组织与协调能力以及较高的心理素质。

现代的信息系统往往具有决策、控制和预测功能，因此要求在系统中配置一些专门解决某类管理问题的数学模型或仿真模型。系统分析员和系统设计员能根据用户的具体问题建立合适的模型，确定求解模型所需要的参数和数据，并提出各种解法。

6. 第三方信息提供者

由于信息不对称，用户需要借助第三方的咨询服务，约束和监督开发方的行为，并指导企业与信息系统的工作。第三方咨询的内容包括信息技术及其应用、项目实施目标和计划的评价咨询、项目投入资源、项目过程及成果的监理、项目实施效益的评估等，为特定的项目提供特殊的专业知识和经验。

7. 项目经理

开发信息系统的系统设计员、系统构造员和系统分析员等必须作为一个团队协调工作，这个团队的领导就是项目经理。项目经理需要技术、管理、领导和交流等多方面技能和经验，确保系统及时、按预算并以可以接受的质量开发出来。

在现实生活中，任何人都可以扮演多个角色。例如，系统所有者可能也是系统用户。类似地，项目经理由有经验的系统分析员担任，系统分析员也可能是系统设计人员，系统设计人员同样可能是系统构造人员。

1.2.5 战略

战略在信息系统体系结构中是起主导作用的要素，战略包括组织战略和信息系统战略两个部分。组织战略是为了适应外部环境对目前从事的和将来要从事的活动所进行的重大决策，它包括组织的使命和长期目标、组织的环境约束、当前计划和计划指标的集合。信息系统战略是关于组织信息系统长远发展的目标，是为实现组织战略而采取的基于信息技术的方案。信息系统战略是组织战略的一个组成部分，信息系统在组织战略规划中的作用是利用信息技术提供良好的信息服务，帮助组织制定和实现战略目标。20 世纪 80 年代之后，信息管理被提升到企业战略管理的高度，有学者提出利用信息技术建立一种战略信息系统（Strategic Information Systems，SIS），全方位服务于组织战略规划的制定，以及支持各种竞争战略的实施，以达到提升企业竞争力的目的。

1.2.6 组织

组织是信息系统得以运行的基本要素，是在社会经济系统中为了实现共同目标而形成的具有一定形式和结构的群体和关系,是基于确定目标、结构和协调活动机制的与社会环境相联系的社会系统,如企事业单位、国家机关、政党、社会团体等。组织是管理的载体,它拥有各种资源,如人、财、物、设备、技术和信息,通过对这些资源的管理实现组织的战略目标。

不同组织的信息需求不同。信息系统设计的目标是为组织的不同部门提供信息,辅助管理和决策;另一方面,信息系统的建设会推进管理模式的改革,进而推动组织的创新与变革,所以组织与信息系统是相互影响的。

1.2.7 管理和决策

企业中的"管理"被定义为组织中的活动或过程,即通过信息获取、决策、计划、组织、领导、控制和创新等职能的发挥来分配、协调包括人力资源在内的一切可以调用的资源,以实现个人无法实现的组织目标。决策,是人们为了实现某一目标,根据已有的信息,运用科学的方法,设想多种方案并从中选择一个满意方案的过程。管理和决策总是密切相关的。决策绝不仅仅是企业中高层管理者的任务,实际上,无论是企业的战略层、管理层、知识层还是操作层,都会碰到各种各样的决策问题。信息系统不但支持管理和决策活动,而且是优化、改变和创新管理过程和管理模式的手段。

1.3 现代信息系统的企业驱动力

企业的迫切需求影响和推动了信息系统的发展,从而形成了一种新的企业哲学,影响到每一个人的工作方式。

1.3.1 经济全球化

20 世纪 90 年代以来,因特网(Internet)的崛起使全球信息网络迅速形成,信息化的浪潮汹涌澎湃,不断深入到人类社会的经济、社会、文化、生活等各个方面,促进了社会的急剧变革和加速发展。

贸易全球化正在成为世界经济增长的主要动力。随着越来越多的工业化国家提供低价的或者高质量的产品,竞争演变成全球化。美国波音公司是全球航空航天业的领军公司,其客户分布在全球 90 多个国家。在全球化趋势下,波音公司拥有上万个供应商,遍布全球135 个国家。跨国公司成为经济全球化的主角,它们在全球范围内开辟新市场,从国际间的商品流动和资本的跨国运作,到生产体系在全球范围内的配置和分工,影响力日益增大。全球化导致全球性工作群体、全球制造、全球采购、全球供应及全球技术支持和全球售后服务模式出现。企业的运营已跨越时间和空间在世界范围内完成,市场竞争呈现国际化和一体化。

经济全球化的大环境极大地增加了信息对企业的价值,并为企业提供了生产经营的新机遇。及时捕捉全球各个地区的需求信息,对市场信号做出及时的响应,高效、低成本地在世界市场中进行采购,向世界各地的用户提供优质商品和服务……这些都是企业亟待解决的问题。

企业能获得的信息是空前的丰富,用海量来形容一点不为过。面对瞬息万变的国内外环境信息,企业决策与监控所需信息也急剧增加。在这种状态下,企业单靠传统手工方式收集和处理信息是行不通的,常用的通信方式也经常难以奏效。只能采用先进的通信技术,建立高速的大容量的信息采集、加工、传输、处理和展示系统,才能满足需求,从而及时地管理和协调相距遥远、不同地域、不同环境的经营活动。信息化建设已成为企业生存和发展的必经之路。

1.3.2 电子商务和电子业务

由于经济全球化和无处不在的因特网,使现代商业具有了不断增长的供货能力、不断增长的客户需求和不断增长的全球竞争三大特征,高速的信息获取与处理方式使得传统的商业模式无法跟上现代经济的发展。解决传统商务模式的弊端需要利用现在方便、快捷的计算机技术、网络通信技术,以实现电子商务(Electronic Commerce,E-Commerce)和电子业务(Electronic Business,E-Business)。

目前,在全球各地广泛的商业贸易活动中,电子商务通常是指在因特网开放的网络环境下,基于浏览器/服务器应用方式,买卖双方不谋面地进行各种商贸活动,实现消费者的网上购物、商户之间的网上交易和在线电子支付以及各种商务活动、交易活动、金融活动和相关的综合服务活动的一种新型的商业运营模式。电子商务将传统的商务流程电子化、数字化,一方面以电子流代替了实物流,可以大量减少人力、物力,降低了成本;另一方面突破了时间和空间的限制,使得交易活动可以在任何时间、任何地点进行,从而大大提高了效率,为企业创造了更多的贸易机会。

因特网正在从根本上改变企业做生意的规则。顾客和企业越来越期望使用因特网处理事务,所以越来越多的企业采用基于 Web 的体系结构处理企业内部日常事务。电子业务就是指通过因特网进行日常的业务活动。企业利用计算机网络进行企业形象、产品和服务的营销宣传、提供新的基于 Web 的销售渠道、企业之间和企业内部的几乎所有业务都实现了无纸化和数字化处理,促进了企业的转型。

互联网行业对经济社会的贡献持续提高,在转变经济发展方式和促进结构调整中的作用更加突出,基于互联网的协同研发设计、定制生产营销等被广泛应用,网络金融和电子商务日益普及深化。在这种情况下,任何不进行信息化改造的企业,将会被排除在网络平台之外而无法生存。因此,企业必须正视目前飞速普及的电子商务环境。

1.3.3 知识和信息经济的转变

知识经济直接依赖于知识和信息的生产、扩散和应用。软件的发展、网络的产生、虚拟技术的应用,正在使企业资产中无形资产的比例不断增加。越来越多的企业希望通过管理和共享知识,以获得竞争优势。在企业运营过程中产生和积累的大量业务数据是企业的宝贵财富,收集业务数据后,经过组合、过滤、组织和分析,形成有助于管理人员规划和运行企业的信息,用于决策、控制和预测等多方面,其重要性类似于传统的土地、劳动力和资本等经济资源。鉴于此,发达国家的许多服务行业(金融、保险和房地产等)将70%以上的投资都用于发展信息技术。

知识经济将对人们的生产方式、生活方式、思维方式、管理决策产生重大影响,企业管理将由生产向创新转变,其经济效益越来越依赖于知识和创新。一个企业要生存和发展,就必须依靠信息系统的支持,动态研究所面临的新问题。

1.3.4　企业过程改进与重构

信息系统能支持业务过程的实现,使企业的业务过程自动化。依据其不同的程度,有不同的种类。持续过程改进(Continuous Process Improvement,CPI)是通过仔细检查业务过程,实现一系列的小改进,以便持续改进业务过程。持续改进有助于减少开销、提高效率和增加价值。另一个业务驱动力是全面质量管理(Total Quality Management,TQM)。质量是成功的关键,TQM要求企业的生产销售部门(包括信息服务部门)确定质量指标、度量质量并做出相应的改变以提高质量,信息系统要满足全面质量管理的要求。

很多企业的业务过程几年甚至几十年都没有变化,而这些业务过程非常低效或成本高昂。真正的解决办法就是业务流程重组(Business Process Redesign,BPR),它针对企业业务流程的基本问题进行反思,并对它进行彻底重新设计,以便在成本、质量、服务和速度等衡量企业绩效等重要尺度上取得显著的进展。

企业业务流程的优化是先进管理理念和技术手段的统一,应该充分利用信息技术的优势,调整企业不合理的流程,要根据时限、瓶颈、成本以及是否真正给组织带来高效率等多方面进行分析,最终按照效率最大化和成本最小化进行重构,使得成本、质量、服务和速度等各项关键性能指标都能得到极大提高。在欧美等发达国家,企业业务流程重组得到了推广和实施。尤其是在美国,企业业务流程重组被称为"恢复美国竞争力的唯一途径"。

1.3.5　协作与合伙经营

协作与合伙经营是影响信息系统应用的重要业务趋势。在企业内部强调打破内部各职能部门之间的壁垒,从多学科的视角相互协作,实现共同的业务目标。例如,以前主要是工程师负责新产品的设计,如今新产品设计通常都涉及来自许多组织部门的代表构成的交叉功能团队,如工程部、市场部、销售部、生产部、库存控制部门、分销商以及信息系统部门。

协作的趋势同样扩展到组织以外,包括了其他组织,有时甚至包括竞争对手。很多企业选择在商务活动中以合作伙伴的形式直接协作,如 Microsoft 和 Oracle 的数据库管理系统有竞争关系,但 Microsoft 和 Oracle 也相互合作,以确保 Oracle 应用软件能够在 Microsoft 上运行,两个公司都从合作中获得经济利益;沃尔玛直接集成了供应商的信息系统后,供应商可以直接监视沃尔玛的库存水平,自动启动商务交易,保持商品的供应,双方都将从中获益。

1.4　信息系统的技术推动力

1.4.1　网络和无线技术

各类信息技术的融合正在给我们的社会生活带来巨大的变革。移动技术和互联网已经成为信息通信技术发展的主要驱动力,随着高覆盖率的移动通信网、高速无线网络和各种不同类型的移动信息终端,移动技术的使用开辟了广阔的移动交互的空间,已经成为大众化的生活和工作方式。移动和无线技术正极大地改变着下一代信息系统。智能手机、个人数据助理(Personal Digital Assistant,PDA)、笔记本电脑等设备具备了无线网络功能,提供 Web 访问和电子邮件,并保持同信息系统的连接,所有这些技术深远地影响着新信息系统的分析和设计。

1.4.2 云计算与大数据

随着信息技术不断发展,数据量正在呈指数级增长,云计算被认为是继个人计算机、互联网之后的第三次信息技术革命,它将彻底改变人们获取信息、软件甚至硬件资源能力的方式。

云计算的定义有很多,通常认为云计算是一种模型,可以随时随地、便捷地、按需地从可配置计算资源共享池中获取所需的资源(网络、服务器、存储、应用程序及服务等),资源可以快速供给和释放,使管理的工作量和服务提供者的介入降至最少。

云计算本质上是一种商业计算模型,它将庞大的计算处理任务自动分拆成许多较小的子任务,再交给由大量服务器组成的集群系统,进行搜索、计算、分析,并将处理结果返回给用户。对于传统企业而言,使用云计算技术能够降低成本,简化应用部署。最重要的是,企业可以不必为基础设施投入费用,而将注意力放在新功能的开发和使用升级上面。

云计算的诞生让我们步入大数据时代。"大数据"开始向各行业渗透,颠覆传统管理和运营思维的大数据在电商行业的价值已被人熟知与接受。数据已经成为一种商业资本,通过数据挖掘、文本分析,大数据可以产生巨大的价值。大数据的部分典型应用如表 1-1 所示。

表 1-1　大数据的部分典型应用

行　　业	数据处理方式	价　　值
银行/金融	• 贷款、保险、理财等多业务数据集成分析、市场评估 • 新产品风险评估 • 股票等投资组合趋势分析	• 增加市场份额 • 提升客户忠诚度 • 提高整体收入 • 降低金融风险
能源	• 传感器、传感器阵列数据集中分析	• 降低工程事故风险 • 优化勘探过程
制造/高科技	• 产品性能、故障综合分析 • 专利记录检索 • 智能设备全球定位、位置服务	• 优化产品设计、制造 • 降低保修成本 • 加速维修进度
互联网/Web 3.0	• 在线广告投放 • 商品评分、排名 • 社交网络的自动匹配 • 搜索结果优化 • 社交媒体数据、浏览器日志等分析	• 提升网络用户忠诚度 • 改善社交网络体验 • 个性化商品与服务 • 设计用户画像

行　　业	数据处理方式	价　　值
医疗	• 共享电子病例及医疗记录,辅助快速诊断 • 穿戴式设备	• 改善医疗质量 • 疾病预测监控 • 个人健康参数指标 • 提高诊疗速度
电子商务/零售	• 购买商品分析 • 顾客网络行为分析 • 库存、物流信息	• 个性化推荐,提高效益 • 客户识别与价值挖掘 • 降低库存成本 • 优化物流配送
媒体/娱乐	• 收视统计 • 观众收看统计分析 • 热点信息统计分析	• 媒体信息个性化投放 • 广告效应评估 • 作品
政府/公共事业	• 智能城市信息网络集成 • 调取地理、水电煤等公共数据收集、研究 • 公共安全信息集中处理、智能分析 • 实时交通信息	• 对外提供优质公共服务 • 舆情分析 • 准确预判安全威胁 • 路线推荐,改善城市交通 • 智慧城市

1.4.3　面向对象技术

传统方法学仍然是开发软件时广泛应用的软件工程方法学,但当软件规模庞大、人们对软件的需求是模糊的或会随时间变化而变化的时候,面向对象的开发方法对系统分析和设计影响重大。

面向对象的开发方法基于类和对象的概念,把客观世界的一切事物都看成是由各种不同的对象组成,每个对象都有各自内部的状态、机制和规律;按照对象的不同特性,可以组成不同的类。不同的对象和类之间的相互联系和相互作用就构成了客观世界中的不同事物和系统。

绝大多数现代信息系统都是使用对象技术构造的,它封装了数据和行为的对象进行系统的定义。如今最常用的编程语言也是面向对象的,例如 C++、Java、C♯ 等。使用对象技术,程序员可以利用面向对象的软件部件构造软件。对于软件开发人员来说,一旦对象被设计完成,就可以复用到多个信息系统和应用软件中,这减少了开发"未来软件"的时间,同时,可以很容易地被修改和扩展,而不会影响以前使用了这些对象的应用软件,减少了设计的周期和成本,增加了可维护性。

1.4.4　协作技术

协作技术是指提高人际交互和团队工作能力的技术,电子邮件、即时消息、群件和工作流系统是 4 类重要的协作技术。

电子邮件是一种用电子手段提供信息交换的通信方式,是互联网应用最广的服务。电子邮件在信息系统开发中的重要性正在变化,越来越多的现代信息系统中嵌入了电子邮件功能,不需要切换到某个专用的电子邮件程序,只需调用信息系统中的电子邮件程序,即可发送或者接收相关消息。

与电子邮件相对应的技术是即时消息(例如微软的 MSN Messenger Service)。即时消息在因特网上的"聊天室"中很流行,目前也慢慢地集成到企业信息系统应用中。例如,可以为某个企业应用程序的帮助系统实现立即响应功能。当使用企业应用软件时,能够及时地发送消息给帮助中心,并及时接收到响应,提高工作效率和服务水平。

在群体工作(Work Group,WG)中,各工作者因为时间及所处地点的不一致,造成交流及协调的不便。群件就是针对群体工作而发展出来的技术产品,目的在于促进群体的交流合作及资源分享,充分提高群体的工作效率和质量。群件技术使得人们可以在项目和任务中协作,而不受地理位置的限制。如 Lotus 的 SameTime 软件和微软的 NetMeeting 软件。使用这类群件软件后,可以多人进行网络会议并共享软件工具。同电子邮件和即时消息一样,群件功能也可以设计在相应的企业应用软件中。

如果将工作流程比喻为"信息河流",即日常工作的业务处理或协同工作能按预先定义好的规则和过程进行流动,并且这一过程能被跟踪和监控,那么工作流系统就是一套支持业务定义和自动运转工作流的系统。在实际应用中,计划人员可以在企业管理信息软件、电子邮件软件中生成采购申请邮件,然后发给相关负责人;负责人收到邮件后,可以直接在邮件上答复申请,在答复时还可以跳转到信息系统中去查看相关细节。一旦申请邮件被答复,计划人员不仅能在信息系统中看到批准状况,也可以在邮箱中看到答复意见。此外,负责人在答复的同时还可以根据申请,自动产生一些相关的协同工作,并分配给其他人。

本 章 小 结

本章从信息系统的概念入手,讲解信息系统的性质及其所包含的功能。信息系统是人、数据、过程和信息技术之间相互作用、收集、处理、存储和提供支持企业运作的信息的集合体。信息系统通过真实可靠的信息,实现了对生产经营等活动的计划、组织、协调、控制和决策,从而利用信息技术手段服务于企业。随着信息技术的发展,信息系统应用领域日益广泛,影响深远。基于信息系统的社会-技术性质,提出了"社会-技术"信息系统体系结构模型。该模型既包含了应用信息系统及其依赖的数据资源和硬件平台,体现了信息系统的技术性,也包括了人员、战略、组织、管理决策等部分,体现了信息系统的社会性,这两大部分构成了信息系统的有机整体。

本章强调用社会-技术视角认识信息系统的重要性,论述了企业的迫切需求影响和推动了信息系统的发展,信息系统提升了企业竞争优势;而无线通信、大数据等技术的推进,影响了企业信息系统的环境和内涵的变化,揭示着技术进步带动社会、经济和管理的进步,成为信息系统不断深入发展的动力。

本 章 练 习

1. 问题思考

(1) 什么是信息系统？它和一般的计算机应用有什么不同？

(2) 信息系统的主要功能是什么？

(3) 信息系统应用类型有哪些？

(4) 如何理解信息系统是社会-技术系统？

(5) 信息系统对企业产生的影响是什么？

(6) 构建信息系统涉及哪些人员？

(7) 你认为云计算和大数据技术对信息系统有哪些影响？

(8) 你认为系统分析员应该具备哪些技能？

(9) 协作技术主要有哪些？

2. 专题讨论

(1) 信息技术对于社会的影响离不开信息系统，试分析信息技术、信息系统与社会三者的关系？

(2) 我国企业的信息系统存在的问题及发展对策是怎样？

(3) 从外部环境的变化和企业适应环境的角度讨论信息系统建立对企业的必要性。

第2章 信息系统开发理论基础

信息系统的开发是一个庞大、复杂的系统工程。它涉及企业管理思想与管理理念的更新，组织的内部结构、管理模式、生产加工、经营管理过程，数据的收集与处理过程，计算机硬件系统的管理与应用，软件系统的开发等各个方面。这就增加了开发信息系统的工程规模和难度，需要研究出科学的开发步骤，以确保整个开发过程能够顺利进行。

2.1 系统开发原理

20世纪60年代末爆发了"软件危机"，主要表现为成本超出预算、开发进度拖延、质量难以保证、维护困难等。其原因在于系统规模大，复杂程度高，用户需求不明确，开发过程缺乏理论指导。有人称其为"生产率悖论"，甚至认为企业信息化投资陷入"IT黑洞"，人们这才意识到需要一套科学的、工程化的方法来指导信息系统的开发。

然而，信息系统的开发非常复杂，这是因为信息系统的开发过程受社会和技术两方面的影响。一方面，信息系统以企业的管理环境为背景，与企业的组织结构、业务流程、规章制度关系密切，易受环境的影响；另一方面，信息技术日新月异，为信息系统开发创造了条件，但同时也加大了信息系统开发的难度。另外，信息系统开发过程中人员多、周期长，而多人合作又会引起协调上的困难，这也是造成系统开发复杂的原因。因此，进行信息系统开发时需要遵循以下基本原理。

1. 让系统用户参与

系统用户的参与对于成功的系统开发是必须的。应该把系统开发看作是系统用户、系统分析员、设计人员和构造人员之间的合作。系统用户是信息系统的需求来源和最终使用者，系统分析员、设计人员和构造人员对系统开发负责。信息系统设计的最终目的是满足企业管理的各种功能要求，信息技术是实现手段。充分理解用户需求是系统开发成功的重要保证，准确理解用户需求必须让用户参与，同用户不断交流，并对可能影响系统分析设计的决策寻求所有相关人员的支持。

交流不畅和误解仍是系统开发中存在的主要问题。但是，所有者和用户的参与和培训可以减少这类问题的发生，并有助于新想法和技术被人们所接受。信息系统开发中常伴随着工作流程的变化，用户通常有抵触，甚至看作是一种威胁。克服这种不利心理的最好方法，就是与所有者和用户经常全面地交流。

2. 用分阶段的生命周期计划严格管理

信息系统的开发规模日益增大，面对复杂问题时，采用"分而治之，各个击破"是行之有效的方法，在软件开发与维护漫长的生命周期中，把软件开发过程分为若干阶段，以完成性质各异的工作,并相应地制订出切实可行的计划,严格按照计划对软件的开发与维护工作进行管理。各个阶段的任务环环相扣,紧密合作,不同层次的管理人员都必须严格按照计划各尽其职地管理软件开发与维护工作,绝不能受客户或上级人员的影响而擅自背离预定计划,保证软件项目按时保质地完成。

3. 坚持进行阶段评审

软件的质量保证工作不能等到编码阶段结束之后再进行,软件生命周期的各个阶段是彼此衔接的,因而前一阶段出现的错误会不可避免地带入到后续阶段,而错误传入到下一阶段后,由于不知道该错误的存在,在之后的工作中会对该错误进行更细致的分析,并可能引发新的错误,错误发现与改正得越晚,所需付出的代价也越高。因此,在每个阶段都进行严格的评审,以便尽早发现在软件开发过程中所犯的错误,这是一条必须遵循的重要原则。

4. 实行严格的产品控制

为了保证信息系统的质量和一致性,在软件开发过程中经过阶段评审后不应随意改变需求,因为改变一项需求往往需要付出较高的代价。但是,在软件开发过程中改变需求、预算、进度、设计方案等又是难免的,只能依靠科学的产品控制技术来顺应这种要求。换句话说,当改变需求时,为了保持软件各个配置成分的一致性,必须实行严格的产品控制,其中主要是实行基准配置管理。所谓基准配置又称为基线配置,它们是经过阶段评审后各个阶段产生的文档或程序代码。基准配置管理也称为变动控制:一切有关修改软件的建议,特别是涉及对基准配置的修改建议,都必须按照严格的规程进行评审,获得批准以后才能实施修改。

5. 采用现代程序设计技术

计算机技术的发展日新月异,建立信息系统应该选用新的、成熟的技术,从提出软件工程的概念开始,人们一直把主要精力用于研究各种新的程序设计技术,并进一步研究各种先进的软件开发与维护技术。实践表明,采用先进的技术不仅可以提高软件开发和维护的效率,而且可以提高软件产品的质量。

6. 结果应能清楚地审查

信息系统是一种智力产品,它不同于一般的物理产品,是看不见摸不着的逻辑产品。软件开发人员(或开发小组)的工作进展情况可见性差,往往需要经过一个很长时间的开发和部署,难以准确度量,从而使得软件产品的开发过程比一般产品的开发过程更难于评价和管理。为了提高软件开发过程的可见性,更好地进行管理,应该根据软件开发项目的总目标及完成期限,规定开发组织的责任和产品标准,从而使得所得到的结果能够清楚地审查。

为了促进参与人员之间的有效交流和各阶段的清晰审查,文档必须随整个系统开发工作同时展开。文档提高了多个关联人员之间的通信和相互接受程度,展示了系统的优点和缺陷,促进了用户参与度,并再次确保对进度的管理。

7. 开发小组的人员应该少而精

通常情况下,开发人员越多,信息系统开发的进度和效率也越高,然而实际的情况是随着开发小组人员数量的增加,因为交流情况、讨论问题而造成的通信开销也随之增加。当开发小组人员数为 N 时,可能的通信路径有 $N(N-1)/2$ 条,可见随着人数 N 的增大,通信开销将急剧提高。同时信息系统的开发是智力密集型活动,系统开发小组人员的素质和数量是影响软件产品质量和开发效率的重要因素。素质高的人员的开发效率比素质低的人员的开发效率可能高几倍甚至几十倍,而且差错率明显低于素质低的人员所开发的软件系统。因此,组织少而精的开发小组是软件工程的一条基本原理。开发人员少,将减少管理和沟通成本;开发人员精,将降低信息系统开发的错误率。

8. 将信息系统视为重要的投资

信息系统的建设必然有人力、物力、财力等的投入,应该将信息系统看成是一种重要的投资,需要认真考虑以下两个问题。

(1) 对于任何问题,都会有几种可能的解决方案。看不到其他方案的分析可能会给企业带来损害。

(2) 在确定多种方案之后,系统分析员应该评价每种方案的可行性,特别是成本效益,成本效益分析在整个系统开发过程中都要进行,确保"收获"大于"付出"。

分阶段的系统开发方法的优点之一是:它提供了几次重新评价成本效益、风险和可行性的机会。实际上,继续某个项目的原因仅仅是因为已经投入了很多,而从长远角度来看,取消项目比实现它的损失要小得多!

大多数系统所有者希望从系统中获得超出投资范围之外的功能。更进一步说,随着项目的进展,分析员对业务问题和需求有了更深入的了解,大部分信息系统项目的范围也会随之扩大,此时重新调整预算和进度极为重要。

无论投入了多少经费,都不要担心取消项目或缩小项目范围,以减少损失。可以采用逐步投入的方法,系统开发方法建立了多个可行性检查点。在每个检查点上,都应该重新评价项目,以确定继续投入时间、精力和资源的计划是否仍可行。在每个检查点上,分析员应考虑以下因素。

- 如果项目不再可行,就取消它。
- 如果项目范围增加了,就需重新评价并调整预算和进度。
- 如果不能改变项目预算和进度,并且项目预算和进度不足以实现所有的项目目标,就减小范围。

除了在整个项目过程中可行性的管理,还要进行风险管理。风险管理寻求风险和收益之间的平衡。不同的组织对风险的承受能力不同,有些组织比其他组织愿意承担更大的风险,以获得更大的收益。

9. 设计系统时应考虑到增长和变化

一方面,由于经历了较长时间的开发,系统可能需要适应新技术而有修改系统的需求。

另一方面,从长远来看,企业及其生存的外部环境在不断地发展,业务和管理需求在变化,相应地,支持业务的信息系统也必须随之不断变化,设计优良的信息系统能够随着业务增长而相应修改,系统的灵活性和适应性不是偶然发生的,需要在设计之初有较好的前瞻性。

10. 承认不断改进软件工程实践的必要性

随着人们需求的不断变化,应用的不断扩展、技术的不断创新、硬件的不断发展,信息系统的开发方法也会不断变化,应该及时总结实践经验、先进的技术和工具,指导信息系统的开发过程,例如,收集进度和资源耗费数据,收集出错类型和问题报告数据等。这些数据不仅可以用来评价新的软件技术的效果,而且可以用来指明必须着重开发的软件工具和应该优先研究的技术。

2.2 系统开发过程

如同其他有生命力的个体,信息系统也具有生命周期。信息系统开发生命周期(System Development Life Cycle,SDLC)是指一个系统从提出任务,经过规划、分析、设计、实施、运行和维护,直到被淘汰的全过程。把整个生存周期划分为若干个阶段,是实现软件生产工程化的重要步骤。每个阶段都有相对独立的任务,每个阶段结束之前都要进行技术复审和管理复审,从技术和管理两方面对该阶段的开发成果进行检查,最后决定系统是继续进行,还是停止或是返工。

系统开发生命周期适用于任何类型的信息系统开发。正是有了系统开发生命周期,复杂的系统开发变得相对简单。

2.2.1 系统生命周期各阶段概述

绝大多数的信息系统是由系统所有者和用户的推动而建立的,推动的源泉是为了解决组织中出现的问题,潜在问题的种类太多,不可能一一列出。信息系统专家 James Wetherbe 教授开发了一个实用的 PIECES 问题分类框架,其名称是由 6 类问题中每一类问题的首字母组合而成。这 6 类问题如下。

(1) P-提高性能(performance)的需要。

(2) I-提高信息(information)和数据的利用。

(3) E-提高经济(ecnomics)、控制成本或增加收益的需要。

(4) C-提高控制(control)或安全的需要。

(5) E-提高人与过程的效率(efficiency)的需要。

(6) S-改善对客户、供应商、合作伙伴、雇员等的服务(service)的需要。

如果解决的企业问题对上述各方面有改善或较大的提高,那么信息系统就可能通过生命周期的各个阶段逐步实施。

1. 系统规划

系统规划是信息系统开发生命周期的第一阶段,这一阶段的主要任务是根据企业发展的战略规划确定信息系统发展战略,进而确定目标系统所覆盖企业的范围、主要需求和目标,形成总体设计方案,确定信息系统建设所需要的资源,制订项目开发方案。

信息系统项目通常都很复杂,需要投入大量的时间、人力、资金、设备等各类资源。因此,在系统规划阶段,需要仔细地规划系统项目并进行可行性研究,确定问题是否值得去解决,也就是判断系统原定的目标和规模是否能实现,系统使用所带来的效益是否值得客户去投资开发。

建立对应初始范围和目标的项目进度和预算,也就建立了一个基线,使所有的信息系统参与人员都可以接受,未来对范围和目标的任何修改,都将影响进度和预算。

系统规划阶段的参与者主要包括系统所有者、项目经理和系统分析员,本阶段一般不需要过细地了解用户需求,因此系统用户一般不包括在内。

2. 系统分析

系统分析的目的不是具体地解决问题,而是通过研究和分析业务领域,全面地理解项目的问题和需求,准确地回答"为了解决这个问题,目标系统必须做什么"的问题,以确定目标系统必须具备的功能。

在系统分析期间,系统用户了解自身所面对的问题,知道必须做什么,但是通常不能准确完整地表达出他们的要求,更不知道怎样利用计算机解决他们的问题;系统开发人员知道怎样用技术实现用户的要求,但是对特定用户的具体要求并不完全清楚。因此,系统分析员在系统分析阶段必须和用户密切配合,充分交流信息,以便清楚地了解新系统的业务需求和预期,找出现有系统存在的各种问题并改正或优化后给出新系统的功能结构、信息结构和拟采用的管理模型。它不考虑计算机及网络等硬件的实体结构,之后需要用户确认,如果用户不满意,则还需要继续修改直到用户满意。逻辑模型是图形化的表示方法,通常用 E-R 图、数据流图、状态转换图和数据字典等表示系统的逻辑模型。

在系统分析阶段,确定的系统逻辑方案是其后设计和实现目标信息系统的基础,因此必须准确完整地体现用户的要求。这个阶段的重要成果是用正式文档准确地记录对目标系统的需求,这份文档通常也称为系统分析报告。一般来说,分析的结果需要给系统所有者总结汇报并进行必要的解释,通过系统分析审查后方可进入下一阶段。

系统分析阶段中,如果发现规划阶段确定的项目的范围太大或者太小,此时需要修改业务范围或项目目标,相应地,项目的进度和预算也需要修正,需要重新研究项目的可行性。

3. 系统设计

系统设计是信息系统开发的关键环节之一。在系统设计阶段,要根据系统分析报告,进行物理方案的设计,包括总体结构、数据库设计、代码设计、用户界面设计和处理过程设计。系统设计阶段通常可以分成两个阶段——总体设计和详细设计。

总体设计又称为概要设计,这个阶段回答的关键问题是:"概括地说,应该怎样实现目标系统?"

首先,应该设计出实现目标系统的几种可能的方案。例如,大多数公司需要在购买和自行设计方案之间做出抉择。通常至少应该设计出低成本、中等成本和高成本3种方案。系统设计人员应该用适当的表达工具描述各个方案,分析其优缺点,并在充分权衡每个方案利弊的基础上,推荐最佳方案。同时,针对最佳方案制订出实现的详细计划。如果系统用户接受所推荐的方案,则进入详细设计阶段。

总体设计阶段以比较抽象概括的方式提出了解决问题的方案。详细设计阶段的任务就是把解法具体化,对于选定的技术方案,进一步回答"怎样具体地实现这个系统"的问题。

详细设计也称为模块设计,在这个阶段将详细地设计每个模块,确定实现模块功能所需要的算法和数据结构。编写程序并不是这个阶段的任务,而只是设计出程序的详细规格说明,用来说明实现信息系统所需的数据库、程序、用户界面和网络,并包含必要的细节,以便程序员可以直接根据详细设计的结果编写程序代码。如果选择购买软件而非构造软件,那么需要说明购买的软件如何集成到企业中,以及如何同其他信息系统集成。

4. 系统实施

系统实施是信息系统开发的最后阶段,这个阶段的任务是程序的编写调试、计算机和数据库等的购买、安装和调试,系统实施的组织和管理、系统测试等。

系统实施阶段要购买、安装数据库及其应用软件,并进行数据的收集整理,安装和配置新系统硬件平台,之后用某种程序设计语言,将系统设计的结果"翻译"成为可执行的程序代码。系统程序应该是容易理解和维护的程序模块,完成此阶段任务的系统构造人员应该熟练掌握程序设计语言的特性,培养良好的程序设计风格。

经过系统分析,设计和实现等阶段的开发后,得到了信息系统源程序,此时的源程序尽管经过各个构造人员的测试,但未能在整体进行进一步测试,此前各阶段都可能在软件产品中遗留下许多错误和缺陷。如果不及时找出并改正,这个信息系统产品就不能正常使用,甚至会导致巨大的损失。为保证程序模块的正确性,必须进行必要的测试。系统测试仍是发现软件错误和缺陷的主要手段。

5. 运行和维护阶段

系统运行维护阶段的主要任务是进行系统切换与运行,通过各种必要的维护活动使系统持久地满足用户的需要,须从质量、效益等多方面进行评价。

根据系统维护的不同内容,通常可分为4类。

(1) 改正性维护:分析、判断和改正在使用过程中发现的软件错误。

(2) 适应性维护:修改软件以适应环境的变化。

(3) 完善性维护:根据用户的要求改进或扩充软件使它更完善。

(4) 预防性维护:为将来的维护活动预先修改软件。

每一项维护活动都应该准确地记录下来,作为正式的文档资料加以保存。当信息系统的维护成本日趋加大或者单纯的维护软件无法满足企业业务和管理需求,系统到了退役期,应该启动新信息系统开发过程。

应该说明的是,上述根据信息系统完成任务的性质,把生命周期划分成 4 个阶段。在实际从事系统开发工作时,系统规模、种类、开发环境及开发技术方法等因素,都影响阶段的划分。软件项目不同,完成的任务也有差异,并没有一个适用于所有软件项目的任务集合。

2.2.2 跨生命周期的活动

系统开发还包括一些跨生命周期活动,这些活动对项目的成功至关重要。

1. 调查研究

在项目开发过程中需要做许多调查研究。从内容上看,需要调查用户需求、系统目标、组织概况、现行系统概况和存在的问题、相关人员对信息系统态度、新系统开发所需要的资源等。从系统生命周期的各个阶段看,系统规划要进行初步调查,系统分析阶段要进行详细调查,在设计、实现、测试及运行阶段,项目团队研究技术方案并征求有关技术设计、技术标准和工作组件的反馈意见时,也需要调查,但用得较少。

2. 记录文档和演示汇报

信息系统建设涉及的人员众多,相互之间的沟通极为重要。沟通技能是一个项目能否成功的基本要素。事实上,沟通技能差常常被认为是项目延期或返工的原因,有两种沟通技术在系统开发项目中很常见,即记录文档和演示汇报。在进行各类调查时要进行文档的记录。而信息反馈以及各个阶段进行评审都需要演示汇报文档。

3. 可行性分析

开发信息系统通常都受到人力、财力、设备、时间等各类因素的限制,可行性分析主要从经济、技术、管理等多方面分析,以判断方案是否可行,是否能在有限的资源和时间内完成。信息系统的开发原理要求将信息系统视为一项重要的投资,所以应在规划、分析、设计、实现等各个阶段进行可行性分析,一旦发现各项资源(特别是资金)不满足原有的要求,可以立即取消,降低损失。

4. 项目管理和过程管理

系统开发中,失败和取得部分成功的项目远远多于特别成功的项目。原因是许多系统分析员不熟悉信息系统开发工具和技术,或者没有接受过这方面的训练。但大多数失败的原因是由于领导和管理不善,使得无法完成、无法确定需求、费用超支以及推迟交付。项目管理是基于单个项目实施时的管理方法,过程管理定义了构建系统所使用的共性的、普遍性的管理方法,将系统开发看作是一个必须逐项目进行管理的过程。项目和过程管理是持续不断的跨生命周期活动。

2.3 信息系统开发模式

2.3.1 信息系统开发原则

信息系统的开发,通常主要遵循以下开发原则。

1. "一把手"原则

信息系统开发不仅仅是技术项目,它涉及组织管理的各个方面,特别是和企业的战略发展和重大决策紧密相联。而企业的战略和决策正好与高层领导(一把手)紧密相关。因此"一把手"出面协调各方关系是信息系统成功开发的必要条件。"一把手"原则能够保证信息系统开发所需资金、人力、设备等资源的及时调配,确保项目实施的质量和速度。

2. 优化与创新

信息系统开发不能简单地模拟原有的管理模式和业务流程,而必须根据实际情况和科学管理的要求,通过资源整合、资源优化和创新,最大限度地满足企业管理体系高速发展的需要。

3. 充分利用信息资源

在信息系统开发中,数据要尽可能共享,使更多的人更充分地使用已有数据资源,减少资料收集、数据采集等重复劳动和相应费用,对已有的数据做进一步分析,以满足作业层、管理层和战略层对数据的需求。

4. 整体性和相关性统一的原则

开发信息系统时,一方面要从企业整体出发、从全局角度进行思考、克服本位观念,各部门的职能分工、工作安排也要考虑相互协调、局部服从整体;另一方面,信息系统通常由多个子系统组成,每个子系统既有相对独立的功能,又相互联系、相互作用,任意子系统设计的变化,都需要考虑相关子系统的调整和改变,不能孤立地看待和处理。

5. 规范化

按照标准化、工程化的方法开发信息系统,做到科学划分工作阶段,制订阶段性考核标准分步组织实施。同时要求用户单位基础管理科学化,即满足管理工作程序化、管理业务标准化、报表文件标准化、数据资料完整化的要求。

6. 适应性

应该考虑到外界环境、组织结构、管理模式、业务流程、发展规模等可能的变化,原有信息系统的管理内容也会相应变化,所以应当随着形势的发展和客观要求的变化及时地进行调整和改革,做到稳定性与灵活性相统一的原则,使得信息系统具有良好的易维护性和可扩展性。如果信息系统适应性差，不仅不能成为企业变革的利器，反而会成为企业变革的阻力。

2.3.2 信息系统开发策略

随着社会经济、科学技术等各领域的飞速发展，各类社会组织的生存环境的日益复杂，竞争趋势的日益激烈，信息化的需求也随之日益高涨。信息系统的开发必须精确而完整地反映用户对信息的需求，因而开发策略的选择必须保证满足用户对信息的要求。但对信息的需求存在着不确定性，例如不同用户对任务理解的差异会对信息需求有很大的影响，因此需要选择适当的信息系统开发策略。

按照开发的顺序可以分为"自下而上"的开发策略、"自上而下"的开发策略和综合开发策略。

1. "自下而上"的开发策略

"自下而上"的开发策略是从基层业务子系统着手进行信息系统开发。这些基层业务子系统容易被识别、理解、开发和调整，相关的数据流和数据存储也容易确定，先实现一个个具体的功能，在对基层子系统进行分析和设计之后，再将不同的功能和数据综合起来考虑，进行上一层系统的分析与设计，逐步由低到高地建立信息系统。

这种策略将具体的业务子系统逐层综合为总系统，实际上是模块的组合，可以避免大规模系统可能出现运行不协调的危险。但由于在子系统的具体开发中难以周密考虑系统的整体目标和功能，缺乏从系统的整体出发考虑问题，所以在进行上层分析与设计时，反过来还要对下层子系统的功能和数据做较大的调整。尽管可以根据资源的情况逐步满足用户的要求，但缺乏整体目标的协调性可能会导致功能和数据的矛盾、冗余，从而造成返工，重新规划设计。

"自下而上"的开发策略为了支持系统的整体目标，满足管理层和决策层的需要，除了增加新的功能和数据外，还要考虑一定的管理模型。

2. "自上而下"的开发策略

"自上而下"的开发策略强调从高层管理入手，从整体上协调和规划，充分考虑信息系统的整体目标、背景、资源和约束条件，再确定所需要的功能以保证整体目标的实现，并划分相应的子系统，同时进行子系统的业务分析和设计。

这种开发策略的整体性和逻辑性较强，但其工程量大，周期长，开发费用高，评价标准也难以确定。信息系统"自上而下"的开发策略的具体步骤如下。

① 分析信息系统的整体目标、背景、资源和约束条件；

② 确定信息系统的主要业务处理功能，从而得到各个子系统的划分和接口；

③ 确定各个子系统所需要的输入、输出和数据存储；

④ 对子系统的功能和数据做进一步分析与分解；

⑤ 根据需要和具体情况，确定子系统优先级。

3. 综合开发策略

综合开发策略是上述两种策略的综合。"自上而下"的开发策略适用于企业信息系统总体方案的设计,而"自下而上"的开发策略适用于基层业务信息系统的设计。综合开发策略首先采用"自上而下"的开发策略确定信息系统的总体方案,再在总体方案的指导下,采用"自下而上"的开发策略,分别对基层业务子系统进行功能和数据的分析和分解,并逐层综合为总系统。这样,通过全面分析、协调和调整,就能够得到一个比较理想的,耗费较少人力、物力和时间的、用户满意的信息系统。

2.4 信息系统过程模型

前面将信息系统的生命周期分为 5 个阶段,然而在信息系统复杂的开发过程中,仅仅依靠基本的生命周期还难以满足各类系统开发的要求,各个阶段可能会变化,每个阶段执行的活动和采用的方法也可能不同,各阶段之间的衔接也会不一样。因此,开发信息系统的生命周期会产生若干变体,这些变体被称为信息系统过程模型。信息系统过程模型,也称为信息系统开发模式,是信息系统开发活动的一系列步骤及执行过程的结构框架。

不同的信息开发过程模型适用于不同的信息系统开发。例如,有的信息系统开发过程模型具有严格的步骤和控制点,适用于需求分析明确的系统;有的信息系统开发过程模型则强调快速原型开发,以满足处理需求不确定的系统要求;有的信息系统过程模型采用渐进方式,旨在控制风险或缩短进度。下面将介绍几种常用的信息系统过程模型。

2.4.1 瀑布模型

1970 年由温斯顿·罗伊斯(Winston Royce)首先提出瀑布模型,直到 20 世纪 80 年代初,一直是唯一被广泛采用的开发模型。作为一种典型的线性开发模型,它将信息系统开发过程分为若干阶段,每个阶段要清晰定义所做的工作,各阶段依次执行相应的工作,前一阶段的工作成功执行后才能进入下一阶段,直至整个信息系统被开发出来。各个阶段既互相分离,又互相依赖,下一阶段的开始是上一阶段的结束。

在阶段划分上,没有统一的规定。对于简单信息系统,所划分的阶段可以比较少,如可以划分为系统规划、分析、设计、实施以及运行维护;对于复杂的信息系统,所划分的阶段可以比较多。各个阶段都必须考虑用户的所有需求,阶段成果都需要进行审查,如果审查通过,则该结果被冻结,并作为下一阶段的输入,否则返回修改;如果发现当前阶段有错误,则回溯到前一阶段修改,如图 2-1 所示。

瀑布模型主要具有如下特点。

(1)简单易用:瀑布模型基于信息系统开发生命周期各个阶段的划分,降低了大型系统开发的复杂性,易于理解使用,对促进信息系统的发展起了很大作用。

(2)顺序严格:瀑布模型具有严格的阶段性特征,必须等前一阶段的工作完成之后,后一阶段的工作才能开始。每一个阶段结束前都必须进行技术和管理审查,减少本阶段错误的同时,也防止错误带给下一阶段,造成的错误叠加,必须在一个阶段审查通过后才能进入

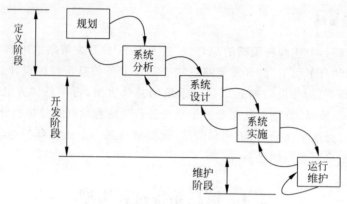

图 2-1　瀑布模型

下一阶段。前一阶段的输出文档就是后一阶段的输入文档。

（3）质量保证：瀑布模型强调文档的质量保证作用，每个阶段都必须编写规定的文档，没有合格的文档就无法结束该阶段的任务。完整、准确的文档不仅是系统开发各阶段各类人员之间相互通信的媒介，也是运行与维护阶段的重要依据。每个阶段结束前都要对当前阶段的文档进行评审，以尽早发现问题，改正错误。

瀑布模型理解起来比较容易，但在实际应用中有多种困难，主要原因在于瀑布模型严格的顺序性，它也有不足之处：①用户需求在系统开发初期就需要被完整、准确地描述，但在初始阶段就指明系统的全部需求是非常困难的，也是不现实的；②在各个阶段均需要同时考虑用户的所有需求，而且信息系统开发要在一个周期内完成；③过于强调完整的分析与设计文档，一旦需求变更，不得不对文档进行大量修改；④开发周期长且用户参与不足，用户只在需求分析阶段以及运行和维护阶段参与。

瀑布模型一般适用于功能、性能明确且无重大变化，或者低风险的信息系统开发项目。

2.4.2　原型模型

瀑布模型要求完整、准确地定义用户的需求，但是如果用户无法清楚地描述自己的需求；或者虽然用户能够描述自己的需求，但系统开发人员却缺乏足够的知识完全理解或实现用户需求，对系统需求的认识模糊，导致许多系统开发项目很难一次开发成功，返工无法避免。此外，在整个开发过程中，用户仍有可能提出新的要求，导致需求的变更。瀑布模型难以适应这种需求的不确定性和变化。为此，20 世纪 80 年代中期，快速原型法逐渐在信息开发中使用，并得到广泛认同。

所谓原型实际上是一个小规模的、有代表性的或者可工作的模型，这个模型反映了信息系统的用户需求或建议设计。原型技术的基本思想是，在系统的开发初期与用户充分沟通，根据用户提出的基本需求，尽快给用户构造一个新系统的原型；用户在系统开发人员的指导下使用原型系统，评价系统运行的结果是否满足预期的要求，以及原来的需求描述是否满足用户的期望，纠正过去双方沟通中的误解，增补新的要求，提出修改意见。开发人员根据用户的意见不断完善原型或者重新开发新原型，直至修改后的原型系统得到参与双方的一致认可，从而最终得到满足用户需求的软件系统，原型模型系统开发的迭代过程即可结束。

原型法开发基本过程如图 2-2 所示。

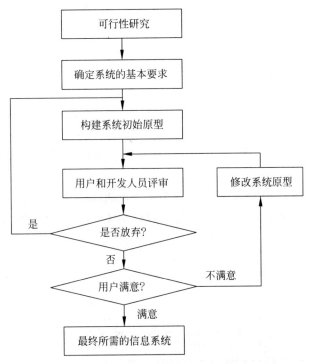

图 2-2　原型法开发基本过程

原型模型主要有两种不同类型：抛弃型原型和演化型原型。

抛弃型原型是指原型开发后，针对这个原型，用户和软件人员提出意见、不足和错误，形成新的更为清晰的用户需求，原型无须保留而被丢弃，开发的原型仅以演示为目的，该模型往往用在用户界面的开发上。

演化型原型是指原型作为最终产品的一部分，可以满足用户的部分需求，然后通过不断地增加功能，修改原型中的不足，最后得到符合用户需求的、高质量的信息系统。

原型法避免了软件开发结束才能得到结果所引发的问题，增进了信息系统开发人员和用户对需求的共同理解，使得模糊、不确定的需求清晰化。原型不断修改和变化的过程，就是信息系统开发人员不断学习的过程。但是，对原型的修改和改进，不一定能得到最终产品，由此却产生了一定的开发成本。

相对于瀑布模型来说，原型模型更符合人类认识或学习的过程，可以减少由于需求不明确给开发工作带来的风险，是比较实用的一种系统开发方法。原型模型开发的优点如下。

（1）满足用户预期：用户借助原型的启发，能够更为直观地准确描述需求，促进了用户与系统分析、设计人员之间的交流，缩小了理解和认识上的差距，也能及早暴露系统存在的问题，信息反馈的及时性强，相当于把维护阶段提前到原型的迭代过程，确保了较好的用户满意度。

（2）快速：原型法构造出的系统原型，使用户无须等到系统全部完成就能较早接触目标系统，解除了对系统是否可实现、是否适用等疑虑，为用户参与开发过程创造了一个良好的条件。

但是在整个开发过程中,原型法要经过"修改-评价-再修改"的多次反复,缺乏规范化的文档资料,管理控制比较困难,需要建立原型的评估标准,而且原型法需要较高的系统开发环境支持,以解决原型的迅速构造,以及从原型系统到最终系统形成的各种转换以及这些转换的一致性等。

2.4.3 渐增模型

瀑布模型要求系统在一个周期内完成,各个阶段的开发要同时考虑用户的所有需求。如果在进行系统开发时人手不够、项目规模大、预算分期编制,则无法同时考虑用户的所有需求,为此人们提出了渐增模型,又称增量模型。渐增模型将需求分为几个部分,然后按照渐增开发计划,将每个"部分需求"的开发视为一个周期,每个周期依次或平行开发。每个阶段清晰地定义所做的工作,每个阶段循序进行且仅循环一次,渐增模型如图 2-3 所示。

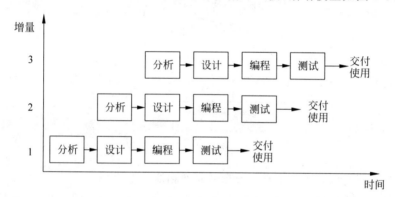

图 2-3　渐增模型

渐增模型和瀑布模型都强调在信息系统开发的初期应该完整、准确地描述用户的需求,但前者更强调用户需求的可分性,每个"部分需求"可以依据瀑布模型开发。在渐增模型中,信息系统开发的第 1 版通常是核心产品,它给出信息系统的基本框架,实现基本需求,但很多补充的特征尚未发布。随着时间的推移,在听取用户意见的基础上,在修改已发布的版本的同时,制订下一个版本的发布计划,客户对每一个增量的使用和评估都会作为下一个增量发布的新特征和功能,不断重复,按照计划继续增量开发,直到最终产生完善产品。渐增模型与原型模型一样,本质上是迭代的,但其强调每一个增量均发布一个可操作的产品。

采用渐增模型的优点如下。

(1) 灵活性:由于信息系统的开发是以系统的子集形式依次呈现给用户的,用户可以尽早对系统有直观的了解,每次只提交部分功能,因而可以按照用户需求有选择地进行。

(2) 便于管理控制:设计人员分配灵活,刚开始不必投入太多的人力资源。如果核心产品很受欢迎,则可以增加人力以实现下一个增量。当配备的人员不能在计划的期限内完成产品时,它提供了一种优先推出核心产品的途径,仅向客户发布部分功能。

(3) 降低风险:增量模型能够有计划地分批管理,降低了技术风险。

渐增模型先将需求分解为若干部分,每个部分都按瀑布模型进行开发,之后整合为一个完整的系统,所以需要设计人员有较高的水平进行分解,尽量保证各个增量版本之间的交互处理过程较少,同时要保证增量部分不破坏已开发的程序,或不引入新的错误。此外,如果用户需求发生变更,会导致已开发部分和增量部分同时修改。

2.4.4 螺旋模型

螺旋模型是 1988 年由 Barry W. Boehm 提出的,他将瀑布模型和原型模型相结合,引入风险机制,适合大型复杂信息系统的开发。

螺旋模式是迭代开发过程,信息系统开发每迭代一周,开发进程就向前推进一个层次,系统内容随之修改或增加。螺旋模型的迭代不是用一系列活动及活动间的回溯来表示,而是用螺旋线表示信息系统开发过程。螺旋线的每个回路表示信息系统开发过程的一个阶段,沿着螺旋线每转一圈,表示开发出一个更完善的新版本。

螺旋线的每个回路分成 4 个象限,代表了以下活动。

(1) 制订计划:确定系统的目标、实施方案以及约束条件;

(2) 风险分析:根据系统目标与约束条件,划分风险类别、进行风险识别,进而评价风险,最终达到风险预防和消除的目的;

(3) 实施工程:开发、验证下一层产品,并做预防性评估;

(4) 客户评估:验收测试,客户评价开发成果,提出修正建议,以便下一次迭代评估。

螺旋模型的第一个周期需要利用需求分析技术理解应用领域,获取初步用户需求,制订项目开发计划和需求分析计划;然后,根据本周期制订的开发计划进行风险分析,评估可选方案后构造原型,并且进一步分析风险,给出消除或减少风险的途径;利用构造的原型进行需求建模或进行系统模拟,直至实现系统;将原型提交给用户使用并征求改进意见。

一个周期后,根据用户和开发人员对上一个周期工作成果进行评价和评审,修改和完善需求,明确下一个周期开发的目标和约束条件,并据此制订开发计划。螺旋模型从第一个周期的计划开始,一个周期一个周期地不断迭代,直到整个系统开发完成。系统开发人员应该在用户的密切配合下进一步完善用户需求,直到原型满足用户需求,或对系统设计进行评价或确认等。

在每一个开发阶段之前,都引入非常严格的风险识别、风险分析和风险控制,直到采取了消除风险的措施之后,才开始规划下一阶段的开发工作。如果开发风险过大,系统用户或技术专家无法接受,项目有可能就此中止。多数情况下,会沿着螺旋线继续下去,自内向外逐步扩展,最终得到令人满意的系统,螺旋模型如图 2-4 所示。

螺旋模型的主要优点如下。

(1) 风险分析。螺旋模型在全过程采用风险分析,让开发者和系统用户能较好地对待和理解每一次迭代带来的风险,降低了信息系统开发中技术、管理和成本的风险,为项目管理人员及时调整管理决策提供方便。

(2) 适应性。支持用户需求的动态变化,原型的迭代贯穿整个系统生命周期,有助于目标系统的适应能力。

但是,螺旋模型也存在一些缺点,螺旋模型强调严格的全过程风险管理,使用该模型需要开发人员具有相当丰富的风险评估经验和专门知识,加大了系统开发的工作量,对开发队伍的水平要求较高；如果每次迭代的效率不高，导致迭代次数过多，将会增加成本并推迟交付时间。

与其他系统开发模型相比，螺旋模型特别适用于庞大并且复杂、高风险的项目。

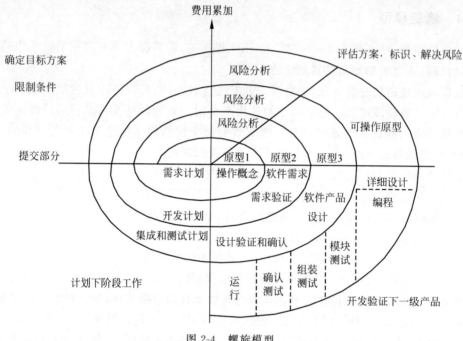

图 2-4 螺旋模型

2.4.5 喷泉模型

喷泉模型是 1990 年由 B. H. Sollers 和 J. M. Edwards 提出的一种新的开发模型，它以用户需求为动力，主要采用面向对象技术进行软件开发，该模型认为系统开发过程中自下而上的各个阶段是相互重叠和多次反复的，就像水喷上去又可以落下来，再重新自底向上实现

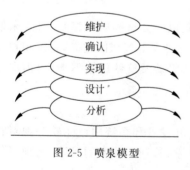

图 2-5 喷泉模型

喷涌的迭代往复过程，类似于一个喷泉，因此称喷泉模型，它具有迭代和无间隙的特征，如图 2-5 所示。各个开发阶段没有特定的顺序要求，并且可以交互进行，可以在某个开发阶段中随时补充其他开发阶段中的遗漏。

喷泉模型具有以下特点。

（1）开发阶段的相互重叠。这不仅反映了系统开发的并行过程，也体现了面向对象开发方法中分析、设计和实现之间无明显界限，各阶段平滑过渡的特点，从而可以较为容易地实现活动的迭代和无间隙。

（2）支持重用。喷泉模型各阶段的结果不仅支持下一阶段的开发，也支持各层次迭代过程中分析、设计内容和模型的重用。

（3）不严格的阶段划分，增量式开发。不要求一个阶段的所有活动一次性彻底完成，而是整个开发过程逐步完善、往复修改的过程。

（4）对象驱动。对象是重用的基础，是整个过程的实体。分析、设计和实现的并行，就是完成对同一对象集的操作，开发人员可以同步进行开发，这样可以提高系统开发效率，节省开发时间。

喷泉模型在各个开发阶段的并行开发，需要大量的开发人员，给管理带来了一定的困难，同时也加大了文档审核的难度。

2.4.6　敏捷过程模型

敏捷过程模型是一种轻量级的信息系统开发方法，用来替代以文件驱动开发的瀑布开发模型，以适应互联网时代软件开发的快速灵活性和不断变化的需求。敏捷软件开发的主要内容如下。

1）个体和交互胜过过程和工具

敏捷软件将人的作用提升到其他过程模型从未有过的高度，以人为本，注重团队开发、团队合作，一个优秀的团队已经让信息系统成功了一半，这远胜于任何完善的过程和良好的工具。

2）可以工作的软件胜过面面俱到的文档

换个角度理解，文档就是规范。而敏捷过程强调的是实用主义，而非规范；强调软件开发的产品是软件，而不是文档。文档是为软件开发服务的，而不是开发的主体。强调系统开发人员应理解并处处以文档规范来要求和实施软件过程，而不是机械地编写文档。

3）用户合作胜过合同谈判

客户与开发者的关系是协作，任何事情都站在用户角度考虑，适应客户的需求、充分与客户沟通，是为了阐述实际的需求细节，而不是为了开发软件，把开发人员变成客户业务的专家，让开发出的信息系统实现客户的价值，以达到双赢的目的。

4）响应变化胜过遵循计划

设计周密是为了保证最终信息系统的质量，但不表明设计比实现更重要，敏捷过程提倡的快速，不仅是开发过程的快速，更是指能及时响应用户需求的不断变化。一个信息系统过程必须有足够的能力及时响应变化，用变化去修改计划，而不要被计划束缚，从而导致最终的软件产品没有体现用户变化的需求。

敏捷过程模型如图 2-6 所示。它注重以下几个方面的核心原则。

（1）简单。构建的信息系统以快速、简单、实用、满足用户需求为要旨。

（2）变化。需求不仅时刻在变，用户对需求的理解也在变。因此，敏捷过程模型需要及时反映这种变化，并将变化落实在信息系统的设计和实现中。

（3）有目的地建模。在建模时，不用过早考虑模型描述、源代码、文档等技术性内容，而应该多思考是谁在建模，为谁建模，为什么要这样建模……同时尽量多与团队人员、客户沟通，保证建模的正确性。

（4）快速反馈。在开发过程中，每个人的工作都应该及时得到反馈，特别是采用共享建模技术的时候。快速反馈是建立在团队合作的基础上，遵循群体软件过程的活动和准则。

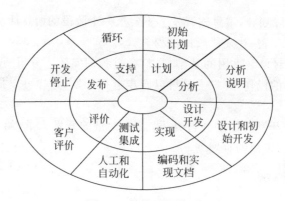

图 2-6　敏捷过程模型

敏捷过程模型具有以下优点。

（1）综合瀑布模型和原型模型的优点,在保证减少错误的前提下,快速得到目标系统。更重要的是,在每阶段的活动中,都引入风险分析,极大地降低系统潜在的风险。

（2）快速开发与建模,能够促进个人和团队开发人员之间的沟通。

敏捷意味着"快",要发挥个人的个性思维,个性思维的增多,也会造成软件开发继承性的下降,因此敏捷开发是一个新的思路。由于快速获取需求,因此敏捷过程模型会不可避免地引入错误。如果在风险评审阶段没有发现这些错误,将会对整个系统开发带来灾难。对于开发时间长、参与人数众多的大型信息系统的开发,文档的管理与衔接作用还是不可替代的。如何把敏捷的开发思路与传统的"流水线工厂式"管理有机地结合,是信息系统开发组织者面临的新课题。

2.4.7　组合模型的开发

在信息系统的建设中,很少用一种模型完成整个信息系统的开发。实际上,针对各阶段的不同任务、不同特征,会采取不同的模型,从而形成开发过程的组合模型。如在以瀑布模型为主的项目开发过程中,在需求分析阶段,对于不明确的用户需求,采用原型模型,对于面向对象分析到面向对象设计的转换,采用喷泉模型。在设计和编码阶段,用敏捷模型实行设计和实现的并行,使得设计思想能更好地、更迅速地在程序中得以体现。

组合模型不是独立的、新的过程模型,它把各过程模型结合在一起,按照系统开发的不同规模、不同阶段、不同领域、不同内容,并结合风险分析、过程管理进行模型组合。

各类不同过程模型的组合方式有两类:一类是以某种开发模型为主,因地制宜地嵌入其他过程模型,以利于各阶段活动的展开,提高效率;另一类从项目计划开始,建立系统开发过程的组合模型,各模型间以平等身份参与项目开发,共同支撑软件开发过程。系统开发人员可以根据软件项目和软件开发环境的特点,选择不同的过程模型组合方式。

2.5　信息系统开发的多种方式

信息系统的开发正朝着专业化的方向发展,出现了许多专门从事系统开发的软件供应商,现代企业的系统开发任务可以委托给专门的软件供应商去完成。由于委托任务不同,就会存在不同的开发方式。信息系统的开发方式是指组织获得应用系统服务的方式,主要解决由谁来承担系统开发任务的问题。每种开发方式都有其适应条件和特点,企业可以根据自身的条件和能力进行选择。

信息系统的开发方式主要有自主开发、联合开发、委托开发和购置商品化软件等。

1. 自主开发

自主开发是指企业完全依靠自己的力量独立完成信息系统的开发。根据项目预算,企业自行组织开发队伍,完成系统的分析和设计方案,组织实施,进行运行管理。但这种方式要求企业本身具有一定的技术能力,需要有出色的领导和自己的开发队伍,包括系统分析师、系统设计人员、构造人员和有经验的管理人员等各类人员。

自行开发方式的优点是开发速度快、费用少,由于获取需求的便利性和对组织的了解,采用这种方式能够很容易开发出满足用户需求和具有企业特性的系统,针对性强,便于维护,不需要依赖于他人,可以锻炼本企业计算机开发应用的队伍,有利于培养企业自己的系统开发人员。缺点是对单位的技术力量要求较高,开发周期较长,系统的应变能力较弱,难于摆脱本企业习惯的管理方式的影响,易受业务工作的限制,系统整体优化不够,不易开发出高水平的信息系统。

2. 联合开发

联合开发由用户和有丰富开发经验的机构或专业开发人员共同完成,是信息系统开发的一种方式。一般是由用户负责开发投资,根据项目要求组建开发团队,建立必要的规则,分清各方的权责,以合同的方式明确下来,协作完成新系统的开发。这样可以利用企业的业务优势与合作方信息技术优势互补,开发出适用性较强、技术水平较高的应用系统。客观地说,企业拥有熟悉本企业管理业务的各类人员,而信息系统开发方则具有进行信息系统开发的各类技术人员,因此,联合开发是一种较好的选择。采用这种方式有利于充分发挥各自的优势,加快系统开发的进程,提高系统开发的成功率,也有利于企业培养从事信息系统运行和维护的技术人员,节约开发资金,减少人员培训方面的投入,为实现新系统的顺利交接奠定基础,同时便于后期的系统维护。

联合开发方式要求用户有一定的信息系统分析、设计能力的开发人员,但开发队伍力量较弱,需要外援,希望通过信息系统的联合开发来建立、完善和提高自己的技术队伍,以便于系统维护工作。另外,用户要选择有责任心、有经验的合作方,精诚合作,相互配合,在合作中出现的沟通问题,需要及时达成共识。虽然也存在开发费用高、软件应变能力较弱,难以明确划分责、权、利等合作的界限等缺陷,但从成本/效益的角度考虑,不失为一种较好的开发方式。这种开发方式适合国内目前的情况,在实际工作中得到普遍运用。

3. 委托开发

由于大多数企业本身不具备独立开发信息系统的条件,因此通常采用委托开发方式开发系统。委托开发是把系统开发任务委托给软件开发公司或科研单位进行开发,故选择既有开发经验又熟悉本系统业务的委托单位,并正确地将企业对新的信息系统的需求传达给委托单位，就成为开发成功的关键。因此，企业事前应当在调查研究的基础上，向委托开发的单位提出系统开发任务书，明确新系统的目标、范围和总的功能需求。

在开发过程中，用户应派出精通业务的人员参与开发方案的研究，监督、控制工作的进展，以保证工作的质量。

委托开发方式的优点是：开发周期短，企业不必组织本企业的开发队伍，可以弥补本单位技术力量不足的缺陷，如果选择了好的开发单位，技术力量强，企业能密切配合管理工作，使之符合现代信息处理要求，则可开发出较高水平的系统。其主要缺点是：开发费用较高，当企业管理发生变化或扩展时，系统维护工作困难。这种方式比较适用于本单位开发能力不足而又希望使用专用系统的单位。

4. 购置商品化软件

随着信息系统技术和方法的不断发展，可以解决企业管理中部分或大部分问题的商品化通用软件陆续产生，它是针对目标用户群的共同需求开发的、可以在市场上销售的应用程序。对于某些企业，如果其业务流程和管理模式相对简单且与商品化软件相吻合，则可以通过购买商品化软件的方式，直接完成系统的开发，是信息系统实施的捷径。目前，SAP、Oracle、用友、金蝶等公司都是国内外知名的 ERP 软件包供应商。对商品化软件的选择通常需要考虑以下因素：功能适应性、环境适应性、所需的硬件和软件资源、易维护程度、文档完备性、供应商质量和成本。购买软件包是一种常用的信息系统开发形式，被很多企业采用。

采用购置商品化软件方式获得企业所需的信息系统主要具有如下优点。

（1）时间短。可以更快地实现新系统，不再需要大量的编程工作。

（2）费用低。软件供应商将开发成本平摊到购买软件的所有客户身上。

（3）可靠性高。软件供应商可以不断地投资以改进软件性能，并且对重大系统的改进和错误的修改承担责任。

但是，购置商品化软件不利于满足用户的特定需求，系统的维护也比较困难。企业一般在购买后往往要针对自身的特点进行某些模块、功能及参数等做设定或者适当调整，学习难度较大，有时还需要进行"二次开发"，使之与本企业的实际运营情况相符合。对于小型企业、事业单位以及业务比较规范而且特殊要求不多的大中型企业来说，购买现成软件包比较合适。

由于各个单位（即使是同类型的企业）都有自己的特点，在上述 4 种开发方式中，应根据技术力量、资源情况、内外部环境等因素来进行选择。无论采用哪种开发方式，都需要单位领导和业务人员参加决策。各种系统开发方式的比较如表 2-1 所示。

表 2-1　各种系统开发方式的比较

开发方式 要求	自行开发	委托开发	联合开发	购买
分析、设计能力	非常需要	不太需要	逐步培养	少量需要
编程	非常需要	不需要	需要	少量需要
系统维护	容易	较困难	较容易	困难
开发费用	少	多	较多	较少

本 章 小 结

　　信息系统的开发非常复杂,成功的信息系统开发遵循着信息系统开发的基本原理,它贯穿于信息系统开发的整个过程。而信息系统开发的生命周期为信息系统开发提供了指导,所包含的信息系统规划、分析、设计、实施、运行和维护是最基本的阶段划分方法,是实现信息系统生产工程化的重要步骤;在这些阶段中,有一些活动不是某一阶段专有的,如调查研究、记录文档和演示材料、可行性分析、项目管理和过程管理,是跨生命周期的活动。

　　在信息系统开发中,"一把手"、优化和创新、充分利用信息资源、注重整体性和相关性的统一和规范化等原则有助于开发成功的信息系统;同时根据具体应用问题域的理解,相应地采用"自顶向下"、"自底向上"和综合开发策略。由于信息系统开发的复杂性、应用的广泛性,基本的生命周期开发模型难以适应各类开发的需求,为此开发信息系统的生命周期会产生若干变体,这些变体被称为信息系统过程模型。信息系统过程模型也称为信息系统开发模式,是信息系统开发活动的一系列步骤及执行过程的结构框架,主要包括瀑布模型、原型模型、渐增模型、螺旋模型、敏捷过程模型和组合模型等。信息系统的开发方式主要有自主开发、联合开发、委托开发和购置商品化软件等,这些开发方式各具不同的优点和缺点,适合企业的不同情况。可以根据信息系统开发的主体不同,选择不同的开发方式。

本 章 练 习

1. 问题思考

(1) 信息系统开发的基本原理是什么?

(2) 简述生命周期法各个阶段的主要任务。

(3) 信息系统跨生命周期的活动有哪些?

(4) 什么是信息系统过程模型?它包括哪些模型?

(5) 简述原型法的开发过程,并说明其主要优点和局限性。

(6) 瀑布模型分为哪些阶段?该方法有哪些优缺点?

(7) 信息系统有哪些开发方式?各有何特点?

2. 专题讨论

(1) "数据是稳定的,处理是多变的",对此你是如何理解的?

(2) 企业选择信息系统开发形式时,应该从哪些方面考虑?

第3章 信息系统开发方法

信息系统开发的效率、质量、成本以及用户的满意程度,除了管理、技术等因素外,系统开发方法起着极其重要的作用。信息系统开发方法是用已定义的工具、方法和过程,在技术上和管理上来组织软件生产的一系列活动。其中,过程定义了信息系统开发的操作流程,方法是用信息系统开发理论和规范的技术手段进行设计,工具提供了方法中可用的一组图形符号,这些图形符号有各自的语法和语义信息。

信息系统开发方法有多种,常用的开发方法有结构化系统开发方法、面向对象系统开发方法和计算机辅助软件工程方法,它们各自遵循着一定的基本思想,适用于一定的范围,解决问题的出发点和侧重点也各不相同。系统开发方法需要技术上的支持,通常某种方法学是几种技术的有机结合。无论采用何种开发技术与方法,都必须实现两个基本的目标:一是提高系统开发的效率,二是提高系统的质量。

随着技术的进步、管理工作要求的提高,信息系统的开发技术与方法也在不断地丰富和完善,新的开发技术与方法会不断出现。

3.1 结构化系统开发方法

20世纪70年代,西方发达国家在不断的实践中,吸取了以往系统开发的经验和教训,提出了系统结构化分析与设计的方法,即结构化系统开发方法(Structured System Development Method,SSDM)。它是自顶向下的开发策略、工程化的系统开发方法和生命周期方法的结合,是迄今为止的开发方法中最传统、应用最广泛的一种开发方法。

3.1.1 基本思想

结构化系统开发方法是用系统工程的思想和工程化的方法,按照用户至上的原则,结构化、模块化、自顶向下地分析和设计系统。在整个开发过程中,把软件生命周期的全过程依次划分为若干个阶段,然后顺序地完成每个阶段的任务,各个阶段和步骤清晰规范,每一阶段和步骤均有明确的内容、成果,阶段成果都以系统规划报告、系统分析报告、系统设计报告、系统实施报告等形式经过技术和管理审查后确定下来,每一阶段的报告都是下一阶段的重要参考依据,各阶段衔接紧密,特别注重整体性和全局性。

3.1.2 过程

基于系统开发生命周期,结构化系统开发方法将信息系统开发过程分为信息系统规划、信息系统分析、信息系统设计、信息系统实施、信息系统运行与维护5个阶段,每一阶段都要严格把关,只有审核通过才能进入下一个阶段。结构化系统开发方法过程如图3-1所示。

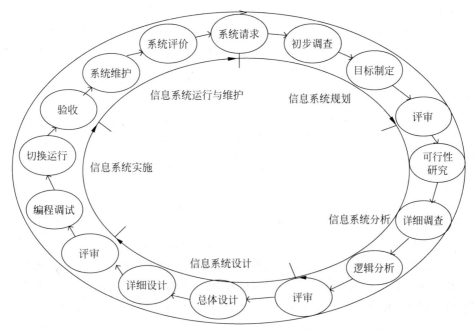

图 3-1　结构化系统开发方法过程

1）信息系统规划

在这一阶段要根据用户的开发请求进行初步调查,明确问题,制定与组织发展战略相适应的信息系统发展战略,根据组织的主要信息需求形成信息系统的总体结构方案,了解约束条件和所需的基本资源。系统规划主要包括制订系统建设的资源分配计划和项目开发计划。

2）信息系统分析

系统分析阶段的主要工作是根据系统规划阶段确定系统总体方案和开发项目的安排,对系统进行可行性分析、组织结构分析、业务流程分析、系统数据流程分析、数据字典创建,最后完成新系统的逻辑方案设计,形成系统分析报告等内容。

3）信息系统设计

系统设计的主要任务是根据新系统的逻辑方案进行软件、硬件系统的设计,包括体系结构设计、系统功能结构设计、数据库设计、编码设计、输入/输出设计、处理过程设计,最后编写系统设计说明书。

4）信息系统实施

系统实施的主要任务是将设计的系统付诸实施,主要工作有系统开发的组织与管理,应用程序编制或软件包的购置,计算机与通信设备的购置,系统的安装、调试和测试,新系统和现有系统的切换、评估等。

5）信息系统运行与维护

信息系统开发完成后投入应用,即进入运行和维护阶段。在本阶段,开发者和用户一起支持信息系统的运行,而科学的组织与管理是系统正常运行、充分发挥其作用的必要条件,及时完善的系统维护是系统正常运行的基本保证。信息系统规模庞大,结构复杂,管理环境和技术环境不断变化,系统维护工作量大,涉及面广,投入资源多。

现代组织面临的内、外环境不断变化,组织的目标、战略和信息需求也必须与环境的变化相适应。当现有系统或系统的某些主要部分已经不能通过维护来适应变化时,或者用维护的办法在现有系统上进行调整的成本过高时,整个信息系统或某个子系统就要被淘汰,新的系统建设工作或项目开发工作便随之开始。

现有系统进入更新阶段时,新系统的建设工作就开始了。因此,这一阶段是新系统和现有系统并存的时期。对现有系统来说,可以全部更新,也可以部分更新或有步骤地分期分批更新。

3.1.3　原则

结构化系统开发方法主要包括如下原则。

1)用户积极参与

用户是信息系统需求的提供者,也是最终使用者,用户积极参与信息系统开发的全过程,是信息系统开发成功的关键因素。尽量吸引用户全程参与开发过程,加强与用户的联系,以便统一认识,加快工作进度,提高系统质量,减少系统开发的盲目性和失败的可能性。

2)严格划分阶段

整个信息系统的开发采用"分而治之"的策略,即将系统开发过程分为若干个"阶段",每个阶段都有明确的任务和目标,各个阶段又可分为若干工作和步骤,逐一完成任务,从而实现预期目标。各个阶段的开发有条不紊地进行,便于计划和控制,避免为以后的工作留下隐患。

3)设立检查点

在系统开发的每一个阶段均设立检查点,以评估所开发系统的可行性,避免由于系统开发的失败造成更大的损失。

4)文档资料标准化

根据系统工程的思想,信息系统各个阶段性的成果必须文档化,只有这样才能更好地实现用户与系统开发人员的交流,保证各阶段工作的衔接和维护的便利,为提高信息系统可靠性提供保证。

3.1.4　特点

1. 主要优点

结构化系统开发方法主要具有以下优点。

1)自顶向下和自底向上相结合的开发过程

在系统分析与设计时要从整体全局考虑,采用自顶向下、逐步分解细化和模块化的思路,系统实施时,根据设计的要求从具体的功能模块入手,自底向上逐步实现整个系统,便于系统的分析、设计、实施和维护,使复杂的系统开发工作简单化。

2)结构化和模块化

从全局观点出发进行系统分析和设计,保证系统总体结构的合理性、系统内信息的完整性与一致性、各子系统之间的有机联系。同时，根据设计的要求，采用模块化技术设计、编程与调试，逐步实现整个系统，强调系统开发的整体性和全局性。

3）严格划分系统阶段

把系统完整的开发过程划分为若干阶段，每一阶段对应的目标和任务明确，前后衔接。在实际的开发过程中，要求严格按照划分的工作阶段逐步开展工作，同时进行严格审查，审查通过后才进行下一阶段工作，使错误较难传递到下一阶段，这在一定程度上减少了错误造成的损失，保证了系统开发的质量。

4）用户至上

用户对系统开发的成败是至关重要的，所以在系统开发过程中要面向用户，始终保持与用户的沟通，充分了解用户的需求和愿望，详细地调查研究，弄清实际业务处理过程的每一个细节，取得用户的共识，这是信息系统开发的基础。然后分析研究，制订出科学合理的新系统设计方案。

5）充分预料可能发生的变化

系统开发是一项耗费人力、财力、物力且周期很长的工作，一旦周围环境（组织的内外部环境、信息处理模式、用户需求等）发生变化，都会直接影响到系统的开发工作，所以结构化开发方法强调在系统调查和分析时对将来可能发生的变化给予充分的重视，强调所设计的系统对环境的变化具有一定的适应能力。

6）文档资料规范化、标准化

系统开发过程工程化，要求开发过程的每一阶段都按工程标准规范化，将文档资料标准化，即采用标准化、规范化的格式和术语、图表等形式组织文档，便于系统开发人员和用户的交流。

2. 主要缺点

1）必须事先明确需求

结构化方法要求预先严格定义出完整、准确的功能需求和规格说明，为此在早期调查中就要充分地掌握用户需求、管理状况，并能预见将要发生的变化，这不太符合人们循序渐进地认识事务的客观规律。

2）开发周期长

必须充分了解用户的需求后，才能进行信息系统的开发，系统开发过程中的每一阶段都要和用户充分沟通后，形成规范化、标准化的文档资料，并进行评审，使得系统开发周期过长而带来一系列问题。

3）灵活性差

开发环境在不断变化，而结构化方法需要按照确定的设计目标进行，难以用于运行环境经常变化的信息系统的开发。

3.2 面向对象方法

按照信息系统分析的要素，可以将信息系统分为面向处理、面向数据和面向对象三种方法。面向处理（Processing Oriented，PO）的方法中常常由企业运营流程出发，划分不同的过程进行处理分析,此时也称为面向过程的程序设计方法;面向数据(Data Oriented,DO)的方法是分析企业的信息需求,通过信息建模,建立企业的数据库。这两种方法把相互依赖的数据和对数据的操作分离,要么只单纯地反映管理功能的结构状况,要么只侧重反映事物的信息特征和信息流程,使得大型系统难于编写和调试,程序员之间很难读懂对方的代码,更谈不上代码的重用。面向对象(Object Oriented,OO)系统开发方法是基于面向对象的程序设计方法逐步发展的,它把数据和过程包装成为对象,以对象为基础对信息系统进行处理,因此它是一种综合性的开发方法。

3.2.1 基本思想

客观世界中任何具体的事物反映在人的头脑中都是抽象的概念,每一个事物映射到计算机世界中就是面向对象系统开发方法中的一个对象(Object)。面向对象方法认为:客观世界是由各种对象组成的,任何事物都是对象,复杂的对象可以由比较简单的对象以某种方式组合而成,因而信息系统可以抽象为由各种层次、具有各种属性、彼此相互联系又相互作用的一系列对象构成的一个复杂的体系结构。对象是用面向对象开发方法分析问题和解决问题的核心,面向对象的分析过程就是认识客观世界的过程,而且面向对象方法提供了一些支持复用的机制(如继承),这提高了软件系统的可复用性。

3.2.2 面向对象与面向过程

当问题的规模不大时,面向过程的设计方法因其逻辑关系明确、实现简单而备受程序员们的青睐。但是当问题规模扩大到大中型软件时,一个项目的代码量不是一个人可以单独完成的。小组的分工与合作成为解决代码量大的方法,但是这又向程序员之间的配合提出了新的挑战,实时数据共用导致的不安全、代码重用率低等问题也阻碍着面向过程的方法在大型软件中的发展。

面向过程是以事件为中心,分析解决问题所需的步骤,用函数逐步实现,使用的时候依次调用。而面向对象体现了以事物为中心的编程思想,以对象为基础,以事件或消息来驱动对象执行处理,将数据和对数据的操作封装在一起,并将它们作为一个整体来处理,同时采用数据抽象和信息隐蔽技术,属性和操作相同的对象抽象为类,并考虑类之间的联系和类的重用性。在面向对象程序设计里,一切操作都是通过向对象发送消息来实现的。对象接到消息后,启动消息处理函数完成相应的操作。因此,面向对象程序设计的控制流程是由运行时各种事件的实际发生来触发的,而不再由预定顺序来决定,这更符合实际。

3.2.3 基本概念

1. 对象

对象是任何被人类研究的事物,是建立面向对象系统的基本单元。不管是简单的实数,还是结构复杂的火箭、飞船,甚至抽象的计划,都可以认为是对象。对象是一组属性和施加在这些属性上的一组方法构成的独立个体。对象的属性又称为数据部分,用来描述它的静态特征,对象的方法又称为程序部分,通常是一段程序代码,定义了一个操作,每个操作决定对象的一种功能或行为,用来描述它的动态特征。以汽车为例,它拥有的发动机,变速箱,车身长、宽、高,重量等是对象的属性,而启动、加速、刹车等是它的方法。

对象是一个封闭体,它向外界提供一组接口,外界通过这组接口与对象交互,这样对象就具有较强的独立性、自治性和模块性。

2. 类

类是一组具有相同属性和相同操作的对象的集合,类的属性用来表示对象的各种特征,类的操作是对于对象行为的描述,包括操作名称和操作实现过程。把众多的事物归纳成一些类是人们认识客观世界时的常用方法。分类所依据的原则是抽象,即忽略事物的非本质特征,只关注与当前目标有关的本质特征,从而找出事物的共性,把具有共性的事物划为一类,得出一个抽象的类的概念。类与对象的关系是抽象与具体的关系,类是多个对象的综合抽象,对象是类的个体实例。

3. 消息

对象与对象之间并不是彼此孤立的,它们之间存在联系,在面向对象的系统中,对象之间的联系是通过消息传递进行的,消息是对象之间相互请求和相互协作的途径,是要求某个对象执行其中某个功能操作的规格说明。通过发送消息操纵对象,对象接收消息,根据消息及消息参数调用相关的服务,进行处理并予以响应,从而实现系统功能。

3.2.4　基本特征

面向对象的方法认为客观世界是由各种"对象"所组成的,任何事物都是对象,每一个对象都有自己的运动规律和内部状态,每一个对象都属于某个"类"。复杂的对象可以是由相对简单的对象以某种方式而构成的。通过类比,发现对象间的相似性,即对象间的共同属性和行为,这就是构成类的依据,对象间的相互联系是通过传递"消息"来完成的,消息就是通知对象去完成一个允许作用于该对象的操作。

(1)抽象性:关注与当前目标有关的本质特征,忽略非本质特征,找出事物的共性,归为一类,就会得到一个抽象的概念。抽象包括两个方面,一是过程抽象,二是数据抽象。过程抽象是指任何一个明确定义功能的操作都可被使用者看作单个的实体。数据抽象定义了数据类型和施加于该类型对象上的操作,并限定了对象的值只能通过这些操作来访问和修改。

(2)封装性:它将属性和操作结合在一个类中,对象的属性一般不被外界直接访问,而是通过对象的操作来读取和修改;封装隐蔽对象的内部细节,只留少量接口,接收外界的消息。封装保证模块具有良好的独立性,便于系统维护,对系统的修改仅限于类的内部,是面向对象的特征之一。

(3)继承性:广义地说,继承是指能够直接获得已有的性质和特征,而不必重复定义。在面向对象的软件技术中,继承是子类自动地共享父类中已定义的属性和方法。子类继承父类的所有属性和方法,避免了许多重复性的工作,因此子类的属性与操作有自己定义的,也有从父类继承来的。继承是传递的,当子类被更下层的子类继承时,它所继承的和自己定义的属性和操作又被下一层继承下去。继承是面向对象方法中最显著的特点,提高了软件的可重用性,使得软件的可扩充性大大加强。类的继承关系如图 3-2 所示。

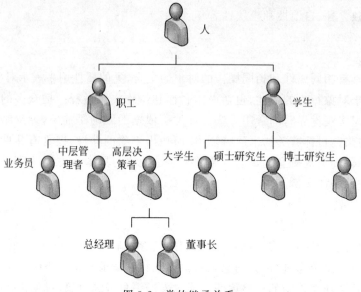

图 3-2　类的继承关系

（4）多态性：相同的方法作用于类型不同的对象上可以得到不一样的结果,每个对象通过满足自身条件的方式响应同样的消息,使得软件的可重用性和灵活性进一步增加。例如打开窗户的操作,基于窗户的不同,可以得到平开、推拉、上悬等多种不同的结果。

继承性和多态性的结合,可以生成一系列相互类似但独一无二的对象。继承性使得这些对象共享许多相似的特征,多态性针对相同的消息,使得不同对象可以有独特的表现方式,实现个性化的设计。

3.2.5　开发过程

按照系统开发生命周期的理论,面向对象的信息系统开发方法可以分为以下 5 个阶段。

1. 面向对象的分析

面向对象分析（Object Oriented Analysis,OOA）是系统开发过程中的问题定义阶段,目标是完成对所求解问题的分析,确定系统"做什么",并建立系统模型。

面向对象的分析需要对问题域和系统责任进行分析和理解,问题域有哪些值得考虑的事物,面向对象的分析模型中就有哪些对象,而且强调对象的命名与客观事物一致,找出描述它们的类和对象,定义其属性和操作。用一般-特殊结构描述事物间的继承关系,用整体-部分结构描述事物间的组成关系,用实例连接和消息连接表示事物间的静态联系和动态联系,最终获得一个符合用户需求,并能够反映问题域和系统责任的面向对象分析模型。

通过面向对象分析建立的系统模型是以对象概念为中心的,它由一组相关的类组成。面向对象分析可以采用自顶向下的方法,逐层分解建立系统模型,也可以自底向上从已定义的类出发,逐步构造新类。

2. 面向对象的设计

面向对象的分析建立了反映问题域的对象分析模型,不考虑与系统具体实现有关的因素(如编程语言、用户界面、数据库等),从而使面向对象的分析模型独立于具体实现。面向对象的设计(Object Oriented Design,OOD)则是面向对象系统开发方法在设计阶段应用与扩展的结果,是将面向对象分析阶段所创建的分析模型转换为设计模型,解决"如何做"的问题。面向对象设计的目标是产生一个满足用户需求、可实现的设计模型。

面向对象的设计内容主要包括两部分:一是不经过转换,仅做部分必要的修改和调整,把面向对象的分析模型直接用于面向对象的设计,作为面向对象设计的一个部分;二是针对具体实现中的人机界面、数据存储、任务管理等因素补充与实现有关的部分,采用面向对象的分析方式分析相同的表示法和模型结构。

3. 面向对象的编程

面向对象编程(Object Oriented Programming,OOP)的任务是将从面向对象分析和设计得到的模型用程序加以实现,即采用面向对象的程序设计语言,为面向对象的设计模型的每个成分编写程序。理想的面向对象开发规范,要求在面向对象的分析、设计阶段就对系统中的对象及其内部构成(属性和操作)与外部关系(静态和动态联系)有透彻的认识和清晰的描述,而不是把这些问题留给程序员去思考。程序员只需用具体的数据结构定义对象的属性,用具体的语句实现流程图所表示的算法。

4. 面向对象的测试

面向对象的测试(Object Oriented Testing,OOT)以类作为基本测试单位,差错范围主要是类定义之内的属性和操作,以及有限的对外接口(消息)所涉及的部分,可以大大减少错误的影响范围。一个类通常包括一组不同的操作,而一个操作也可能存在于一组不同的类中,所以类的测试不能再孤立地测试单个操作,而应该把操作作为类的一部分。此外,由于继承性的存在,面向对象的测试在完成对父类的测试后,子类的测试重点只是那些新定义的属性和操作。

5. 面向对象的维护

在面向对象的维护(Object Oriented System Maintenance,OOSM)中,程序与问题域是一致的,各个阶段的表示也是一致的,从而减少了理解的难度。无论是发现程序中的错误而逆向追溯到问题域,还是需求发生变化而从问题域正向跟踪到程序,都是很方便的。

3.2.6 特点

1. 面向对象开发方法的优点

(1) 良好的可复用性:基于类建立的系统模型,与基于"过程"和"数据"建立的系统模型相比,更具稳定性,增强了系统的适应性,对复用支持程度高。

(2) 易于维护:由于对象和类的规范性,维护人员易于理解运行过程和原理,可维护性好。

(3) 良好的可扩充性:以对象和类为基础,实现了从对客观世界对象客体的描述到软件结构的直接转换,大大减少了后续软件开发量,缩短了开发周期。

2. 面向对象开发方法的缺点

(1) 面向对象方法的关键是从客观世界抽象出对象,但是客观世界的复杂性,使得完成对象的抽象比较困难。

(2) 面向对象的开发方法,需要有一定的软件基础支持才能应用。

(3) 如果大型系统开发中,一开始就采用自底向上的面向对象方法开发系统,而不经自顶向下的整体划分,易造成系统结构不合理、各部分关系失调等问题。因此,面向对象的开发方法与结构化系统开发方法在系统开发中相互依存、不可替代。

3.3 计算机辅助软件工程

3.3.1 基本思想

计算机辅助软件工程(Computer Aided Software Engineering,CASE)是计算机技术在系统开发活动、技术和方法中的应用,是软件工具与开发方法的结合体,它使得人们能在计算机的辅助下进行软件开发,为计算机软件开发的工程化、自动化进而智能化打下基础。计算机辅助软件工程是提高系统开发效率与质量的重要途径。如果严格地从认知方法论的角度来看,CASE 是技术,但从 CASE 的发展对系统开发过程所支持的程度来看,又不失为一种实用的系统开发方法。

具体地说,CASE 能生成各种需求分析、功能分析和结构图表(如数据流图、结构图、实体联系图等),进而成为支持整个系统开发全过程的一种大型综合系统,能支持除系统调查之外的所有系统开发过程,它可以按照系统开发商规定的应用规则,由计算机自动生成合适的计算机程序。CASE 的实质是为系统开发人员提供了一组优化的、集成的、且能节省人力的系统开发工具,实现软件生命期各阶段的自动化,帮助开发者方便、快捷地产生出系统开发过程中的各类图表、程序和说明性文档,着眼于系统分析、设计、开发、实施和维护等各个环节的自动化,使开发工作成为以自动化工具和支撑环境支持的自动化过程,并使其成为一个整体。

CASE 的目的是使开发支持工具与开发方法结合起来,通过实现分析、设计与程序开发、维护的自动化,提高信息系统开发的效率和信息系统的质量,最终实现系统开发的自动化。

3.3.2 基本功能

1. 中心信息库

中心信息库是存储和组织所有与应用软件系统有关的信息机构,提供人机界面以进行有效的管理,包括系统的规划、分析、设计、实现和计划管理等信息,如结构化图形、屏幕与菜单的定义、报告的模式、记录说明、处理逻辑、数据模型、组织模型、处理模型以及源代码等。中心信息库具有对系统信息存储、访问更新、分析和生成报告的功能,系统开发人员可以直接从中获取所需的信息,合理地组织与管理系统开发的工作过程。

2. 图形功能

图形实际上是软件模型化的语言,它为软件的描述提供了一种简明的、重构的、没有歧义的方法,快捷地产生系统开发过程中的各类图表、程序和说明性文档,是产生好的系统和程序文档的基础。清晰的图形在复杂系统的开发和编程的过程中起着关键性的作用,它能为开发人员提供清楚的思路,提高工作速度并改进产品的质量,更是一种重要的沟通工具。

3. 查错功能

在系统开发中,尽早排除错误是降低成本的一种行之有效的方法,CASE 提供了以系统说明书为依据的自动检查的功能。

4. 支持系统的原型设计

CASE 为建立原型提供了各种工具,如屏幕绘图程序、报告检测,达到系统的一致性和完整性。借助于 CASE 工具,系统开发人员可对原型进行模拟运行以验证系统设计模型的正确性。

5. 代码自动生成

CASE 通过程序设计规格说明书,使用户在较短时间内,自动或半自动地生成所需的代码段落,实现编程阶段的自动化。这种自动生成可能是一个框架,也可能是一个完整的程序,极大地提高了系统开发的效率。

6. 有利于应用结构化方法

CASE 提供的若干工具有利于结构化分析、结构化设计和结构化编程,从而使结构化方法实现自动化。CASE 工具为画数据流图、E-R 图等结构化图提供了图形支持,同时可自动生成诸如系统说明和伪代码等形式的规格说明。同时,CASE 指导用户正确地使用结构化方法,要求用户按照一定的标准化次序进行系统分析与设计。

由于系统开发涉及复杂的技术背景和管理环境,人在系统开发各阶段中始终处于关键地位。全部开发工作的自动化是不切实际的幻想,但采用 CASE 方法可辅助人们更快、更好、更低成本地进行系统开发。特别是基于人工智能的 CASE 方法,它将对系统开发产生重大的影响。

3.3.3 特点

(1) 计算机辅助软件工程提供了一组能够自动覆盖软件开发生命周期各个阶段(除系统调查外)的集成工具,强有力地支持了系统开发的全过程,解决了从客观对象到软件系统的直接映射问题。

(2) 支持自顶向下的结构化系统开发方法,使结构化系统开发方法更加实用;支持自底向上的原型化和面向对象的方法,使原型化和面向对象的方法能很好地付诸于实施。

(3) 实现分析设计图表和程序编写自动化,使开发者从繁杂的分析设计图表和程序编写工作中解放出来,自动生成统一的、标准化的系统开发文档,减轻了相关人员的工作负担,加快了软件开发速度。

(4) 项目管理、分析、设计、编程、测试和维护工具辅助系统的开发,加速了系统的开发过程,简化了软件的管理程序,提高了软件的重用性,而且自动检测的方法大大提高了软件的质量,提高了系统的维护能力。

本 章 小 结

信息系统开发方法提供了对完成系统生命周期的每一阶段的详细指导,本章主要介绍了结构化系统开发方法、面向对象系统开发方法和计算机辅助软件工程方法,它们各自遵循着一定的基本思想,适用于一定的范围,解决问题的出发点和侧重点也各不相同,但共同的目标是提高系统开发的效率和系统的质量。

结构化系统开发方法是用系统工程的思想和工程化的方法,按照用户至上的原则,基于系统开发生命周期,严格划分系统阶段,结构化、模块化、自顶向下地分析和设计系统。适合需求明确的信息系统开发,但开发周期长、灵活性差。

面向对象系统开发方法是基于面向对象的程序设计方法逐步发展的,它把数据和过程包装成为对象,以对象为基础对信息系统进行处理,是一种综合性的开发方法,具有良好的可复用性和可扩充性,易于维护。但初学者对相关概念不易理解,需要有一定的软件基础,整体划分不当易造成系统结构不合理、各部分关系失调等问题。

计算机辅助软件工程的主要目标是使用自动化工具自动生成信息系统,本章介绍了该工具应该具备的基本部件和计算机辅助软件工程方法的特点,但目前该方法只能部分支持信息系统的开发过程。

本 章 练 习

1. 问题思考

(1) 结构化开发方法的基本思想是什么? 它的缺点是什么?

(2) 结构化开发方法将系统开发分为几个阶段? 各阶段的任务是什么?

（3）面向对象系统开发方法的基本思想是什么？

（4）面向对象系统开发方法和结构化开发方法的区别是什么？

（5）计算机辅助软件工程的含义是什么？

（6）面向对象开发方法的开发过程分为哪些阶段？

2. 专题讨论

（1）试分析下面公式的含义。

面向对象＝对象＋类＋类继承性

（2）结构化开发方法认为：系统开发是一个在不同层次上抽象的过程。试分析其含义。

第4章 系 统 规 划

信息系统规划(Information System Planning,ISP)是信息系统实践中的首要问题,也是信息系统研究的主要课题之一。信息系统是开发投资巨大、历时长久、技术复杂且涉及面广的系统工程,如果规划不当,不仅直接损失大,间接损失更是难以估量。管理者常常过于关注特定业务系统的功能、性能以及软件和硬件的选型,却忽视信息系统的整体规划,尤其是没能与企业战略保持一致,缺乏前瞻性,这为信息化的失败埋下伏笔。在开发之前,必须认真制订有充分根据的信息系统战略规划。这项工作往往是信息系统成功的关键,应将信息系统的规划放到重要的战略位置上。

4.1 系统规划概述

4.1.1 基本概念

1. 企业战略、信息系统战略与信息系统规划

企业战略是企业根据内外部环境和可获得资源的情况,为求得长期生存和持续的均衡发展而进行的全局性谋划。企业战略并不抽象,由愿景使命、政策环境、预期目标和确保目标实现的策略组成。企业战略具有 3 个层次,不同层次又包括了不同类型的战略。

(1)公司层战略。它是由企业最高领导层对企业重大问题所制订的总体战略,是企业最高层次的战略,也称总体层战略,侧重于对企业经营方向和目标的选择。它包括加强型战略、一体化战略、多元化战略和防御型战略。公司层战略决定企业的目标,提出实现目标的重大方针和计划,主要任务是确定企业的整体经营范围,在全企业范围内合理配置资源。

(2)业务层战略。它是在公司层战略指导下的各业务单元的竞争战略,包括成本领先战略、差异化战略、成本集聚战略、目标集聚战略。业务层战略解决企业如何选择企业经营的行业以及如何确定在行业中竞争地位的问题,其主要任务是明确如何在市场中竞争,开发哪些产品或服务,这些产品或服务提供给哪些市场。

(3)职能层战略。也称经营层战略,是为实现企业总体战略和竞争战略而对企业各方面职能活动进行的谋划,包括生产战略、研发战略、营销战略、财务战略、人力资源战略、信息管理战略等。

信息系统战略是企业信息化建设要实现的目标以及实现目标的方法、策略、措施的总称。信息系统战略从属于企业战略,与生产、研发、财务、营销等战略同属于职能层。

现代社会组织、特别是企业的结构和活动内容都很复杂,实现企业的信息管理计算机化需要经过长期的努力,因而需要对企业的信息系统进行规划。规划,是指对较长时期的活动进行总体而全面的计划。信息系统规划是关于信息系统建设的长远规划,是企业战略规划的一个重要组成部分,它在综合考虑企业发展战略的基础上,通过分析现行企业系统状况,

制定企业信息系统发展战略总体方案。

信息系统规划是信息系统生命周期的第一阶段。这一阶段的主要目标是明确系统整个生命周期内的发展方向、系统规模和开发计划。系统规划是为整个系统建设确定目标、战略、系统总体结构方案和资源计划，不解决项目开发中的具体业务问题，因而整个工作过程是一个管理决策过程。同时，系统规划也是技术与管理相结合的过程，它确定利用现代信息技术有效地支持管理决策的总体方案。

系统规划人员对管理与技术环境的理解程度，对管理与技术发展的见识，以及开创精神、务实态度是规划工作的决定因素。目前尚无可以指导系统规划全过程的适用方法，因此必须采用多种方法相互配合，取长补短。

规划工作的结果是要明确回答规划工作内容中提出的问题，描绘出系统的总体概貌和发展进程，但宜粗不宜细。要给后续各阶段的工作提供指导，为系统的发展制定一个科学而又合理的目标和达到该目标的可行途径，而不是代替后续阶段的工作。

2. 企业战略与信息系统战略关系

企业战略是企业一切活动的出发点和归宿。信息系统战略是为企业发展服务的，应当符合企业的发展战略；同时，信息系统战略又是企业战略基础体系的重要组成部分，企业战略的确立是制订信息系统战略的基础。为此，信息系统战略必须要有的放矢，并且与企业战略保持一致。

例如，为了实施低成本战略，沃尔玛采用了供应商管理库存（Vendor Managed Inventory，VMI）模式，以降低库存成本。为此，开发了连续补货系统（Continuous Replenishment Program，CRP），以提高供应商的预测和计划能力，使得供应商管理库存模式得以实施。

如果企业战略与信息系统战略之间不协调，例如：企业采取非常明确的纵向一体化战略，而信息系统战略却并不为实现纵向一体化战略服务，而为实现制造过程服务，或如果企业已经选择了企业联盟的竞争战略，而信息系统战略却还将重心投放在企业内部的采购、制造与销售的一体化上，那么信息系统就会失去它存在的价值和意义。类似地，从宏观层面来说，各级政府的信息化也要遵循这一原则。目前，我国电子政务系统的建设如火如荼，投资巨大，电子政务系统的规划也要与本地国民经济与社会发展规划保持一致。

信息系统规划和信息系统战略之间存在着密切的联系：一方面，信息系统规划是制定信息系统战略的主要手段；另一方面，信息系统发展战略又为信息系统规划提供了重要的依据，成为信息系统规划的主要内容。信息系统战略目标和相关政策的制订进一步明确了企业的目标，强调了企业追求的利益，为信息系统规划奠定了基础，并成为信息系统规划的主要内容。

3. 诺兰模型及其指导作用

无论在确定开发信息系统的策略，或者在制订信息系统规划的时候，都应首先明确本企业当前所处的发展阶段，进而根据该阶段的特征指导信息系统的建设。诺兰阶段模型总结了发达国家信息系统发展的经验和规律，把信息系统的成长过程划分为 6 个不同阶段，如

图 4-1 所示。

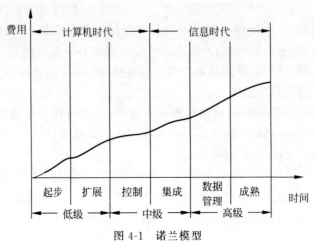

图 4-1　诺兰模型

1) 起步阶段

组织购置第一台计算机并初步开发管理应用程序,初步认识了计算机的作用,少数人具有了初步使用计算机的能力。一般而言,起步阶段大多发生在单位的财务、人事等数据处理量大的部门,信息系统的建立往往不讲究经济效益。用户对信息系统也是抱着敬而远之的态度。

2) 扩展阶段

应用初见成效,信息系统从少数部门扩散到多数部门,并开发了大量的应用程序,使组织的事务处理效率有了提高,应用需求开始增加,企业对 IT 应用开始产生兴趣,并对开发软件热情高涨,投入开始大幅度增加。但在信息系统中出现了数据冗余性、不一致性、难以共享等有待解决的问题,只有一部分计算机的应用收到了实际的效益。

3) 控制阶段

计算机数量超出控制,预算增长,投资回报不理想,此时需要从整体上控制信息系统的发展,在客观上要求组织协调,解决数据共享问题。出现了由组织的领导和职能部门负责人参加的领导小组,对整个组织的系统建设进行统筹规划,企业 IT 建设更加务实,对 IT 的利用有了更明确的认识和目标。

4) 集成阶段

在控制的基础上,开始重新进行规划设计,建立集中式的数据库以及能够充分利用和管理各种信息的系统。企业的 IT 建设开始由分散和单点发展到体系,预算费用又一次迅速增长。

5) 数据管理阶段

企业高层意识到信息战略的重要,信息成为企业的重要资源,企业的信息化建设也真正进入数据处理阶段。这一阶段中,企业开始选定统一的数据库平台、数据管理体系和信息管理平台,统一数据的管理和使用,各部门、各系统基本实现资源整合、信息共享,IT 系统的规划及资源利用更加高效。

6）成熟阶段

成熟的信息系统已经可以满足企业各个层次的需求，从简单的事务处理到支持高效管理的决策。企业真正把 IT 同管理过程结合起来，将组织内部、外部的资源充分整合和利用，从而提升了企业的竞争力和发展潜力。

诺兰阶段模型总结了信息系统发展的经验和规律，其基本思想对于信息系统建设具有指导意义。一般认为模型中的各阶段都是不能跳跃的。无论在确定开发信息系统的策略，或者在制订信息系统规划的时候，都应首先明确组织当前处于哪一个成长阶段，进而根据该阶段特征来指导信息系统建设。

4.1.2　信息系统规划的内容

系统规划是企业信息系统的长远发展规划，是系统生命周期的首要步骤，是提供资源分配及进行控制的基础，制订系统规划的主要目的是保证所建立目标系统的科学性、经济性、先进性和适用性，可分为一年期之短期计划，及多年期之长期规划。长期规划指出大方针，短期计划则主要是拟定工作项目和制订绩效衡量方法。

信息系统规划的主要内容如下。

1. 现有系统基本情况

现有系统的基本情况包括如下几方面。

（1）组织概况及存在的问题。

（2）外部环境（产业状况、相关法规、顾客及供应商状况等）。

（3）组织的总体目标、子目标及策略。

（4）组织内部限制（如经营理念等）。

（5）组织面临的风险及可承受的风险。

（6）各方对于信息系统目标的看法。

2. 现有资源分析

说明现有信息系统的状况如下。

（1）清理现有信息系统资源，如硬件设备、软件设备、应用系统、人力资源等。

（2）分析现有信息系统资源运行情况及相关费用。

（3）对现行系统，包括应用系统、数据库管理系统、相关软件等的组织策略、运行情况等进行充分了解和评价。

（4）了解企业流程的现状、存在的问题和不足，为业务流程重组提供依据。

（5）分析现行系统的运行组织及其人员设置的合理性。

3. 信息系统总体方案设想

信息系统总体方案一般包括如下内容。

（1）确定用户类型及其信息需求。

（2）确定信息系统总体目标和子目标。

（3）确定信息系统的功能规划、流程规划、数据规划。

（4）确定支持信息系统运行的硬件、软件和网络规划。

（5）确定子系统的开发顺序,选择开发形式(自行开发、合作开发、购买软件包、委托开发),确定总体开发方法,制订进度计划。

（6）制订资源计划,包括系统转换计划、资金预算和开发人员的安排。

4. 预测信息技术和企业的发展

信息技术的现状与未来的发展都会影响信息系统的规划。网络通信、数据存储、数据处理、应用软件、开发方法等信息技术以及竞争者、系统需求的转变、组织结构的变动都会影响未来的计划,对系统开发带来深远的影响,应该纳入信息系统长期规划,提升信息系统的先进性。同时对信息系统开发的风险进行展望,并提出应对预案。

4.1.3 机构

信息系统规划决定着信息系统最终能否开发成功。因此,制订信息系统规划的工作极为重要,需要建立系统规划工作组,这是一支在高层领导倡导和支持下的强有力的规划队伍,一般由一把手负责,成员可以由信息部门中的专职人员担任,或者是来自各部门的业务骨干,也可以聘请信息系统专家作为顾问,并通过一批系统分析员与广大的最终用户相联系。规划工作组成员能在系统规划时从新技术发展角度,提出可行的业务发展模式,充分理解企业战略规划和信息系统前瞻性,思考信息技术的合理应用,完成规划报告的撰写。

为了确保信息系统规划的科学性与前瞻性,需要对规划工作组成员进行培训,使他们掌握制订信息系统战略的方法,明确规划工作的进度。

4.1.4 步骤

信息系统规划主要包括以下步骤。

1. 规划准备

确定规划目标、任务、年限和规划方法;确定是集中式规划还是分散式规划,以及是进取的规划还是保守的规划;邀请信息系统规划专家成立专家组,落实信息系统规划工作环境,启动信息系统规划工作。

2. 信息收集

通过初步调查进行信息收集,其内容包括用户需求分析、组织的概况、组织的对外关系、现行系统的概况及存在的问题、各类人员对信息系统的态度、信息系统开发所需的资源情况、各方对信息系统目标的看法等。从而明确和统一系统的目标,检查是否具备开发信息系统的基本条件。

初步调查要有针对性,通常从"六度"着手进行分析:企业内部对信息系统功能的需求度、企业基础数据管理对信息系统的支持度、企业现有资源对信息系统的承受度、现有技术条件对信息系统开发的可行度、管理人员对信息系统的期望度、管理人员对信息系统运行模式的适应度。

3．现行系统战略评价

对正在实施的信息系统战略的目标、开发方法、功能结构、财务情况、风险度和政策进行总结评价,发现不足,明确改进方向。

4．定义约束条件

根据企业财力、人力及物力等方面的限制,定义信息系统的约束条件和政策。

5．明确战略目标

根据步骤 3 和步骤 4 的结果确定企业目标、信息系统目标,明确信息系统应该具有的功能、服务范围和质量等。这实际上是领导层或决策层的工作。

6．设想信息系统方案,提出未来大纲

提出信息系统的总体框架、总体技术路线、信息系统建设路线以及各个子系统的计划。信息系统方案设想包括:
(1) 初步确定信息系统的目标,它是评价信息系统的主要依据;
(2) 确定信息系统的总体结构、功能、流程、数据资源框架;
(3) 决定信息系统开发策略、方法、形式,制订开发进度和工作计划;
(4) 制订初步的资源计划。

7．选择开发方案

由于步骤 4 中的资源限制,不可能所有的信息系统开发项目同时进行,只能选择利益最大、需求最紧迫、风险适中的信息系统开发项目优先进行。在确定优先开发的信息系统开发项目之后,还要确定总体开发顺序、开发策略和开发方法,同时要论证信息系统方案的可行性。

8．提出实施进度

估计项目成本和人员需求,并编制项目的实施进度计划。

9．战略规划文档化

将信息系统战略撰写成文档,在此过程中,还要不断与用户、系统开发人员以及信息系统规划领导小组的成员交换意见。

10．领导批准

信息系统规划只有经过领导批准才可生效。
信息系统规划的步骤如图 4-2 所示。

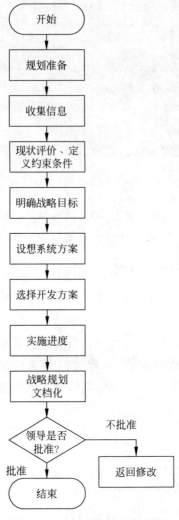

图 4-2　信息系统规划的步骤

4.2　系统规划方法

在信息系统规划过程中,如何保证信息系统规划与企业的总体战略一致? 如何为企业设计信息系统总体结构,并在此基础上实施? 面对日趋庞大的信息系统,应该如何拟订优先开发计划和运营资源的分配计划? 很多学者从不同的角度提出了信息系统的规划方法,国际上常用的信息系统规划方法有三种:企业系统规划法(Business System Planning,BSP)、关键成功因素法(Critical Success Factor,CSF)和战略目标集转化法(Strategy Set Transformation,SST),它们的影响广泛,特别是 BSP 方法,对国内的许多大型信息系统总体规划的制定,起到了重要的作用。

4.2.1 企业系统规划法

IBM 公司在 20 世纪 70 年代初将企业系统规划法用于内部系统开发,它主要是基于信息支持企业运行的思想,根据企业目标制定信息系统战略。它强调由上而下地识别系统目标,注重企业的处理活动,识别企业过程,识别数据,也就是说,从高层主管开始,了解并界定其信息需求,再依次往下推衍,直到了解整个组织的信息需求,完成整体的系统构架为止(包括子系统与系统界面),然后再自下而上设计系统,以支持目标,如图 4-3 所示。

企业系统规划法是通过全面调查,分析企业信息需求,进而制定信息系统总体方案,其基本步骤如图 4-4 所示。

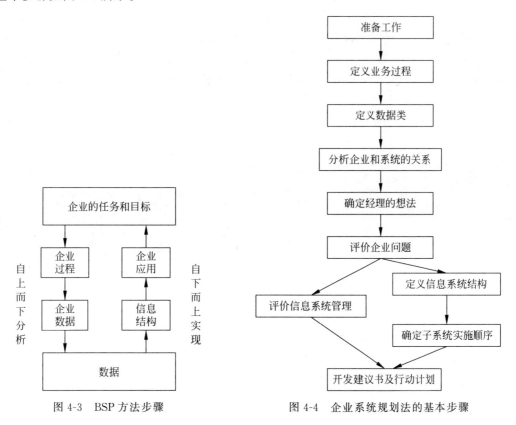

图 4-3 BSP 方法步骤   图 4-4 企业系统规划法的基本步骤

1. 准备工作

准备工作包括接受任务和组织队伍。为了完成任务,首先需要成立信息系统规划小组,每个小组成员都要充分了解企业现状、组织结构、决策过程、关键人物、用户期望、用户对现行系统的看法,以及信息系统负责人对企业的看法、现行系统现状及其存在的问题。

2. 定义业务过程

业务过程(又称为业务流程)是指为了高效地管理企业资源而进行的逻辑上相关的一组

决策和活动的集合。企业业务过程的集合构建了企业目标的完成过程,是建立企业信息系统的基础。

企业的管理活动由许多企业过程组成,识别企业过程是进行信息识别的基础,任何企业的活动均分为3类。

(1) 计划和控制:是指企业长期的总体计划、投资计划、资源开发计划。

(2) 产品和服务:是指从企业各工作部门职责和业务流程中提取成果的活动。

(3) 支持性资源:包括企业必需的人、原材料、资金、设备等。

将以上三方面的活动汇总、归类和合并后,即可定义出企业的主要过程。

通过定义企业过程,可以充分理解企业如何完成它的总使命和目标,使信息系统独立于组织机构的变化,为从操作控制过程中分离出战略规划和管理控制、决定信息系统的范围和建立开发的优先次序提供依据,为定义关键的数据需求提供分析基础。

为了确保业务过程的完整性和一致性,可以通过绘制业务过程的初步流程图,把同一类型的业务过程归类,删除重复的业务过程,如图 4-5 所示为采购业务过程的初步流程图。

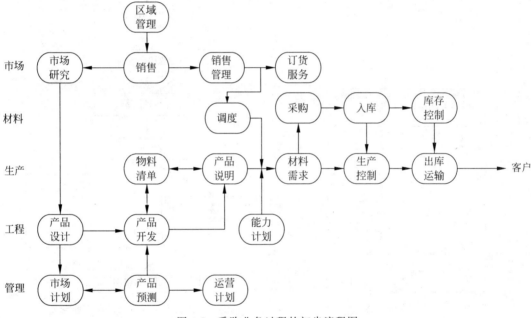

图 4-5　采购业务过程的初步流程图

3. 定义数据类

识别企业数据类的方法有实体法和过程法两种。

任何与企业有关的可以独立的事物都能定义为实体,如产品、客户、设备、材料、种类、人员等,通常用一系列的属性来描述。实体法就是以企业中的实体为线索,通过其生命周期各阶段相关的数据类型识别出数据类。过程法是通过识别企业的业务过程,分析每个业务过程所使用、产生的数据,从而画出输入-处理-输出图(如图 4-6 所示),最后归纳出数据类。

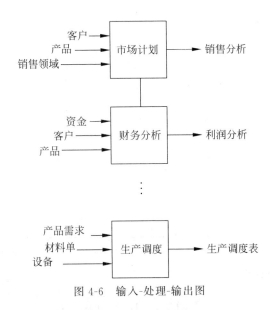

图 4-6　输入-处理-输出图

4．分析企业和系统的关系

构造组织/过程矩阵的具体方法如下：在水平方向列出业务过程，在垂直方向列出部门。若某个部门是某个业务过程的主要负责者，则将对应的元素记为"＊"；若某个部门是某个业务过程的主要参加者，则将对应的元素记为"√"；若某个部门是某个业务过程的部分参加者，则将对应的元素记为"/"。在信息系统分析阶段，可以按照业务过程对企业做进一步调查。

5．确定经理的想法

确定经理的想法就是确定企业高层管理者对企业战略的看法。信息系统规划领导小组应该事先准备采访提纲，以便进一步分析总结，提出的问题包括有限制问题和无限制问题。有限制问题要求企业高层管理者简单而明确地回答问题（如"是"或"否"），而无限制问题则要求企业高层管理者对问题进行讨论。

6．评价企业问题

根据收集的材料，评价企业的问题。具体步骤如下。

（1）对调查的问题进行总结，调查数据总结表如表 4-1 所示，在明确每个调查问题的基础上，确定其解决方案、价值说明、对信息系统要求、涉及的企业过程等。

表 4-1　调查数据总结表

主要问题	解决方案	价值说明	信息系统要求	受影响的过程	产生问题的过程
生产计划不准影响利润	计划自动化	改善利润、客户关系、服务和供应	生产计划	生产	生产
…	…	…	…	…	…

（2）对调查的问题进行分类。调查的问题分为三类：现行系统的问题及解决方案、待建的信息系统需求及解决方案、非信息系统问题。第三类问题虽然不是信息系统所能解决

的,但也应该充分重视,并递交给企业高层管理者。

(3) 把问题和业务过程关联起来,采用问题/业务过程矩阵表示,其中的横坐标为问题,纵坐标为涉及的业务过程,在二者对应的单元格填写数字,表示这种问题出现的次数,如表 4-2 所示。

表 4-2　问题/业务过程矩阵

问　　题	业务过程							
	市场	销售	工程	生产	材料	财务	人事	管理
市场/客户选择	2	2						2
预测质量	4						4	
产品开发			4			2		1

7. 定义信息系统结构

定义信息系统结构实际上就是根据数据的产生和使用划分子系统。尽量把产生数据的业务过程和使用数据的业务过程划分在一个子系统中,从而减少子系统之间的数据交换。

根据数据的产生和使用建立 U/C 矩阵(U 表示使用,C 表示产生),横坐标为企业过程,纵坐标为数据。若某一过程需要数据,对应单元格填 U;若某一过程产生数据,对应填 C。如表 4-3 所示。

表 4-3　U/C 矩阵

过程＼数据类	产品	零件	材料	成本	计划	财务	雇员
财务计划					C	U	U
资本寻求						C	
预测	U						
设计开发	C	C	U			U	
成本计划				C			
预算					U	U	U
人员计划						U	C
招聘							U

可以调换过程和数据项的位置,使得 U、C 集中到对角线上排列,将 U、C 比较集中的区域标出矩形,就完成了相应子系统的划分,如表 4-4 所示。

表 4-4　U/C 变换矩阵

过程＼数据类	计划	财务	产品	零件	材料	成本	雇员
财务计划	C	U					U
资本寻求		C					
预测	U		U				

数据类 过程	计划	财务	产品	零件	材料	成本	雇员
设计开发		U	C	C	U		
成本计划						C	
预算	U	U				U	U
人员计划		U					C
招聘							U

8．确定子系统实施顺序

由于资源的限制,信息系统各子系统的开发通常是有先后顺序的,不可能全部同时进行。划分子系统之后,根据企业目标和资源约束条件,确定子系统实施的先后顺序。一般来说,对企业贡献大、需求紧迫、容易开发的子系统应优先开发。

企业系统规划法是一种能够帮助规划人员根据企业目标制订出信息系统战略规划的结构化方法,是最易理解的信息系统规划技术之一。它相对于其他方法的优势在于其强大的数据结构规划能力,通过这种方法可以确定未来信息系统的总体结构,明确系统的子系统组成和开发子系统的先后顺序。该方法对数据进行统一规划、管理和控制,应明确各子系统之间的数据交换关系,保证信息的一致性。

企业系统规划法的实施需要大量的时间和财力支持,该方法不能将新技术与传统的数据处理系统进行有效的集成。

4.2.2 关键成功因素法

在每个企业中都存在着对企业成功起着关键性作用的因素,称为关键成功因素。关键成功因素法就是通过分析找出企业成功的关键因素,然后再围绕这些关键因素来确定系统的需求,并进行规划。它是美国麻省理工学院教授 John Rocker 于 20 世纪 70 年代末提出的一种信息系统规划方法。

关键成功因素法极大地满足了高层管理者的信息需求,通过对关键成功因素的识别,得到管理者的核心数据,对核心数据进行管理的系统才是最迫切需要开发的信息系统。因此,如何识别企业的核心数据是关键成功因素法的重要内容。

关键成功因素是由行业、企业、管理者、竞争策略、行业地位、地理位置和周围环境形成的,其特点是:①关键成功因素是少量的、易于识别的、可操作的目标;②关键成功因素可以确保企业的成功;③关键成功因素可以决定企业的信息需求。

企业的信息需求是由关键成功因素决定的。关键成功因素法通过对关键成功因素的识别,找出实现企业目标所需的信息集合,从而确定系统开发的类型及次序。关键成功因素法的基本步骤如图 4-7 所示。

(1)了解企业战略目标:主要通过与高级管理者的交流,了解企业的发展战略及其相关的企业问题。

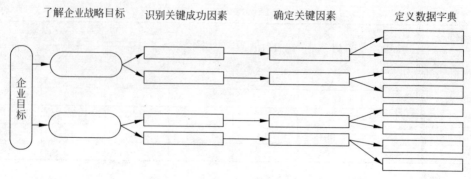

图 4-7 关键成功因素法的基本步骤

（2）识别关键成功因素：可采用逐层分解的方法分析影响战略目标的各种因素和影响这些因素的子因素，区分实现目标的主要影响者。

（3）确定关键因素：对所有成功因素进行评价，根据企业的现状及目标确定出关键因素。

（4）定义数据字典：根据每个关键成功因素的性能指标和测量标准识别并定义数据。

（5）确定信息系统需求。

关键成功因素法源自企业目标，通过目标分解和识别、关键成功因素识别、性能指标识别，到产生一个数据字典。识别关键成功因素就是要识别与系统目标相联系的主要数据类及其关系。关键成功因素法通常采用树枝因果图作为识别工具，如图 4-8 所示。

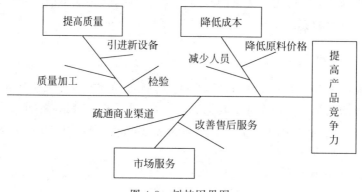

图 4-8 树枝因果图

关于如何评价这些因素中的关键成功因素，不同的企业有不同的处理方式。对于习惯于高层人员个人决策的企业，主要由高层管理人员在图 4-8 中选择。对于习惯于群体决策的企业，可以用德尔斐法或其他方法把不同人员所设想的关键因素综合起来。关键成功因素法在习惯于高层管理者个人决策的企业中的应用效果较好，因为高层管理者经常考虑企业的关键成功因素。

不同的行业或同一行业中的不同组织可以有不同的关键成功因素，例如汽车工业的关键因素是：燃料的节约、汽车的样式、高效的供货组织、生产成本的严格控制，而不同汽车企业的侧重点又不同。任何组织的关键因素都会随着时间的改变而改变，某个时期普通的因素可能成为另一个时期的关键因素，此时，就必须再重新开发或改进信息系统。例如，市场竞争与消费形态的变化正在改变每个行业的关键成功因素,过去的关键成功因素也许是保持成本优势、保证质量稳定、注重引进国外技术、侧重销售管理、注重售后服务以保证客户满意度;新的关键成功因素则是真正做到面向消费者、面向市场的整体市场战略、密切注意分销渠道的演变,通过规模经营提高现有网络的效率、提供多元化服务,保持和发展成本优势。考虑消费者的变化,结合企业自身的资源最终来确定企业的战略选择。

关键成功因素法的优点是:①能够使所开发的系统具有强烈的针对性,能够抓住主要矛盾,使目标识别重点突出,能够较快地取得收益。这种方法可以迅速将问题的焦点集中在少数关键因素上,不同的企业有不同的关键因素建立方法,不同的竞争策略会产生不同的信息系统,因此这种方法产生的系统对一个组织来说是量身定做的,能帮助企业高层经理人员确定企业管理目标。②把组织及主管所面对的多变环境考虑在内。这种方法明确要求主管去检测环境并分析环境以确定信息需求,这对于信息系统的开发非常重要。

关键成功因素法的缺点是:①分析整合关键因素的过程是非结构化的过程,结果可能不如预期;②注重特定管理者的信息需求,而不是考虑整个组织的信息需求,而且环境和个人主观意见随时在变,信息系统就需要不断调整,而用关键成功因素法开发的信息系统无法克服这个困难,具有一定的局限性。

4.2.3　战略目标集转化法

企业信息化失败的一个重要原因就是信息系统战略目标设置不当。战略目标集转化法是一种确定信息系统战略目标的方法。从企业的战略出发,制定信息系统战略,使得信息系统战略与企业战略保持一致。

战略目标集转化法把企业的战略目标看成是一个"信息集合",由企业使命、目标、战略和其他影响战略的因素组成。其中,影响战略的因素包括发展趋势、管理的复杂性、企业面临的机遇和挑战、改革面临的阻力、对计算机应用的经验、环境对企业目标的制约等。

战略目标集转化法的基本过程是:识别企业的战略目标,并将企业的战略目标转化为信息系统的战略目标,如图 4-9 所示。

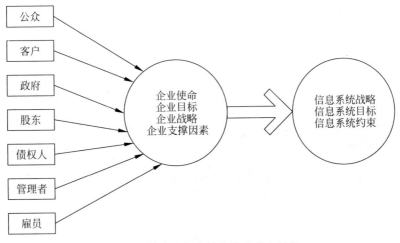

图 4-9　战略目标集转化法的基本过程

1. 识别企业战略目标

企业战略目标是企业发展的宏观框架,分为企业使命、企业目标、企业战略、企业支撑因素4个层次。

(1) 企业使命是对企业存在价值的长远设想,是最本质、最总体、最宏观的"内核"。

(2) 企业目标是企业在计划期内应该达到的标准。企业目标是根据企业使命制定的,具有层次性,包括总目标、分目标和子目标。

(3) 企业战略是为了实现既定目标而确定的对策和举措。

(4) 企业支撑因素包括发展趋势、机遇和挑战、管理的复杂性、环境对企业的制约等。

通常需要描绘企业的利益相关者,如公众、客户、政府、股东、债权人、管理者、雇员,然后分别识别每一类利益相关者对企业抱有何种期望,并加以汇总,最后整理出企业的使命、目标以及战略。

2. 将企业战略目标转化为信息系统战略目标

信息系统是为企业战略目标服务的,所以制定信息系统战略目标必须以企业战略目标为依据,根据组织目标确定信息系统目标、组织战略及属性对应信息系统战略的约束,根据信息系统目标和约束提出信息系统战略,然后提出整个信息系统的结构。在确定信息系统目标、战略和约束条件的过程中,要逐一检查它是否对于实现企业目标有利,并且要找出对企业战略目标有重大影响的因素,并予以重点考虑。

图 4-10 给出基于战略目标集转化法的信息系统规划实例。

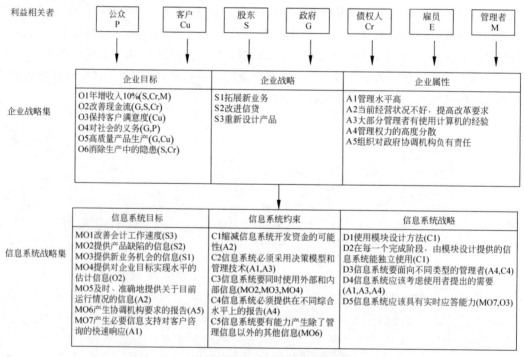

图 4-10 基于战略目标集转化法的信息系统规划实例

战略集的转化过程还不能形成算法的形式,因为对于不同的组织,其战略集的内容相差很大。一旦确定了组成战略的元素,要由组织的最高负责人审查。

战略目标集转化法反映各种企业各类人员的要求,由人员需求引出信息系统目标,目标比较全面,但不够突出重点。

这三种系统规划方法中,关键成功因素法(CSF)能抓住主要矛盾,使目标的识别突出重点。用这种方法所确定的目标与传统方法衔接得比较好,但是一般最有利的只是在确定管理目标上。

战略目标集转化法(SST)从另一个角度识别管理目标,它反映了各种人员的要求,而且给出了按这种要求的不同层次,转化为信息系统目标的结构化方法。它能保证目标比较全面,疏漏较少,但它在突出重点方面不如前者。

企业系统规划法(BSP)虽然也首先强调目标,但它没有明显的目标引出过程。它通过管理人员总结"过程"引出了系统目标,企业目标到系统目标的转换是通过组织/系统、组织/过程以及系统/过程矩阵的分析得到的。这样可以定义出新的系统以支持企业过程,即把企业的目标转化为系统的目标,所以识别企业过程是 BSP 战略规划的中心,绝不能把 BSP 方法的中心内容当成 U/C 矩阵。

把这三种方法结合起来使用,称为 CSB 方法(即 CSF、SST 和 BSP 结合)。即先用 CSF 方法确定企业目标;然后用 SST 方法补充完善企业目标,并将这些目标转化为信息系统目标,用 BSP 方法校核两个目标,并确定信息系统结构,这样就弥补了单个方法的不足。当然,这也使得整个方法过于复杂,而削弱了单个方法的灵活性。迄今为止,信息系统战略规划没有一种十全十美的方法。由于战略规划本身的非结构性,可能永远也找不到唯一解。任何一个企业的规划均不应照搬以上方法,而应当具体情况具体分析,选择以上方法中可取的思想,灵活运用。

4.3 业务流程重组

4.3.1 业务流程重组的概念

美国著名管理学家 Michael Ham 曾经说过:进入 20 世纪 90 年代时,有两个新的工具可用来改变企业,一个是信息技术,它由计算机、应用软件与通信技术所提供的能力组成;另一个是业务流程重组,它对组织的工作流程与程序进行分析和设计,或称再生工程(Reengineering)。

业务流程重组(Business Process Reengineering,BPR),也称企业流程重组、企业流程再造,就是对企业的业务流程做根本性的思考和彻底的重建,其目的是在成本、质量、服务和速度等方面取得显著的改善,使得企业能最大限度地适应以顾客(Customer)、竞争(Competition)、变化(Change)为特征的现代企业经营环境。

BPR 的重组模式是以作业流程为中心,打破金字塔状的组织结构并使之扁平化,使企业能适应信息社会的高效率和快节奏,员工参与企业管理,实现企业内部的有效沟通,使企业具有较强的应变能力和较大的灵活性,其核心是流程、根本、彻底和显著。

（1）"流程"是指为完成企业目标和任务而进行的一系列相互关联的业务活动,业务流程重组的一切工作都是围绕业务流程展开的。

（2）"根本"表明业务流程重组所关注的是企业的根本问题,通过对这些问题的思考,企业可能发现自己的问题。

（3）"彻底"意味着改革而不是改良和调整,将抛弃陈规陋习,改变既成的结构和规程,设计和创造全新的工作模式。

（4）"显著"说明业务流程重组追求的不是一般意义上的业绩提升,而是要使企业的业绩有显著的增长。

业务流程与企业的运行方式、组织的协同合作、人力资源的管理、新技术的应用等紧密相关,因而业务流程重组不仅涉及技术因素,也涉及人文因素,包括观念的重组、流程的重组和组织的重组,其中IT技术的应用是关键。IT技术既是流程重组的出发点,也是流程重组的最终目标的体现者。如果没有IT技术的支持,企业即使可以理顺业务流程,也难做到优化业务流程。可以想象,如果没有信息在流程上的连续传输,要消除信息的重复录入和处理等劳动是不可能的;如果没有信息共享机制,要想将原来的串行业务处理流程改造为并行处理流程也是不可能的;如果没有信息系统,要将决策点定位于业务流程执行的地方也是困难的。

BPR目标可分为以下三个层次。

（1）合理化:通过观察运行的工作流程,发现其中不合理的成分,进行改造,使得工作效率更高。例如东芝公司实施的全球基础设施计划,目标是使世界各地的推销员都能从该设施计划中读取数据,但地区化等多种原因造成原有的网络接口各异,所以他们重新设计了网络接口,使得无论在何地、使用何种计算机都能迅速接入网络,推销效率得到了极大的提高,东芝公司也由此成为世界最大的笔记本电脑生产公司之一。

（2）集成化:试图打破过去垂直分割的组织结构,用更合理的组织结构来代替金字塔形状的组织结构。例如美国的福特公司,原来的销售、采购、财务、库存都是独立的部门,靠单据传递信息,后来采用了集成化改革,将业务有关的部门集成到一起,通过信息系统进行信息传递,消除了重复性工作,大大提高了效率。

（3）泛型变迁:是最为激进的组织变革,重新认识企业的现行业务和企业的本质,考虑是否采用根本的改革手段。例如某公司原来在各地设置销售公司,成本大,但效益不佳,因此将效率低下的分公司裁掉,改为网上销售系统。

4.3.2　业务流程重组的参考原则

企业的任何活动都需要一定原则制度来规范活动有序的进行,业务流程的重组也是如此。流程的重组主要涉及组织架构和业务流程的再设计,只有流程重组活动遵循既定原则,才能使再设计的方案有章可循。以下业务流程重组的设计原则方法可供参考。

（1）纵向集成。纵向压缩流程,尽可能减少业务活动之间的承接次数,把内容相近或者功能相似的业务流程尽可能交付某阶段一起完成。这样不但可以省去流程衔接响应的时间,而且还可以提高流程完成的效率,减少流程中错误的发生,保证流程运行的畅通。

（2）横向集成。部门之间的交接或者相关联的活动尽可能地减少。哪个部门对业务起到的作用最大，就把相应流程划并到该部门，该流程活动也归属到这个部门，这样不但可以划清流程的界限，也便于对流程结果进行考核。

（3）并行执行。同一项业务涉及不同的部门，各个部门承接的流程在执行过程中并行运行，即同一个项目由不同的部门共同协作完成，可以使各部门分担各自的业务流程。最后把各个流程结果串联起来，使各流程的结果合并。这样可以大大减少流程依次等待的时间，同时也缩短了某一流程出现困难造成下一流程承接等待的时间。这能够缩短整个业务完成的时间，提高公司应对业务响应的速度。

（4）单点方式。取消不必要的信息处理环节，消除冗余信息，使联系客户方式是单点方式，即尽量是一个部门或者设定专门的岗位面对下一个流程客户。这样可以保证接受和传递信息唯一性，可以避免信息的不对称或者传递渠道的多样化造成执行混乱的情况发生。

（5）流程操作过程多样化。流程制订的目的就是规范化操作，使业务能够通过流程过程实现增值。业务流程的活动在操作细节上也并非只有一种，在流程设定上尽量罗列多种操作方法，以便在流程规范的前提条件下，操作者可以根据自己特长等选择适合自己的操作方法，在不失标准规范的前提下实现流程的多样化操作。

（6）减少流程的审批环节。一项流程在方向上没有错误、内容上符合要求的情况下，就可以尽可能地减少审批的环节，或者根据流程的轻重程度来设置审批环节的多少或者审批层次的高低等，以过程管理代替职能管理，取消不增值的管理环节；以事前管理代替事后监督，减少不必要的审核、检查和控制活动；使不同的业务流程轻重分明。

（7）信息技术的运用。通过开发适合自身组织特点的系统或者引进第三方公司开发的系统来管理，使流程的运行与管理对接，使管理者通过信息系统来评估流程执行者的效率，流程的监督者可以无须通过询问各个流程执行者，仅通过系统就可以清楚知道流程的状况。流程执行者的执行过程和时间都能清晰地在流程系统中得到显现。

上述原则指出了业务流程重组的指导性方法。在实际操作中，还应考虑具体的企业条件与环境，加以灵活运用，才能设计出理想的业务流程。

4.3.3 基于业务流程重组的信息系统规划步骤

业务流程重组实际上是站在信息的高度对企业流程的再设计，它包括在系统规划、系统分析、系统设计、系统实施与评价等整个开发工程中。要充分认识信息作为战略性竞争资源的潜能，创造性地对现有业务流程进行分析，找出现有流程中存在的问题及问题产生的原因，分析每一项活动的必要性，并根据企业的战略目标，去寻求新的更科学、更合理的业务流程。

对于一个企业来说，业务流程重组是一个重大而复杂的系统工程，在项目实施过程中涉及多方面的活动和工作。它以过程的观点看待企业的运作，对企业运作的合理性进行根本性的再思考和彻底的再设计，以组织和信息技术为两个使能器，以使得企业的劳动生产率等关键指标得到巨大的改善和提高。

这就是说，在进行信息系统的规划时，首先要考虑管理思想、管理方法和管理组织以及管理系统的变革,充分考虑信息技术的潜能,以达到系统的开发效果,使之合理性最大。

以业务流程重组为指导思想进行信息系统的变革,才能更好地进行信息系统规划和开发,因此现在的信息系统开发,趋向与企业的 BPR 相结合,基于 BPR 的信息系统规划的主要步骤如下。

(1) 信息系统战略规划。基于业务流程重组的信息系统规划也是对企业进行的管理,因此该阶段要分析企业经营目标,明确企业的战略目标,认清企业的发展方向,理解企业运营模式,进行业务流程调查,确定成功实施企业战略的关键因素,并在此基础上定义业务流程远景和信息系统战略规划,以保证流程再造,使信息系统目标与企业目标保持一致,为未来工作提供战略指导。

(2) 系统流程规划。业务流程重组要以流程再造为前提,在系统规划的整个过程中也以业务流程为主线,面向流程进行信息系统规划。本阶段是数据规划和功能规划的基础,其主要任务是分析业务流程现状、识别需要重组的流程,并进行分析与优化,形成业务流程规划方案。

(3) 系统数据规划阶段。通过上一阶段对业务流程建模的结果,从流程的角度展示了企业业务的相关信息和业务,对流程中产生、使用和控制的数据进行识别和分类,为功能规划奠定基础。此阶段的数据可以依据具体应用多角度划分不同的数据类,如按照用途、产生时间、是否共享、使用频率、产生或使用部门等。

(4) 系统功能规划。在对数据类和业务流程了解的基础上,建立并分析 U/C 矩阵,识别子系统,并优化功能模块设计,建立并检查信息系统的功能结构图,保证基于业务流程重组的各个工作流程反映在该功能结构图上,最终形成完整的信息系统规划方案。

4.4 系统规划报告

4.4.1 系统规划报告组成

信息系统规划的最终成果是信息系统规划报告,它是用文字、图表表示的信息系统开发指南,为今后的开发指明方向,是整个系统开发中的重要资料。其提纲如图 4-11 所示。

1 引言	3.3 信息系统的功能规划
1.1 信息系统名称	3.4 信息系统的平台规划
1.2 项目由来	3.5 信息系统的开发方式
1.3 目标和基本功能	3.6 信息系统的开发计划
2 现行系统概况	3.7 信息系统的开发预算
2.1 企业目标和战略	3.8 信息系统开发组织设计
2.2 业务概况	4 方案比较
2.3 现存主要问题	4.1 推荐方案分析
3 新系统总体方案	4.2 推荐方案项目计划
3.1 信息系统目标	5 结论
3.2 信息系统概念框架	

图 4-11　信息系统规划报告提纲

4.4.2　系统规划报告的审核

信息系统规划是信息系统建设的首要阶段,指明了后续分析和设计工作的方向,如果规划目标不清晰、需求不明确、划分不合理,会对信息系统的开发和实施带来极大风险,主要表现在以下几个方面:①最终用户不满意,未能满足用户需求;②费用超支,计划拖延;③高层人员调整,缺少有经验的员工,过多依赖一两个关键人员;④出现频繁的软硬件错误,计算机对于用户操作的响应时间长;⑤开发项目流产或搁置,缺少持续规划;⑥软硬件频繁升级,未经验证的或未授权的软硬件购买;⑦过多的异常报告,并未对异常报告进行追踪;⑧不良动机。为此,系统规划方案完成后必须进行审核。

信息系统规划主要从以下几方面进行全面审核:规划制订的战略是否支持企业发展战略;信息系统的总体方案是否对企业发展战略具有影响;企业外部环境的不确定性对信息系统规划的影响;技术上是否可行,是否具有前瞻性,是否能适应外部环境的变化;规划的计划、费用、系统的划分等内容是否合理;规划是否满足解决问题的需要。

参加审核的人员除了企业高层管理者、部门管理者、系统分析人员之外,由于信息系统开发费用和经济效益的估算在很大程度上依靠经验,还应该邀请有经验的专业人员参加,这有助于发现各种问题,并做出尽可能符合实际的判断。

经过多方审核,可能会出现两种结果。一种是各方意见统一,给出如下所述的一种建议——启动信息系统开发、追加资源、等待时机成熟、修改目标、取消信息系统的开发。另一种是对方案的内容有异议。如果不统一的判断不影响审核的结论,则求同存异,把存在异议的地方留到详细调查时解决;如果不统一的判断影响审核的结论,则需要重新进行调查分析,不过这时的调查分析应该侧重于存在异议的地方。

如果信息系统规划报告审核通过,那么它不但规定了信息系统的目标和功能范围,还规定了信息系统开发所需的资源条件,这是下一阶段工作的依据。

本 章 小 结

随着企业对信息化建设重要性认识的提高,信息系统的投资也随之加大,为了得到有效的回报,信息系统规划作为信息系统开发的首个阶段尤为重要,如何利用信息系统去支持企业战略发展已经成为信息系统规划的重要方面。本章介绍了企业战略、信息系统战略与信息系统规划的关系,对信息系统规划的内容、组织和步骤进行了详细的说明。

信息系统规划主要有 3 种方法:企业系统规划法(BSP)、关键成功因素法(CSF)和战略目标集转化法(SST)。也可以针对规划的不同侧重点综合使用,这些方法对信息系统总体规划的制定起到了重要的作用。进行系统规划的同时,为了在成本、质量、服务和速度等方面取得显著的改善,往往需要进行业务流程重组,对企业的业务流程做根本性的思考和彻底的重建,为此讲解了业务流程重组的步骤和方法。

系统规划的最终成果是信息系统规划报告。本章给出了基本提纲。系统规划报告通过审核后才能进入到信息系统开发的下一个阶段。

本 章 练 习

1. 问题思考

(1) 简述信息系统规划的目标与特点。

(2) 叙述信息系统规划的主要任务。

(3) 叙述信息系统规划的内容。

(4) 信息系统战略规划包括哪些方法?

(5) 制订信息系统战略规划时,使用企业系统规划法主要解决什么问题?

(6) 什么是关键成功因素法? 它的优点和缺点各是哪些?

(7) 什么是战略目标集转化法? 它的一般步骤有哪些?

(8) 什么是企业流程重组? 它和信息系统之间有何关系?

2. 专题讨论

(1) 针对你熟悉的企业做一个信息系统规划。

(2) 什么是企业流程重组? 试述企业流程重组的实现手段。你认为在业务流程重组中,组织重要还是技术重要?

第5章 系统分析

信息系统分析是信息系统开发的关键阶段。它的任务是通过对企业进行详细调查，充分分析用户要求，设计新信息系统的逻辑模型。逻辑模型描述了信息系统应该具有的功能，而不涉及具体的物理细节。换句话说，信息系统分析只解决信息系统"做什么"的问题，而不解决信息系统"如何去做"的问题。

系统分析是系统规划任务的延续，也是最困难的阶段。系统规划是面向全局、从战略角度去分析信息系统，而系统分析则是面向局部、从具体细致的角度去分析信息系统。系统分析所确定的内容是系统设计和系统实施的基础。系统分析阶段工作的深入与否直接影响着新系统的设计质量和经济性，在系统建设中起着重要的作用。

5.1 系统分析概述

5.1.1 系统分析的任务

在信息系统开发实践中，成功的经验和失败的教训使人们认识到，为了使开发出来的目标系统能满足实际需要，在着手编程之前，必须要有一定的时间用来认真考虑以下问题。

- 系统所要解决的问题是什么？
- 为解决该问题，系统应做些什么？
- 系统应该怎么去做？

在总体规划阶段，通过初步调查和分析，建立了信息系统的目标，已经回答了上面的第一个问题。而第二个问题的解决，正是系统分析的任务；第三个问题则由系统设计阶段解决。只有明确了问题，才有可能解决问题。信息系统成功开发的关键在于对问题的理解和描述是否正确，这正是系统分析阶段的基本任务。

1. 对系统需求的理解和确切表达

在提出信息系统的功能之前，必须了解现行系统的现状。详细了解每个业务流程和业务活动的工作过程及信息处理过程，理解用户对信息系统的需求，包括对系统功能、性能方面的需求，对硬件配置、开发周期、开发方式等方面的意向，对系统可靠性、安全性、保密性的要求，以及对系统开发费用、时间和资源方面的限制等。为此要进行详细调查，以便对企业业务领域的各项活动进行详尽的了解，为设计信息系统的逻辑模型做资料准备。

2. 确定系统的逻辑模型

在详细调查的基础上，运用各种系统分析的理论、方法和技术，确定系统应该具有的逻辑功能，再用一系列图表表示出来，形成系统的逻辑模型。对上述采用图表描述的逻辑模型进行适当的文字说明,组成系统分析报告,它是系统分析阶段的主要成果。

应该注意的是,尽管在系统规划阶段,通过对系统的初步调查,得到了新信息系统的总体功能,并给出了项目开发计划,但系统分析阶段用户提出的开发要求更为详尽,必须从经济、技术和管理等各个方面对系统的开发环境和开发条件等再次进行科学的分析。

在系统分析阶段,应该坚持面向用户的原则,集中精力进行深入而详细的调查研究,认真分析用户系统,直到用科学的方法将系统的逻辑模型表达出来。

5.1.2　系统分析的要求

随着信息系统复杂性的提高及规模的扩大,系统分析在系统开发中的地位越来越突出,对系统分析一般有以下要求。

1. 系统分析应该在充分理解用户需求的基础上进行

信息系统的最终目的是满足用户管理上的各种功能需求,信息技术是实现各种用户功能需求的手段。如果系统开发人员对用户需求理解错误,那么无论技术手段如何先进,其结果都是南辕北辙的。因此,充分理解需求是系统开发成功的重要保证。为了准确理解用户需求,系统开发人员必须同用户不断交流。

2. 系统分析由系统分析人员和用户协作完成

系统分析是围绕管理问题展开的,但会涉及现代信息技术的应用,由于用户和系统设计人员的工作和专业背景不一致等原因,双方交流时存在着隔阂,只有系统分析人员与用户充分交流和合作,信息技术才能很好地应用到用户的管理工作中,开发出来的系统也才能既满足用户需求,又做到技术先进。

3. 充分了解现有系统是系统分析的基础

信息技术在企业管理中的应用,并不是简单地用信息技术去对现行系统的再现和复制,而是要通过新系统的开发为企业带来效益和创造新机会,比现行系统功能更强、效率更高、使用更方便。企业信息系统的开发应该在总体规划的基础上,用系统工程的思想和方法对用户的管理业务活动进行全面的调查和分析,详细了解用户的各种管理业务活动的流程,分析现有系统的局限性和不足之处,然后根据企业的具体条件和信息技术的发展状况确定新系统的逻辑方案。随着企业信息化水平的提高,新系统的建立往往要求对现有系统中的业务流程进行重新构造。

4. 系统分析要避免重复工作

系统分析工作的主要成果形式是文档资料,这些文档资料既可以用来与用户进行交流,也可以用来进行系统设计,保证了系统开发的一致性。正确而规范的文档资料可以提高系统的可维护性,系统分析员在编制文档资料的过程中要认真、细致,尽量避免出现错误。一旦发现错误就要及时更正,不要把错误带到下一阶段的开发工作中。

5. 系统分析要讲究方法

系统分析是一项复杂的工作,好的分析方法既可以保证分析工作的顺利进行,又可以提高工作效率。在进行系统分析时,强调用逻辑模型的方式简单、明确地描述系统的现行状态,使用户能够从这些模型中直观地了解系统的概貌,避免用户和系统分析员双方在理解上的偏差,也使系统设计员能够直接根据模型进行系统设计,保证设计的正确性。因此,建立多种模型是系统分析员和用户、系统分析员和系统设计员之间联系的手段。

5.1.3 系统分析的步骤

1. 现行系统的详细调查

集中一段时间和人力,对现行系统做全面、充分和详细的调查,弄清现行系统的边界、组织机构、人员分工、业务流程、各种计划、单据和报表的格式、种类及处理过程,企业资源及约束情况等,为系统开发做好原始资料的准备工作。

2. 组织结构与业务流程分析

在详细调查的基础上,用一定的图表和文字对现行系统进行描述。新系统的开发可以看作是对组织有目的的改造过程,详细了解各级组织的职能和有关人员的工作职责、决策内容对新系统的要求。业务流程的分析应当遵循原系统信息流动的过程逐步进行,通过业务流程图详细描述各环节的处理业务及信息的来龙去脉。

3. 系统数据流程分析

数据流程分析就是把数据在组织或原系统内部的流动和处理情况独立出来,舍去具体组织机构、信息载体、处理工作、物资、材料等,仅从数据流动过程考察实际业务。主要包括对于信息的流动、传递、处理与存储的分析。

4. 创建数据字典

数据字典是系统中各类数据描述的集合,是详细调查后数据收集和数据分析的主要成果,通常包括外部实体、数据项、数据结构、数据流、数据处理和数据存储。显然,不同的系统都有它们各自的数据流程图和数据字典。各种数据模型结合数据字典,就可以从图形和文字两方面对系统的逻辑模型进行完整的描述。

5. 建立新系统的逻辑模型

针对分析过程中了解到的用户需求及原系统业务和数据流程中存在的问题,建立新系统逻辑模型,用一组图表工具表达和描述,方便用户和分析人员对系统提出改进意见。

6. 提出系统分析报告

系统分析阶段的成果就是系统分析报告。它是系统分析阶段的总结和向有关领导提交的报告,反映这个阶段调查、分析的全部情况,该报告将被提交给用户领导、监理单位或有关专家审批。审批通过后将是下一步系统设计工作的依据。

在运用上述步骤进行系统分析时,调查研究将贯穿于系统分析的全过程。调查与分析经常交替进行,系统分析深入的程度将是影响信息系统成败的关键问题。

5.1.4 系统分析的方法

利用详细调查,得到组织机构及其业务功能、业务流程及相关数据等,之后需要借助一定的技术、工具与方法进行分析和逻辑设计。实践证明,结构化系统分析方法是一种简单易用的方法。

1. 结构化分析的基本含义

结构化系统分析方法是自顶向下、逐步求精的系统分析方法,其核心特征是"分解"和"抽象"。分解是指将一个复杂的问题按照其内在的逻辑划分为若干个相对独立的子问题,从而简化复杂问题的处理。抽象是抽取出事物的本质特性而暂时不考虑它们的细节。结构化分析和建模的主要目的是减少分析时的错误,通过自顶向下地建立系统逻辑模型,降低系统设计的复杂性,提高系统的可维护性。

假设有系统 S,它被分解为 S1、S2、S3 三个子系统,S1、S2、S3 又被分解为 S11、S12、S13,S21,S22,S31,S32,如果子系统仍然比较复杂,还可以再进一步分解,如此下去,直到每个子系统足够简单,能够被清楚地理解和表达为止,如图 5-1 所示。

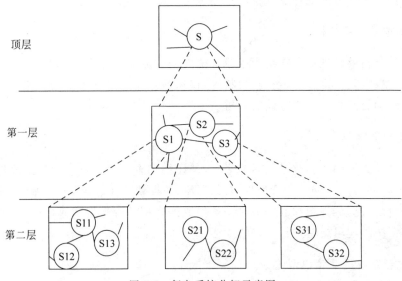

图 5-1 复杂系统分解示意图

分解和抽象实质上是一对相互联系的概念。自顶向下的过程,即从顶层到第一层再到第二层的过程,称为"分解";自底向上的过程,即从第二层到第一层再到顶层的过程,称为"抽象"。换句话说,下层是上层的分解,上层是下层的抽象。这种层次分解使人们逐步了解更多的细节。对于顶层不需要考虑任何细节,只需要考虑系统对外部的输入和输出,然后一层层地了解系统内部的情况。

对于任何复杂的系统,分析工作都可以按照上述方式有计划、有步骤地进行,大小规模不同,系统只是分解的层次不同,即规模大的系统分解的层次多,规模小的系统分解的层次少。

2. 结构化分析的主要工具

结构化分析法是进行信息系统分析的行之有效的方法。结构化分析的核心是数据。数据包括在分析、设计和实现中涉及的概念、术语、属性等所有内容,并把这些内容定义在数据字典中。围绕数据字典,完成功能模型、数据模型和行为模型的结构化建模过程。围绕数据字典展开的结构化分析如图 5-2 所示。

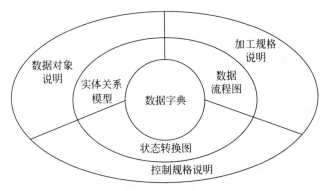

图 5-2　结构化分析与数据字典

实体关系模型主要描述数据建模过程,刻画系统的静态特征,包括实体的属性和属性间关系。数据对象通过对实体的抽象,为后续阶段数据结构、数据库和类对象的分析与设计提供基础信息。

在结构化系统分析方法中,采用数据流程图对功能、操作流程进行抽象和分解,完成功能建模。通过将复杂问题自顶向下逐层分解,把操作流程由物理过程抽象为逻辑过程,完成对问题的逐级分解和抽象,最终解决问题。

状态转换图是系统的行为建模,通过外部事件的触发,导致系统采取相应操作。

5.2　可行性分析

开发任何一个基于计算机的系统都会受到时间和资源的限制。事实上,许多问题不可能在预定的系统规模或时间期限内解决。如果问题没有可行的解,那么花费在这项工程上的任何时间、人力、软硬件资源和经费,都是无谓的浪费。因此,开发方在接受客户的项目之前,必须根据客户可能提供的时间和资源等条件进行可行性研究。

可行性分析是一个综合的概念,它综合运用多学科的知识,寻找一种可使得拟建系统达到最佳收益的方案。可行性研究的目的是用最小的代价在尽可能短的时间内确定该项目是否值得去解决,是否存在可行的解决方案。

5.2.1　可行性分析的内容

可行性分析又称为可行性研究,是指在当前组织内外的具体条件下,进行某项目的必要性和可能性的分析,或者进一步确定系统开发工作必须具备的资源和条件,看其是否满足系统目标的要求。

可行性分析的根本目的不是解决问题,而是确定问题是否值得去解决,即解决新系统开发"是否可能"和"有无必要"的问题,是任何一项大型工程正式启动之前都必须进行的一项工作。这对于保证资源的合理使用、避免浪费是十分必要的,也是项目能顺利进行的重要保证。要达到这个目的,必须分析项目开发的利弊,从而判断原定的系统目标和规模是否现实,系统完成后所带来的效益是否大到值得投资的程度。因此,可行性研究实质上是要进行一次大大简化了的系统分析和设计的过程,也就是在较高层次上以较抽象的方式进行的系统分析和设计的过程。

可行性研究的任务,是在做出决策之前,全面论证信息系统开发的必要性、可能性、有效性和合理性。根据初步调查和信息系统方案,系统开发人员根据系统环境、资源等条件,判断所提出的信息系统开发项目在经济、技术、社会等方面是否具有可行性。社会环境的研究是可行性研究的前提;技术上的可行是可行性研究的基础;经济上的可行则是可行性研究评价和决策的主要依据。可行性分析的核心是进行经济可行性分析。技术上、管理上的先进与可行,不能离开经济的合理性,如经济上不合理或不利,则技术上再先进与可行,也不足取。

1. 经济可行性

经济可行性主要回答"这个系统的经济效益是否超过它的开发成本"这个问题,即估算项目的开发成本和投入使用后可能带来的利润,及对其他产品或利润的影响,进行成本效益分析,也称为投资/效益分析或成本/效益分析。当总收益大于总成本时,这个项目才值得开发。

通常在估计信息系统费用时,不仅要考虑设备费用,而且要计算材料及其他易耗品的费用、软件开发费用、管理费用、人员培训费用和将来系统投入运行后的维护费用。一些单位只考虑购买设备的费用,虽然这样一次性投资审批可以通过,但每年的维护费用却没有预算,出现"买得起、用不起"的局面。

对于大多数系统,一般衡量经济上是否合算,需要考虑利润值和总投入。信息系统经济效益的估算并不容易量化。一部分是可以用货币计算出来的效益,如加快流动资金周转、减少资金积压等,即直接效益。另一部分难以用金钱直接衡量,例如,信息系统加强了计划的准确性,减少了窝工;加强库存管理,减少了资金积压;加强用户管理,提高了客户的满意度和忠诚度;提供更多的更高质量的信息,提高获取信息的速度;提高企业员工的素质等,即间接效益。这类经济效益的大小只能由管理人员根据经验进行估计。

大部分人都比较关注直接效益而忽视间接效益。然而,大量从事数据处理的信息系统目前主要表现出的是间接的经济效益,通常可以从以下几个方面考虑信息系统的间接经济效益。①提供了哪些以前不能提供的信息? ②信息质量(如准确度、效率)有哪些提高? ③完成了哪些以前不能或不易做的或不能及时处理的信息处理工作? ④使用者查询信息的方便程度有怎样的提高? ⑤节省了多少人力? ⑥为高层管理者的决策提供了哪些帮助? ⑦使本企业与外部单位的关系得到了怎样的改善?

2. 技术可行性

技术可行性分析主要是分析在特定条件下,技术资源的可用性和这些技术资源用于解决信息系统问题的可能性和现实性。主要回答"使用现有的技术能否实现这个系统"这个问题,需要根据客户提出的系统功能、性能要求及实现系统的各项约束条件,从技术的角度研究实现系统的可行性。在进行技术可行性分析时,一定要注意下述几方面的问题。

1) 考虑信息系统开发所涉及的技术问题

信息系统开发涉及多种开发技术、软件和硬件平台、网络结构、系统布局、输入输出、数据存储和信息安全等,应该客观分析这些技术对信息系统功能和性能的支持程度和可操作性,研究是否具备系统开发所需要的人力资源(管理人员、专业技术人员等)、软件资源、硬件资源和工作环境。如果在系统开发过程中遇到难以克服的问题,就会拖延进度,增大成本,甚至出现灾难性的后果。

2) 尽可能采用成熟的技术

成熟技术是被多人使用且被反复证明行之有效的技术,采用成熟技术开发信息系统具有较高的成功率。成熟的技术经过长时间和大范围地使用、补充和优化,其稳定性、可操作性、经济性都要比新技术好。因此,在能够满足信息系统开发需要、适应信息系统发展的条件下,应该尽量采用成熟的技术。

3) 慎重引入新技术

有时为了解决某些特定问题,或者确保信息系统具有更好的适应性,也需要采用新技术。由于没有经过大量实践验证,在选用新技术时,需要全面分析所选技术的成熟度。

4) 考虑系统开发人员的能力

有的技术或许是可行的,但是如果系统开发队伍中没有人掌握这种技术,也没有引进掌握这种技术人员的计划,那么这种技术对信息系统开发来说仍然是不可行的。

3. 社会可行性

信息系统是一个社会-技术系统,因此除了经济和技术因素外,还有许多社会因素对信息系统的开发起着制约的作用,如要开发的项目是否存在侵犯、妨碍等责任问题。社会可行性是指所建立的信息系统能否在该企业实现,在当前操作环境下能否很好运行,即组织内外是否具备接受和使用新系统的条件。社会可行性涉及的内容比较广泛,需要从政策、法律、道德、制度、管理、人员等社会因素来考虑。可以从企业内部和企业外部两个方面，通过分析企业是否具备接受和使用信息系统的条件来分析信息系统的社会可行性。

1）从企业内部看

（1）调查高层管理者对信息系统的态度以及员工素质。如果他们对信息系统有误解甚至抵触，则说明开发信息系统的条件暂不成熟，最好先做好宣传和解释工作，或者寻找阻力最小的部门先突破，同时也要调查要开发项目的运行方式在用户组织内是否行得通，是否与原有其他系统相矛盾。

（2）查看企业的各项规章制度是否完善，原始数据是否齐全。如果企业流程仍未定型，管理制度还在变动，甚至原始数据也不齐全，那么再先进的信息系统也难以发挥作用。

（3）在特定的环境下，分析信息系统能否有效地支持工作并方便用户使用，需要考虑以下几个方面的问题：手工业务流程、信息系统的流程，以及这两种流程的相近程度和差距、信息系统业务的专业化程度，信息系统能否满足用户的使用要求，信息系统操作的方便程度，用户的实际能力。

2）从企业外部看

（1）分析信息系统是否会为社会效益带来负面影响，是否与道德、法律、制度相抵触，是否会引发败德行为。

（2）考虑业务伙伴的信息化现状。有些企业的信息系统建设会"身不由己"，他们需要按照供应链上强势企业的标准来调整本企业的信息化战略。

（3）信息系统上线后，相关报表、票证格式的改变是否得到有关部门的认可，将直接影响企业的利益。

当然，可行性研究最根本的任务是对以后的行动方针提出建议。如果问题没有可行的解决方案，系统分析员应该建议停止这项开发工程，以避免时间、资源、人力和金钱的浪费；如果问题值得解决，分析员应该推荐一个较好的解决方案，并且为项目制订一个初步的计划。

可行性研究需要的时间长短取决于工程的规模。一般说来，可行性研究的成本只是预期的工程总成本的 $5\%\sim10\%$。

5.2.2　可行性分析报告

在可行性研究结束之后，应该将结果用可行性报告的形式编写出来，形成正式的工作文件。根据国家标准《计算机软件文档编制规范》（GB/T 8567—2006）的相关指导性说明，可行性研究报告的编写内容如图 5-3 所示。

可行性分析报告反映了系统开发人员对系统开发的看法、是否符合使用者的原意、有没有偏离使用者的目标。这一报告应该提交到会议上正式讨论，会议除了用户的领导、管理人员、系统研制人员之外，还应该尽可能地邀请一些有经验的局外人员参加，共同讨论，充分估计各种可能出现的问题，集思广益。最后，由评审会成员签署意见，做出尽可能符合实际的判断，结论分为三类：可立即进行、推迟进行，以及不能和不值得进行。

```
1 引言                              5.4.2 软件
  1.1 标识                          5.4.3 运行
  1.2 背景                          5.4.4 开发
  1.3 项目概述                       5.4.5 环境
  1.4 文档概述                       5.4.6 经费
2 引用文件                        5.5 局限性
3 可行性分析的前提                 6 经济可行性
  3.1 项目的要求                     6.1 投资和限制
  3.2 项目的目标                     6.2 预期的经济效益
  3.3 项目的环境、条件、假定和限制       6.2.1 一次性收益
  3.4 进行可行性分析的方法              6.2.2 非一次性收益
4 可选的方案                        6.2.3 不可定量的收益性及存在
  4.1 原有方案的优缺点、主要问题      的问题
  4.2 可重用的系统，与要求之间的差距      6.2.4 收益/投资比
  4.3 可选择的系统方案                 6.2.5 投资回收周期间的差距
  4.4 选择最终方案的准则              6.3 市场预测
5 所建议的系统                     7 技术可行性
  5.1 对所建议的系统的说明           8 法律可行性
  5.2 数据流程和处理流程附录         9 用户使用可行性
  5.3 与原系统的比较（若有原系统）    10 其他与项目有关的问题
  5.4 影响或要求                    11 注解
    5.4.1 设备                      附录
```

图 5-3　可行性报告内容

5.3　详细调查的方法

5.3.1　详细调查的目的和原则

1. 详细调查的目的

详细调查的目的在于完整掌握现行系统的现状，发现问题或薄弱环节，收集资料，为下一步的系统化分析和提出新系统的逻辑设计做好准备。要广泛地、多渠道地、多形式地听取用户的意见，增加用户的参与度。通过详细调查，加强开发人员与用户的沟通，提高用户（特别是领导层）对开发信息系统的认识。

2. 详细调查的原则

详细调查是指对组织的目标、规模、机构、职能、产品、业务、设备、业务、管理、决策和人员等方面进行的调查研究，是一项十分艰苦和细致的工作，需要高度重视、精心组织和细致工作。进行详细调查时，应该遵循以下基本原则。

1）客观真实原则

业务调查必须从客观实际出发，坚持实事求是、准确可信的原则。实事求是指根据现实的实际情况进行调查，不要掩饰问题，充分反映现实需求，不夸大不缩小。准确可信是指所

调查的内容真实可信,要准确地反映单位或者部门的实际现状。业务调查的结果将作为现行组织系统分析和信息系统开发的依据,任何虚假和不客观的调查内容都会给将要开发的信息系统留下隐患。因此,绝对不能仅凭调查人员自己的猜想和臆断对组织的业务过程进行曲解或歪曲。

2) 调查、分析、记录相结合原则

开发人员和用户缺乏共同的领域背景,对于用户描述的某些问题难以理解,或在理解上也难免出现偏差。调查的过程是学习的过程,也是分析的过程,解决方案需要共同研讨。如果不加分析,将无法弄清楚所调查的内容。因此需要强调调查与分析相结合。由于参与人员较多,对调查的结果应该采用规范的形式及时记录下来。

3) 全面性原则

任何系统都是由许多子系统有机地组合在一起而实现其功能的。系统调查中如果疏忽大意或偷工减料,就容易忽略某些处理过程或漏掉某些账表。这些被忽略的部分如果在分析、设计中仍未被发现,待系统实现后再添加进去——即使这是可能的,其花费也要成倍增长,有时根本就无法添加到系统中去。

4) 规范性原则

信息系统一般都比较复杂而且庞大。全面、真实地表达信息系统的逻辑模型,就需要有一套循序渐进、逐层深入的调查步骤和层次分明、通俗易懂的规范化逻辑模型描述方法。例如,利用一系列直观的图表,把要调查的内容全面、详细地列出来,既可提高调查质量,又可建立一套调查文档。

5) 启发性原则

调查是开发者通过与业务人员的沟通获得信息的过程。能否真实地描述系统,不仅需要业务人员的密切配合,更需要调查人员的逐步引导,不断启发。尤其在考虑计算机处理的特殊性而进行的专门调查中,更应善于按使用者能够理解的方式提出问题,打开使用者的思路。

5.3.2 详细调查的范围

详细调查围绕组织及其现行系统进行,现行系统包括手工系统和已采用计算机的信息系统。但应该注意的是,信息流是通过物流而产生的,物流和信息流又都是在组织中流动的。因此所调查的范围就不能仅仅局限于信息和信息流,而应该围绕组织内部信息流所涉及领域的各个方面,如企业的生产、经营、管理等。下面给出详细调查的主要范围。

1. 组织机构和功能业务

组织机构是根据单位目标设置并组织起来的,功能业务是指各部门的业务和职能范围。应弄清开发单位的组织机构设置、岗位职能、行政隶属关系及组织的业务范围,理顺各部门的关系。当然,职能是可以变化的,业务功能相对于组织结构是独立的。把业务功能抽象出来,按功能设计系统和子系统,能使信息系统具有较强的生命力和良好的柔性。

2. 组织目标和发展战略

在初步调查中,已了解到组织的总体目标和发展战略,详细调查要进一步明确具体目标的发展战略,针对某个部门如何实现组织的总目标和发展战略,以及所包括的措施和指标,针对信息系统的开发对实现组织总目标和发展战略的作用,重点解决的问题等。

3. 业务流程和产品构成

业务流程和产品构成是反映组织生产过程的重要信息。某个组织有哪些业务,其中主要业务是什么,其业务是如何开展的,业务与部门的关系如何,生产什么产品,产品的构成情况如何,产品的生产情况如何,产品的销售情况如何,业务与产品的关系如何等。

4. 基本数据与信息处理

基本数据是针对信息系统所要求的数据。其数据应是原始数据,主要是各种文件、档案和表(包括报表、凭证、单据、账等)。对数据要分类整理。要明确数据的基本构成、基本属性、数据与部门的关系等。信息处理指现有系统信息处理的情况及对新系统信息处理的要求,即各个部门输入什么信息,输出什么信息,信息处理要经过哪些步骤,信息处理的时间要求、处理频率及信息量等。

5. 管理方式和管理方法

管理方式和管理方法是指管理过程中的一些规章制度、措施、手段等。对于某个组织,主要涉及哪些管理,管理的层次如何,有哪些行之有效的方法等。如对于某个企业来说,有计划管理、生产管理、质量管理、设备管理、仓储管理、营销管理、客户关系管理、人力资源管理、财务管理、后勤管理等。

6. 决策方式和决策过程

管理的核心是决策。任何组织的决策方式和过程都是重要的,各级管理层都需要决策,特别是高层管理者。用信息系统辅助决策,是信息系统设计的主要目标。要了解现行系统的决策方式和过程,要认真听取中、高层决策者的需求,如经常做什么决策,决策过程中需要哪些信息,现行的决策过程中缺少哪些信息等。

7. 可用资源和限制条件

要详细了解组织内的可用资源,其资源的使用情况,有哪些限制条件,并登记造册。其资源包括涉及与开发新系统有关的人力资源、财力资源和物力资源等。新系统要充分利用现有资源,发挥现有资源的作用。通过详细的摸底,知晓开发新系统还缺少哪些资源,为预算做准备。

8. 现存问题和改进意见

要广泛收集用户对组织内和自己工作中的现存问题的看法和建议,对问题要进行梳理,征求多方面的想法，明确急需解决的问题，用户想解决而又解决不了必须靠信息系统来解决的问题，特别是通过开发新系统能改进现存的哪些问题等。实际工作时应视具体情况而定。

总之，详细调查就是要弄清处理对象现阶段工作的详细情况，为后面的分析设计工作做好准备。

5.3.3　详细调查的方法

详细调查是一项烦琐而艰巨的工作，要求系统分析员在最短的时间内、花费最少的代价获取全面、准确、可信的资料。这不仅取决于系统分析员的素质，而且取决于详细调查的方法。

现实情况下，系统分析开始阶段，系统分析员与组织的管理人员沟通相当重要。尽管国家对信息化水平有较高的要求，各类管理人员对信息系统都有不同程度的了解，但如何把现实的工作信息化还不可能有清晰的思路。系统分析员熟悉信息技术，有信息系统开发的经验，但对组织内部的具体业务不够了解；组织内的各类人员精通自己的具体业务，多数对信息系统的开发、管理工作的信息化的实现没有概念。因此，详细调查要成立由组织领导人员、业务人员、系统分析员和信息技术人员组成的调研组。调查必须得到组织内主要领导或者分管领导的支持，在条件允许的情况下，可以通过行政手段实施调研工作。

详细调查的方法主要有面谈、问卷调查、收集资料、考察或参加业务实践等。这几种方法可选择采用，可按序进行，也可同时进行。

1.　面谈

面谈是指系统分析员通过口头提问的方式收集信息，面谈可以用来实现下列目标：发现事实，验证事实，澄清事实，激发热情，让最终用户参与，确定需求以及征求想法和观点。为了取得较好的面谈效果，应该尽量选择精通本职工作、经验丰富、善于表达的业务人员参与面谈，面谈前应该列出调查提纲，让面谈对象了解面谈的内容，以便事先做好充分准备。谈话提纲要体现以下几点。

（1）用户背景。包括用户受教育的情况、计算机使用情况、使用系统人数情况、使用系统人数的变化情况。

（2）系统背景。包括目前运行的系统的情况（主要包括不足和问题），用户功能需求、性能需求、领域需求、其他需求，与系统相关的数据收集情况。

（3）维护。包括将来系统的维护安排、系统服务、系统培训。

与企业不同层次的人员面谈，面谈的内容有很大的差异。例如，与企业高层管理者面谈主要涉及企业宏观管理，内容包括企业战略、经营目标、管理目标、对企业长期计划的考虑、经常做的决策，做决策时所需要的信息等；与部门管理者面谈的主要内容涉及本部门的工作目标、对企业的贡献、业务范围、业务流程、与外部的联系、人员分工状况、存在的问题等；与基层部门的业务人员面谈时，要注重业务细节、数据细节、日常工作、与其他工作人员的业务关系、业务处理中经常发生的异常情况等。在面谈过程中，应该自始至终围绕着需要了解的内容提问，提问要步步深入，面谈的内容要及时总结。

面谈分为个人面谈和会议讨论两种形式。

（1）个人面谈法。个人面谈是最重要和最常用的调查研究技术。个人面谈通过直接、面对面的交互达到收集信息的目的。面谈的双方是分析员、用户以及系统领域专家。用户提供对系统功能、性能等方面的需求；领域专家提供系统背景、领域需求等方面的知识。在访问前，为做到有的放矢，要弄清访问的对象及各自的访问内容，访问目的是要了解更具体的内容。这一过程是分析员调研需求的过程，也是分析员学习和掌握系统背景知识的过程，它保证了需求获取的正确性。

（2）会议讨论法。会议讨论法指开发方通过和用户召开需求讨论会议，以彻底弄清系统开发项目需求的获取方法。会议则体现了用户群体的集思广益。对于系统的不同用户，由于操作流程的不同、使用功能的不同、对软件运行环境要求的不同，对系统的需求也不尽相同。会议讨论保证各方需求获取的完整性、一致性。另外，开会也是一个提高认识、统一思想、达成共识的过程。

Barry Boehm 在 1996 年提出了一种称之为 W5H2 原则的方法，该方法是针对项目特征和项目计划而提出的，但对于需求获取来说，同样具有理论指导价值。

- Why：为什么要开发该系统？
- What：系统将要开发的功能是什么？
- When：什么时候开发？
- Who：系统由谁负责？系统会有哪些相关的人、事物或其他系统？
- Where：所开发的业务处于整个系统的什么位置？
- How：完成系统的开发目标技术上采用何种方法？管理上如何进行？
- How much：开发系统需要哪些资源？分别需要多少？

面谈和会议结束之后，需要有详细的记录。在交流过程中，分析员主要应学会倾听、标记模糊和有疑问的地方，以便进一步咨询。

2. 问卷调查法调查表

面谈法虽然能获取大部分需求，但对系统性能、特殊需求需要进一步了解时，会难以抓住问题的实质。问卷调查法是就用户需求中的一些个性化的、需要进一步明确的需求（或问题），通过采用向用户发问卷调查表的方式来彻底弄清系统开发项目需求的一种方法。系统分析员给用户提供规范的问卷调查表，用户就能明晰问题的主旨，问卷尽量以选择和判断为主，少用问答形式。问卷调查法比较简单，侧重点明确，能够大大缩短需求获取的时间，减少需求获取的成本，提高工作效率。

3. 资料收集

当研究一个现有系统时，系统分析员可以通过研究现有文档、表和工作规程来收集事实，建立对该系统的感性认识。企业的工作规程通常以规章制度、流程规定、历史资料、工作标准等形式形成文件，作为企业工作的依据和准则。而在完成日常工作时涉及的完整表格、手册和计算机数据库的样本等，例如财务报表、库存表，是进行相关设计的重要依据。

4. 考察或参加业务实践

参加业务实践是系统开发者亲临业务部门,专门从事一段时间的业务工作,或者实地考察对类似问题有经验的公司,如果这些公司愿意共享信息,就有可能获得有价值的信息,了解自己所不熟悉的工作,节省开发过程中的大量时间和费用。例如,系统分析员通过观察柜台开票过程,了解销售人员的每一个动作和决策过程,进而了解销售人员是如何确定物品价格、销售数量,以及每联发货票是如何流转等。观察和参加业务实践虽然是获得第一手资料的主要方法,但这种方法效率低、难度大,一般只作为辅助调查的手段。

5.4 组织结构与业务流程

5.4.1 组织结构与功能分析

组织结构与功能分析是整个系统分析工作中最简单的一环。组织结构与功能分析主要有三部分内容:组织结构分析、业务过程与组织结构之间的联系分析、业务功能一览表。其中,组织结构分析通常是通过组织结构图来实现,作为后续分析和设计之参考。业务过程与组织结构之间的联系分析通常是通过业务与组织关系图来实现,是利用系统调查中所掌握的资料着重反映业务过程与组织结构之间的关系,它是后续分析和设计新系统的基础。业务功能一览表是把组织内部各项业务功能都用一张表的方式罗列出来,它是今后进行功能数据分析,确定新系统拟实现的功能和分析、建立、管理数据指标体系的基础。

1. 组织结构图

企业的组织结构是根据企业目标设置并组织起来的,明确企业内部的部门划分及各部门的职能范围,有助于系统分析员明确拟开发的信息系统所处的环境、功能和目标。组织结构图是一张反映组织内部之间隶属关系的树状结构图。在绘制组织结构图时应注意,除了信息系统不涉及的部门外,其他部门一定要反映全面、准确。企业组织结构图实例如图5-4所示。

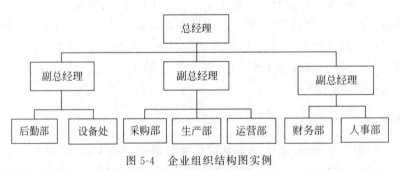

图5-4　企业组织结构图实例

2. 业务过程与组织结构联系分析

组织结构图反映了组织内部和上下级关系,但是对于组织内部各部分之间的联系程度、组织各部分的主要业务职能和它们在业务过程中所承担的工作等却不能反映出来，这将会给后续的业务、数据分析等带来困难。为了弥补这方面的不足，通常增设组织/业务关系表来反映组织各部分在承担业务时的二者的联系，它是后续分析和设计新系统的基础。

组织/业务关系表中的横向表示各组织名称，纵向表示业务过程名称，中间栏填写组织在执行业务过程中的作用。以计划部为例，其主要业务是进行企业各类生产计划，以便对企业的生产，以及生产所需的各项原材料的采购起到指导性的意义，而计划的制订受制于企业的销售情况和生产能力，所以销售部和生产部对计划的制订有约束作用。组织/业务关系表如表 5-1 所示。

表 5-1　组织/业务关系表

	计划	销售	采购	工资	财务	人力	设备	生产
计划	*	√						√
生产	√		√				√	*
销售	#	*						√
采购	#		*				#	#
...								

其中，"＊"表示该项业务是对应组织的主要业务（即主持工作的单位）；"＃"表示该单位是参加协调该项业务的辅助单位；"√"表示该单位是该项业务的相关单位（或称有关单位）；空格则表示该单位与对应业务无关。

3. 业务功能图

每个组织都有各自的业务目标，功能是以组织结构为背景进行调查，最后归纳系统各层次的功能结构。业务功能图是把组织内部各项业务功能都用树状结构表达出来，其目的在于描述组织内部各部分的业务和功能，它是今后进行功能数据分析、确定新系统拟实现的管理功能和分析建立管理数据指标体系的基础，销售管理系统的业务功能图实例如图 5-5 所示。

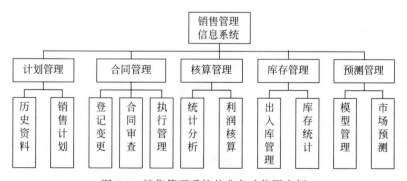

图 5-5　销售管理系统的业务功能图实例

5.4.2　业务流程分析与建模

1. 业务流程分析的基本含义

业务流程分析是在业务功能的基础上将其细化,利用系统调查的资料将业务处理过程中的每一个步骤用一个完整的图形串起来。业务流程分析可以帮助系统分析员了解该业务的具体处理过程,发现和处理系统调查工作中的错误和疏漏,修改和删除原系统的不合理部分,在新系统基础上优化业务处理流程,所以说,绘制业务流程图是分析业务流程的重要步骤。

业务流程图(Transaction Flow Diagram,TFD),就是用一些规定的符号及连线来表示某个具体业务处理过程。业务流程图基本上按照业务的实际处理步骤和过程绘制。换句话说,就是一"本"用图形方式来反映实际业务处理过程的"流水账",绘制出这本"流水账"对于开发者理顺和优化业务过程是很有帮助的。

有关业务流程图的画法,目前尚不太统一,但大同小异,只是在一些具体的规定和所用的图形符号方面有些不同,而在准确明了地反映业务流程方面是非常一致的。

2. 业务流程图的绘制

1）基本符号

业务流程图的基本图形符号非常简单,只有 6 个。有关 6 个符号的内容解释则可直接用文字标于图内,符号所代表的内容与信息系统最基本的处理功能一一对应。圆圈表示业务处理单位,方框表示业务处理功能描述,报表符号表示输出信息(报表、报告、文件、图形等),加竖线的方框表示存储文件,卡片符号表示收集资料,矢量连线表示信息传递过程,如图 5-6 所示。

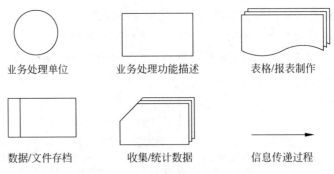

图 5-6　业务流程图的基本图形符号

2）绘制业务流程图的一般步骤

由于业务流程图的图形符号简单明了,所以非常易于阅读,便于系统开发人员理解业务流程。它的不足之处是对于一些专业性较强的业务处理细节缺乏足够的表现手段,比较适用于反映事务处理类型的业务过程,绘制流程图步骤如图 5-7 所示。

业务流程图要能够表达输入、输出、处理以及相关数据文件。在绘制业务流程图时,一

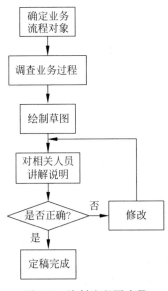

图 5-7　绘制流程图步骤

般以功能为中心,找出业务活动的主线,明确系统的边界和范围。对于功能比较复杂的企业,可以先绘制一个简单的业务流程总图,再按照自顶向下的方法分层分级地展开,直到描述清晰为止。

3. 业务流程分析的内容

业务流程分析的目的是分析现有系统中存在的问题,以便在新系统建设中予以解决或改进。

业务流程分析过程包括以下内容:

（1）分析原有业务流程的各个处理过程是否有存在的价值,其中哪些过程可以删除或合并;

（2）现有业务流程中哪些过程不合理,可以对其进行改进或优化;

（3）现有业务流程中哪些过程存在冗余信息处理,可以按照信息处理的要求进行优化;

（4）业务流程的优化可以带来什么好处;

（5）新的业务流程中人与计算机的分工,即哪些工作可以由计算机自动完成,哪些工作必须有人的参与。

例如,固定资产管理根据实际业务处理的内容,可以分为日常卡片处理、财务核算和报表查询等部分,其业务流程图如图 5-8 所示。

业务流程图绘制完成后,要反复检查。首先,检查业务流程图的工作流程是否正确,是否有遗漏的部分。其次,检查业务流程图的一致性,即高层的业务流程图中出现的各类报表单证、数据存储等一定要在低层的业务流程图中反映出来,并标出相应的操作人员;再检查低层业务流程图中存在的业务活动是否有输入和输出的数据载体。最后,检查各类名称的命名是否正确。

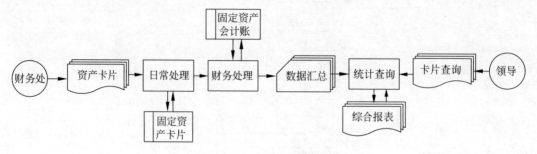

图 5-8　固定资产管理业务流程图

5.5　数据流程图

5.5.1　过程建模与数据流程图

任何计算机系统都可以看做一个转换函数 $F:(x_1,x_2,\cdots,x_m) \rightarrow (y_1,y_2,\cdots,y_n)$，其中 $X=(x_1,x_2,\cdots,x_m)$ 是输入的数据向量，$Y=(y_1,y_2,\cdots,y_n)$ 是结果向量，转换函数 F 就是功能模型。功能模型是在抽象层次上，给出输入向量 X 在 F 中的传递、变换过程。对 F 的描述，是自顶向下、逐层分解，直至得到输出结果 Y。图 5-9 描述了系统将要转换的外部实体，以及转换结果对应的外部实体。

图 5-9　软件系统的外部实体以及转换结果

数据流程图（Data Flowing Diagram，DFD）也称数据流图，是结构化建模中最流行的功能建模工具，是描述现行系统数据输入、数据输出、数据存储及数据处理之间关系的一种强有力的工具，也是与用户进行紧密配合的有效媒介。它用简明的、图形化的方式表达信息系统业务处理和数据流之间的关系，以至于在面向对象分析过程中也能见到它的身影。通过数据流程分析，既可以将原系统的业务流程特点和用户需求展露无遗，分析系统的数据流向及其相互调用关系，又可以为系统设计打下基础。

数据流程图的特点如下。

（1）抽象性：在数据流程图中，去掉具体的组织机构、工作场所、物资流动等，只剩下信息和数据的存储、流动、使用以及加工的情况，可以抽象地总结出信息处理的规律。

（2）概括性：它把系统对各种业务的处理过程联系起来考虑，形成一个总体，给出系统的全貌。无论手工操作部分还是计算机处理部分，都可以用它系统地表达出来。

5.5.2 数据流程图的画法

1. 基本符号

数据流程图使用 4 种基本符号代表处理过程、数据流、数据存储和外部实体,用以表达数据在部门内、部门间或组织间的逻辑流向、逻辑加工和转换过程。数据流程图所用的符号形状有不同的版本,可以根据需要选择使用。常见的两个版本数据流程图图例如图 5-10 所示。

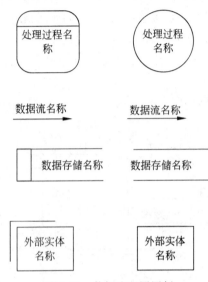

图 5-10　数据流程图图例

1) 处理过程

处理过程又称加工过程,实现数据变换操作,即把流向它的数据进行一定的变换处理,产生新的数据,表明不同数据是通过哪些功能完成的变换。不同处理过程的名称不同。处理过程的名称应该适当反映该处理的含义,使之容易理解。每个处理过程的编号说明该处理过程在层次分解中的位置。通过 DFD 的分层来分解,细化对数据的变换过程。

2) 外部实体

外部实体是指在所研究的系统外,独立于系统存在但又和系统有联系的实体,它可以是某个人员、某个企业、某一信息系统或某种事物,是系统的数据来源或数据去向,即数据源或外部系统。图例中要注明数据源或外部系统的名字。在不同层次的 DFD 图中,数据源是不能改变的。确定系统的外部实体,实际上就是明确系统与外部环境之间的界限,从而确定系统的范围。

3) 数据存储

数据存储不是指数据保存的物理存储介质,而是指数据存储的逻辑描述。数据存储的命名要适当,以便于用户理解。图例中要注明数据存储名字或编号,在 DFD 图中保存数据,数据结果既可以是临时文件,也可以是持久文件。

为了引用方便,除了名称外,数据存储还可以再加一个标识,一般用英文字母 D 和数字表示。为了避免数据流线条的交叉,如果在同一数据流程图中出现同样的数据存储,则可以在重复出现的数据存储符号前加一条竖线。

指向数据存储的箭头表示将数据保存到数据存储中,由数据存储发出的箭头表示从数据库中读取数据。数据存储可以在系统中起"邮政信箱"的作用,为了避免处理过程之间有直接的箭头联系,可以通过数据存储发生联系,这样可以提高每个处理过程的独立性,减少系统的重复性。

4）数据流

数据流就是一束按照特定的方向从源点流到终点的数据,它指明了数据及其流动方向。数据流是有方向的,表明数据变换是可追溯的过程,如注册信息、票据、电话等。数据流箭头上必须给出数据流信息,用于说明数据加工之间的信息传递,它可以由某一个外部实体产生,也可以由处理过程或数据存储产生。要对每一条数据流进行简单的描述,以使用户和系统设计人员能够理解它的含义。

教学管理系统的数据流图如图 5-11 所示。

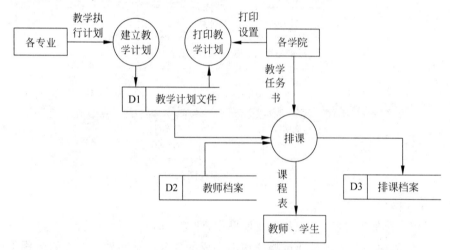

图 5-11　教学管理系统数据流图

2. 绘制数据流程图的过程

数据流程图的绘制必须遵循自顶向下、逐层分解的原则,这是控制问题复杂性的有效方法,也是对系统进行细化分析的基础。逐层分解的方式不是一开始就引入太多的细节,而是逐步增加细节,实现从抽象到具体的转化。最上层的 DFD 图称为顶层或 0 层 DFD 图,也被称为语境模型,因为它反映的是与系统交互的外部系统或用户,如图 5-12 所示。

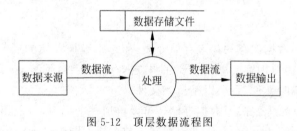

图 5-12　顶层数据流程图

随着系统功能的逐步分解,DFD 图也逐层细化。1 层 DFD 图描述系统各部分(子系统)之间的数据转换关系,之后的各层 DFD 图被逐步层次化以描述更多细节。

下面以"固定资产管理系统"为例,讲解绘制数据流程图的基本过程。

(1)确定系统的外部信息源、数据源或与外部系统的接口。

固定资产管理系统是一个独立运行系统,无须与外部其他系统有接口或数据关联。为了画出顶层数据流程图,必须先识别不受系统控制但影响系统的外部因素,进而确定系统的外部实体和系统的数据输入源和输出对象。此步骤是画出顶层数据流图的基础。

(2)画出顶层(0 层)DFD 图。

顶层数据流程图描述了整个系统的作用范围,对系统的总体功能、输入和输出进行了抽象,反映了系统和环境之间的关系。

图 5-13 给出固定资产管理系统的顶层 DFD 图。这一顶层图说明系统用户只有"财务处"和"公司领导",并且"财务处"输入资产卡片,系统运行后得到的综合统计报表给公司领导。

图 5-13　固定资产管理系统的顶层数据流程图

(3)第一次精化:划分系统的子系统。

进一步展开顶层数据流程图,将得到许多中间层数据流程图。中间层数据流程图描述了某个处理过程的分解层次,而其又会被进一步展开。中间层数据流程图的展开应遵循化复杂为简单的原则,但需要注意的是:不能失去系统原有的特性、功能和目标,而且要始终保持系统的完整性和一致性。如果展开的数据流程图已经基本表达了系统所有的逻辑功能以及必要的输入和输出,而且处理过程已经足够简单,不需要再进一步分解,就得到了底层数据流程图。底层数据流程图所描述的都是无须分解的基本处理过程。

在第一次精化过程中,将固定资产管理系统分为三部分:日常卡片管理、财务管理、报表统计查询,该系统子系统划分的结果如图 5-14 所示,为固定资产管理系统的 1 层数据流图。

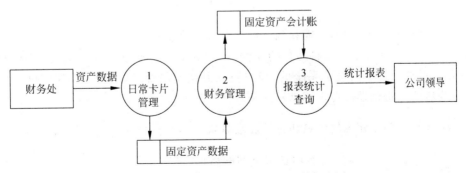

图 5-14　固定资产管理系统的 1 层数据流图

每次细化数据流图时,要先画出系统的输入数据流和输出数据流,也就是要先确定系统的边界,再画系统的内部。同样,对每个处理过程来说,也是先画出它们的输入数据流和输出数据流,再画出该处理过程的内部。

(4) 逐层求精:对各子系统进一步精化。

在逐层求精过程中,将第 1 层 DFD 图中的各部分按照需求进一步细化,以反映数据在各部分中的转换过程。对日常卡片管理和财务管理的分层细化如图 5-15、图 5-16 所示。

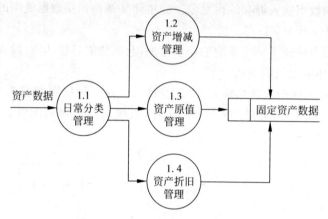

图 5-15　日常卡片管理数据流程图

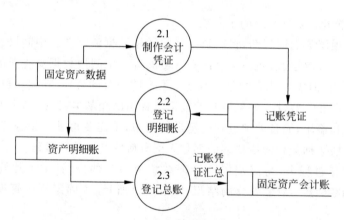

图 5-16　财务管理数据流程图

实际上通过加工的编号,也能找到它们各自对应的细分流程。

绘制数据流图实际上是一种迭代的过程,通常不能一次成功,需要不断地完善,直到满意为止。通过迭代逐步明确了系统的处理过程、数据流的变换。这样,不仅明晰了用户需求,而且为后续结构化设计奠定了良好的基础。

3. DFD 图各部分元素的命名和分层注意事项

DFD 图中各部分元素的命名切忌用空洞的名词,这样不仅会给系统设计带来歧义,而且难以确定数据的结构和组织方式。命名时应遵循以下原则。

(1) 用名词或名词短语,避免使用空洞、无意义的词汇;

（2）尽量使用需求描述中的已有词和领域术语；

（3）命名困难时考虑数据流划分是否正确，并重获需求；

（4）顶层 DFD 图中的加工名就是信息系统项目的名字；

（5）分层 DFD 图中，数据存储一般局限在某一层或少数几层中。

在逐层细化 DFD 图时，还要注意以下几点。

（1）图的平衡关系。父子图（上下层图）中的输入、输出必须保持一致，不能随意修改数据流。子图的数据流可以是对父图数据流的分解。如图 5-17 所示。

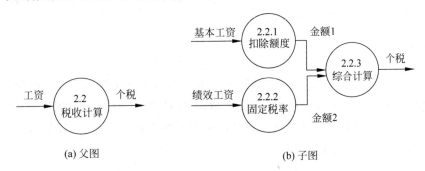

(a) 父图   (b) 子图

图 5-17 子图数据流对父图数据流图的分解

（2）DFD 图的编号。DFD 图中数据处理部分的编号按层次进行，体现对系统加工过程中自顶向下的分解。

（3）平衡规则。所有子图中涉及的外部环境，需要与顶层图的外部环境保持一致。

5.6 数据建模和分析

5.6.1 什么是数据建模

企业在管理过程中会产生、使用大量的数据，信息系统通常用数据库技术进行信息系统的数据存储与管理。

数据库系统是面向计算机世界的，而应用是面向现实世界的，两者存在着很大差异，要直接将现实世界中的语义映射到计算机世界是十分困难的，因此要引入信息世界和数据世界作为现实世界通向计算机世界的桥梁。一方面，信息世界是经过人脑对这些事物的认识、选择、描述，从纷繁的现实世界中抽取出能够反映现实本质的概念和基本关系而形成的对现实世界的抽象；另一方面，信息世界中的概念和关系要以一定的数据方式转换到计算机世界中去，最终在计算机系统上实现数据存储。

数据建模是对现实世界数据特征的抽象，也就是说，数据模型是用来描述数据、组织数据和对数据进行的操作。按照用户的观点对数据建模称为概念模型或信息模型，它给出了信息系统开发过程中与各部分设计有关的所有数据对象。

5.6.2 E-R 图的基本画法

1976 年，美籍华人陈品山提出实体关系（Entity-Relationship，E-R）模型，它是结构化建模的可视化图形工具,由于它是面向现实世界的,不受数据库管理系统的约束,而且易于理解,因此被广泛使用。

E-R图有3个基本元素,即实体、属性和实体之间的联系。

1. 实体

实体是现实世界中对客观事物的描述,可以是人、物或者抽象的概念。信息系统中包含的大量数据、涉及的概念、术语等都可作为实体,例如部门、商品及其类别等,实体用矩形框表示,并且将对应的名称填入框内作为标识。

2. 属性

属性是实体所具有的特性。一个数据对象可以由若干个属性来刻画。例如,"学生"实体可以由学号、姓名、年龄、系、年级等属性来刻画,"简历"这一实体可以用编号、姓名、性别、年龄、专业、手机号、特长等属性描述。属性用椭圆形框表示,框内为具体的属性值,用无向边把实体与其属性连接起来,如图5-18所示。

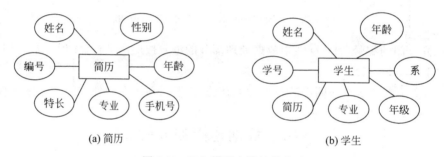

(a) 简历　　　　　　　　　　(b) 学生

图 5-18　E-R 模型中属性的表示

3. 实体之间的联系

在现实世界中,事物内部以及事物之间是有联系的,这些联系在信息世界中反映为数据对象(实体)内部的联系和数据对象(实体)之间的关系,如班级"包含"学生,"包含"就是两个实体的联系,也称关系。表明实体在关系上的数量约束则称为基数,如"1"个班级包含"m"个学生,"1"个学生属于"1"个班级,其中的 $m>0$,1 和 m 就是对应基数。在 E-R 模型中,关系用菱形表示,它通常是一个动词或动宾短语,分别将参与联系的实体用线段连接,并标上联系的基数。

两类实体之间的联系可以分为三类。

(1) 一对一联系(1:1):如果对于实体集 A 中的每一个实体,实体集 B 中至多有一个实体与之联系,反之亦然,则称实体集 A 与实体集 B 具有一对一联系,记为 1:1。

例如,学校里面一个班级只有一个正班长,而一个班长只在一个班中任职,则班级与班长之间具有一对一联系。

（2）一对多联系（$1:n$）：如果对于实体集 A 中的每一个实体，实体集 B 中有 n 个实体（$n \geqslant 0$）与之联系，反之，对于实体集 B 中的每一个实体，实体集 A 中至多只有一个实体与之联系，则称实体集 A 与实体集 B 有一对多联系，记为 $1:n$ 关系。

例如，一个班级中有若干名学生，而每个学生只在一个班级中学习，则班级与学生之间具有一对多联系。

（3）多对多联系（$m:n$）：如果对于实体集 A 中的每一个实体，实体集 B 中有 m 个实体（$m \geqslant 0$）与之联系，反之，对于实体集 B 中的每一个实体，实体集 A 中也有 n 个实体（$n \geqslant 0$）与之联系，则称实体集 A 与实体集 B 具有多对多联系，记为 $m:n$。

例如，一门课程同时有若干个学生选修，而一个学生可以同时选修多门课程，则课程与学生之间具有多对多联系。

实际上，一对一联系是一对多联系的特例，而一对多联系又是多对多联系的特例。可以用图形来表示两个实体之间的这三类联系，如图 5-19 所示。

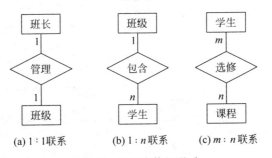

图 5-19　两类实体间联系

实体之间的关系不局限于两者之间，也可以是三者或三者以上，关系也可以具有属性，如果一个关系具有属性，那么这些属性也要用无向边连接起来，实体内部的联系通常是指组成实体的各属性之间的联系，联系的属性表示如图 5-20 所示。

一个实体集内部也可以存在多种关系，例如员工内部存在某一个员工领导其他员工的关系，如图 5-21 所示为实体内部之间的 $1:n$ 联系，

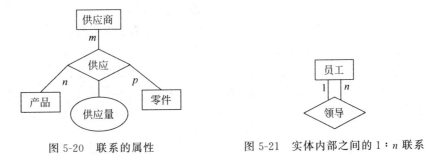

图 5-20　联系的属性　　　　　　图 5-21　实体内部之间的 $1:n$ 联系

学生选修课程的 E-R 图如图 5-22 所示。

图 5-23 为 E-R 模型实例，它是一个信息系统的局部 E-R 图，展现了仓库管理中部分功能所涉及的数据及其关系。

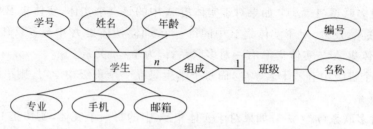

图 5-22　学生选修课程的 E-R 图

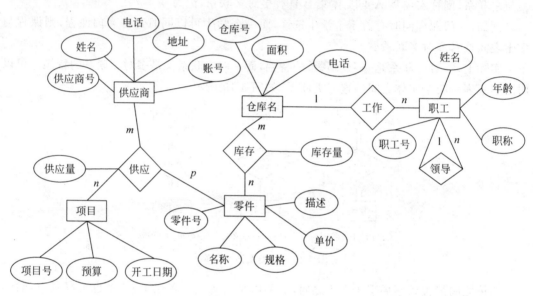

图 5-23　E-R 模型实例

5.7　面向状态转换的行为建模

正如按下电梯的楼层按钮,电梯可以由静止变化到上行或下行,信息系统中的功能可以用状态的变化来描述,即行为建模,描述通过外部事件的触发,导致系统采取相应操作,系统状态的改变用状态转换图来描述。

状态转换图(Status Transition Diagram,STD)通过描述系统状态及引起状态转换的事件来表示系统行为。STD 图同时也反映了事件执行的行为。STD 图主要由状态、转换和事件的图形符号构成。

1. 状态

状态是任何可以被观察到的系统行为模式,是同一数据对象在系统的不同运行时刻所具有的行为属性值,是事件触发后一系列动作的结果。STD 的元素符号如图 5-24 所示。

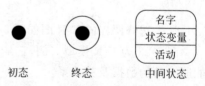

图 5-24　状态转换图基本图例

状态转换图既可以表示系统循环运行过程,也可以表示系统单程生命期。当描绘循环运行过程时,通常并不关心循环是怎样启动的。当描绘单程生命期时,需要标明初始状态(系统启动时进入初始状态)和最终状态(系统运行结束时到达最终状态)。

STD 图中的状态主要分为初态、终态、中间状态。

(1) 初态:STD 图的起点,一个 STD 图仅有一个初态,用实心圆表示。

(2) 终态:STD 图的终点,一个 STD 图可以有多个终态,用一对同心圆(内圆为实心圆)表示。

(3) 中间状态:是 STD 图中临时的,或永久的(存储过程)状态,它包括名字、状态变量和活动。中间状态用圆角矩形表示,可以用两条水平横线把它分成上、中、下 3 个部分。上面部分为状态的名称,这部分是必须有的;中间部分为状态变量的名字和值,下面部分是活动表,这两部分是可选的,状态变量描述状态属性,活动是该状态转换到下一状态时要执行的事件或动作。

2. 状态转换

状态转换图中两个状态之间带箭头的连线称为状态转换,表示由一个状态转换到另一个状态的关联,箭头指明了转换方向,表明状态变换是有序变换过程见图 5-25。状态转换通常是由事件触发的,在这种情况下应在表示状态转换的箭头线上标出触发转换的事件表达式;如果在箭头线上未标明事件,则表示在源状态的内部活动执行完之后自动触发转换。

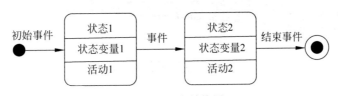

图 5-25　状态转换图

3. 事件

事件是指在某一时刻发生的事情,是触发状态转换的条件或一系列动作。在中间状态的符号中,活动即是事件。事件是引起系统做动作/状态转换的控制信息。

在活动表中经常使用下述 3 种标准事件:entry、exit 和 do。entry 事件指定进入该状态的动作,exit 事件指定退出该状态的动作,而 do 事件则指定在该状态下的动作。需要时可以为事件指定参数表。

为了具体说明怎样用状态转换图建立系统的行为模型,下面举一个电话系统的实例。没有人打电话时电话处于闲置状态;有人拿起听筒则进入拨号音状态,到达这个状态后,电话的行为是响起拨号音并计时;如果拿起听筒的人改变主意不想打了,他把听筒放下(挂断),电话重又回到闲置状态;如果拿起听筒很长时间不拨号(超时),则进入超时状态。如图 5-26 所示为电话系统的状态转换图。

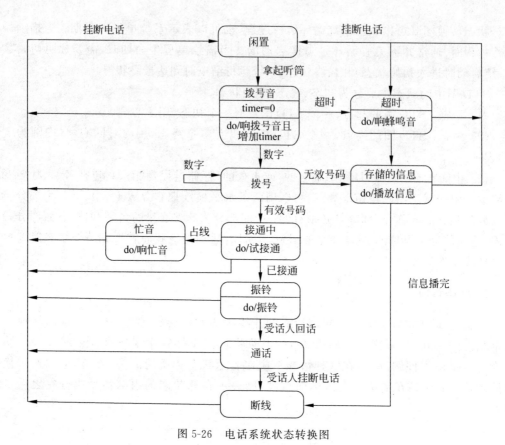

图 5-26　电话系统状态转换图

5.8　数据字典

数据字典（Data Dictionary，DD）以结构化方式为在数据建模、功能建模和行为建模等过程中涉及的所有数据信息、控制信息做出详细的说明。它是系统所有相关人员对信息达成的一致的理解，是数据分析和数据管理的重要工具，是系统设计阶段进行数据库（文件）设计的参考依据。

数据字典的内容主要是对数据流程中的数据项、数据结构、数据流、处理逻辑、数据存储和外部实体等六个方面进行具体的定义，是随着数据流图自顶向下、逐层扩展而不断充实的，并保持数据字典和各类建模用图的一致性和完整性。

DD 的定义形式多种多样，本节介绍词条描述和定义式。

5.8.1　词条描述

词条描述详细说明了数据和控制信息在系统内的传播途径。包括以下词条信息。

1. 数据项（数据元素）

数据项又称数据元素，是不可再分的最小数据单位。在数据字典中，仅定义数据的静态特性，具体包括：①数据项的名称、编号、别名和简述；②数据项的长度；③数据项的取值范围。

材料编号的数据项词条描述实例如表 5-2 所示。

表 5-2　数据项词条描述实例

数据项编号	ID201
数据项名称	材料编号
别名	材料编码
简述	某种材料的代码
类型及宽度	字符型,4 位
取值范围	"0001"～"9999"

2. 数据结构

数据结构描述某些数据项之间的关系。一个数据结构可以由若干个数据项组成,也可以由若干个数据结构组成,还可以由若干个数据项和数据结构组成。

数据字典中对数据结构的定义包括数据结构的名称和编号、简述、数据结构的组成。如果是一个简单的数据结构,只要列出它所包含的数据项。如果是一个嵌套的数据结构(即数据结构中包含数据结构)则需列出它所包含的数据结构的名称,因为这些被包含的数据结构在数据字典的其他部分已有定义。用户订货单数据结构词条描述如表 5-3 所示。

表 5-3　数据结构词条描述实例

系统名	进销存系统
数据结构名称	用户订货单
数据结构编号	DS03—01
简述	用户所填用户情况及订货要求等信息
数据结构组成	DS03-02＋DS03-03＋DS03-04
备注	DS03-02、DS03-03、DS03-04 是已经事先定义的数据结构

3. 数据流

数据流由一个或一组固定的数据项组成。定义数据流时,不仅要说明数据流的名称、组成等,还应指明它的来源、去向和数据流量等。入库单数据流词条描述如表 5-4 所示。

表 5-4　数据流词条描述实例

系统名	进销存系统
数据流名称	入库单
数据流编号	DS03—01
简述	车间开出的产品入库单
数据流来源	车间
数据流去向	库单审核模块
数据结构组成	入库单编号＋日期＋产品代码＋产品名称＋入库数量＋单价＋入库金额＋单位＋入库车间＋经手人
数据流量	约 30 张/日
高峰流量	约 50 张/日

4. 数据处理

数据流程图中最底层的处理逻辑应该包括处理过程的名称、编号、简述、输入的数据流，处理过程仅对数据流程图中最底层的处理逻辑加以说明。计算电费数据处理词条描述如表5-5所示。

表5-5 数据处理词条描述实例

系统名	成本计算
数据处理名称	计算电费
数据处理编号	P02—03
简述	计算应缴纳的电费
输入的数据流	数据流电费价格，来源于数据存储文件价格表；数据流电量和用户类别，来源于处理逻辑"读电表数字处理"和数据存储"用户文件"
处理	根据数据流"用电量"和"用户信息"，检索用户文件，确定该用户类别；再根据已确定的该用户类别，检索数据存储价格表文件，以确定该用户的收费标准，得到单价；用单价和用电量相乘得该用户应缴纳的电费
数据结构组成	入库单编号＋日期＋产品代码＋产品名称＋入库数量＋单价＋入库金额＋单位＋入库车间＋经手人
输出的数据流	数据流"电费"一是去外部项用户，二是写入数据存储用户电费账目文件
处理频率	对每个用户每月处理一次

5. 数据存储

数据存储指数据结构暂存或被永久保存的地方。在数据字典中，只能对数据存储从逻辑上加以简单的描述，不涉及具体的设计和组织。它包括：数据存储的名称、数据存储编号、简述、组成及关键字等。数据存储在数据字典中只描述数据的逻辑存储结构，而不涉及它的物理组织。库存台账数据存储词条描述如表5-6所示。

表5-6 数据存储词条描述实例

系统名	进销存系统
数据存储名称	库存台账
数据存储编号	F—01
简述	记录产品出入库数据的明细账
组成	日期＋产品代码＋产品名称＋入库数量＋零售数量＋批发数量＋库存数量
关键字	日期＋产品代码
相关联的处理	P—02，P—03，P—04

6. 外部实体

外部实体是与数据有关的机构或个人，包括外部实体的名称、对外部实体的简述及有关的数据流等。车间外部实体的词条描述如表5-7所示。

表 5-7　外部实体词条描述实例

系统名	进销存系统
外部实体名称	车间
外部实体编号	S—01
简述	生产产品入库
输入的数据流	D—03
输出的数据流	D—01

编写数据字典是系统开发的一项重要的基础工作。一旦建立,并按编号排序之后,就是一本可供查阅的关于数据的字典,从系统分析一直到系统设计和实施都要使用它。在数据字典的建立、修正和补充过程中,始终要注意保证数据的一致性和完整性。

数据字典可以用人工建立卡片的办法来管理,也可存储在计算机中,用一个数据字典软件来管理。

从上述实例中可以看到,词条描述方法灵活可变,可以根据不同领域的词条特征来确定其需要定义的属性和描述逻辑。

5.8.2　定义式

如果定义的数据或控制信息具有良好的数据结构,可借助巴科斯-诺尔范式(Backus-Naur Form,BNF)来清晰、准确、无二义性地定义数据。表 5-8 给出了数据字典定义式中的符号及其意义。

表 5-8　数据字典定义式中的符号意义

符　号	含　义	解　释
$=$	被定义为	例如,$x=a+b$,表示 x 由 a 和 b 组成
$+$	与	
$[\cdots,\cdots]$	或	例如,$x=[a,b]$,表示 x 由 a 或由 b 组成
$[\cdots \mid \cdots]$	或	例如,$x=[a \mid b]$,表示 x 由 a 或由 b 组成
$\{\cdots\}$	重复	例如,$x=\{a\}$,表示 x 由 0 个或多个 a 组成
$m\{\cdots\}n$	重复	例如,$x=3\{a\}8$,表示 x 中至少出现 3 次 a,至多出现 8 次 a
$(\cdots)$	可选	例如,$x=(a)$,表示 a 可在 x 中出现,也可不出现
"…"	基本数据元素	例如,$x="a"$,表示 x 为取值为 a 的数据元素
..	连接符	例如,$x=1..9$,表示 x 可取 1 到 9 之中的任一值

例如,银行存折的部分数据的定义式如下。

存折＝户名＋所号＋账户＋开户日＋(印密)＋1{存取行}50

户名＝2{字母}24

所号＝"001".."999"

账号＝"00000001".."99999999"

开户日＝年＋月＋日

5.9　系统分析报告

5.9.1　信息系统分析报告的作用

　　系统分析报告(或称为系统分析说明书)是在信息系统分析阶段工作结束后,由系统分析员编写的,它反映了这一阶段详细调查分析的全部情况,是系统分析阶段的最重要的文档。它把信息系统分析阶段产生的各种资料汇总起来,表达信息系统分析阶段的设计思想、设计依据以及所产生的逻辑设计方案。信息系统分析报告是系统分析员的工作成果,可以用它与用户交流,也是下一步系统设计与实现的纲领性文件。此外,系统分析说明书还可用来作为评价项目成功与否的标准,除非发现开发人员对系统的认识有比较重大的遗漏或误解,否则用户和开发小组都不能随意更改。

5.9.2　信息系统分析报告的内容

　　信息系统分析报告是基于详细调查基础上的信息系统逻辑模型设计报告。信息系统分析报告可以采用文字报告加上图表附录的形式,也可以采用文字和图表穿插的形式。系统分析报告的内容要求如图 5-27 所示。

1 引言	4 新系统的目标
1.1 编写目的	4.1 对功能的规定
1.2 背景	4.2 对性能的规定
1.3 定义	4.3 输入输出要求
1.4 参考资料	4.4 数据管理要求
2 任务概述	4.5 故障处理要求
2.1 目标	4.6 其他专门要求
2.2 用户的特点	5 新系统的逻辑方案
2.3 假定的约束	5.1 新系统的结构
3 现行系统情况简述	5.2 新系统的业务流程
3.1 现行系统目标与功能	5.3 新系统的数据流程
3.2 现行系统存在问题分析	5.4 新系统软、硬件初步配置
3.3 现行系统环境分析	5.5 新系统中使用的管理模型
3.4 现行系统的组织情况分析	6 新系统开发的费用预算与进度安排
3.5 现行系统的业务流程情况分析	
3.6 现行系统的数据流程情况分析	

图 5-27　系统分析报告的内容要求

　　系统分析报告形成后,必须组织各方面人员,包括单位领导、管理人员、专业技术人员、系统分析人员等,对系统分析报告进行审查,尽可能地发现其中的问题、误解和疏漏,并及时纠正。对于有争论的问题,则要重新核实原始调查资料或进一步深入调查、研究,对于重大的问题,甚至可能需要调整修改系统目标,重新进行系统分析。

　　由于信息系统开发周期较长,阅读信息系统分析报告时,必须注意环境变化所引起的资料内容与当前事实的差异,这也是信息系统开发生命周期法的缺点。

本 章 小 结

系统分析是信息系统开发中的重要阶段,本章重点论述了信息系统分析的任务、要求、步骤和方法。通过详细调查,对企业现有系统进行描述和分析,提出新系统的逻辑方案。系统分析的本质是通过对现有系统的描述和分析,回答未来系统"要做什么"的问题。

系统分析阶段需要进行系统的可行性分析,综合考虑经济、技术、社会等多方面因素,只有在明确系统开发的可行性和必要性之后,才能对现行系统做深入而详细的调查,了解现行系统的组织结构、业务流程、功能体系、信息要素、管理方式、决策过程、资源条件和存在问题,彻底分析组织内部的管理状况和相应的信息处理过程。本章以结构化系统分析为主,介绍了信息系统分析阶段各项具体工作,详细阐述了多种逻辑模型的构成,包括基于业务过程的业务流程图、基于功能建模的数据流程图、基于数据建模的实体联系图、基于行为建模的状态转换图,最后讲解了数据字典及其多种定义形式。

系统分析阶段的成果是系统分析报告,该报告反映了系统分析的结果和对新系统的设想,是下一步进行系统设计和系统实施的依据。

本 章 练 习

1. 问题思考

(1) 系统分析的主要任务是什么?

(2) 为什么说系统分析是信息系统开发过程中最重要的一环?

(3) 详细调查的范围有哪些?

(4) 什么是数据流图?用数据流图描述储蓄存款的过程。

(5) 用什么模型工具进行数据建模?它的基本元素有哪些?如何表达?

(6) 什么是行为建模?它有哪些基本要素?

(7) 什么是数据字典?它有哪些基本内容?

(8) 可行性分析的目的是什么?其主要内容是什么?

(9) 系统分析报告包括哪些内容?

2. 专题讨论

(1) 列一份针对企业营销推广方案的调研提纲。

(2) 去某公司考察,画出企业的组织结构、业务功能、数据流程图。

第6章 系统设计

当系统分析完成以后,系统已明确描述"系统必须做什么",在下一个阶段需要回答"系统怎么实现"的问题,即进行系统设计(System Design)。系统设计是信息系统建设的重要阶段,它将软件的编码往后延长了一个阶段,体现了软件工程"推迟实现"的原则。

系统设计阶段的主要目的是在系统分析提出的反映用户需求的逻辑方案的基础上,科学、合理地将逻辑设计方案转换成可以实施的物理(技术)方案。即根据系统分析报告中的系统逻辑模型,综合考虑各种约束,权衡利弊,利用一切可用的技术手段和方法,精心进行各种具体设计,确定新系统的实施方案。

系统设计的基本原则是:在保证系统设计目标实现的基础上,使技术资源的运用达到最佳。

系统设计主要内容包括新系统体系结构设计、代码设计、数据库设计、界面设计、处理流程及模块功能的设计。系统设计的结果是一系列系统设计文件,这些文件是实现信息系统(包括安装硬件设备和编制软件程序)的重要基础。

6.1 系统设计概述

系统设计是信息系统开发的一个重要阶段,在系统分析的基础上,确定完成逻辑功能的具体实现方法和技术。系统设计工作技术性强,涉及面广,内容复杂,必须要有科学的方法和工具作指导,以便确定系统应具有的功能和可靠性、可维护性、可修改性、可重用性等性能要求。系统设计的优劣直接影响新系统的质量和效益。

6.1.1 系统设计的任务

系统设计的主要任务是从信息系统的总体目标出发,以系统分析报告为依据,结合经济、技术和运行环境等方面的条件,确定系统的总体结构和各组成部分的技术方案,并用适当的工具将设计成果表达出来。

从软件工程的角度,一般系统设计分为总体设计和详细设计两个阶段。

1. 总体设计

总体设计也称概要设计,主要任务是完成对系统总体结构和基本框架的设计。基于系统分析,确定系统整体软件结构、划分软件体系结构的各子系统或模块,确定它们之间的关系,进行资源(包括硬件和软件)配置、数据存储以及整个系统实现计划等方面做出合理安排。总体设计是系统开发过程中非常关键的一步,系统的质量及一些整体特性基本上是由这一步决定的。

2. 详细设计

详细设计的任务是在总体设计的基础上,选用适当的技术和方法,具体实现各部分的细节,直至系统的所有内容都有足够详细的过程描述,内容包括数据存储设计、代码设计、界面设计和过程设计。

数据存储设计:包括数据库、数据文件和全局数据结构的定义。在结构化设计中,通过系统分析阶段的实体关系图、数据字典建立数据模型。在面向对象设计中,通过类的抽象与实例化,以及类的永久存储设计,完成数据设计过程。

代码设计:制订信息系统中数据的编码规则,实现了信息系统数据整体上的统一,合理的代码设计是信息系统是否具有生命力的一个重要因素。

界面设计:包括与系统交互的人机界面设计,以及模块间、系统与外部系统的接口关系,界面设计与用户美学的需求有较大关系。在结构化设计中,需要根据数据流条目,定义模块接口、设计整体结构。在面向对象设计中,定义关联类、接口类、边界类等,既满足人机交互界面数据的统一,也完成类间数据的传递。

过程设计:包括确定软件各模块内部的具体实现过程及局部数据结构。在结构化设计中,模块独立性约束了数据结构与算法相分离的情况,减少外部对两者的影响。在面向对象设计中,类的封装性较好地体现了算法和数据结构的内部统一。类的继承性提供了多个类(类家族)共同实现过程设计的机制。

根据信息系统项目的规模和复杂度,总体设计和详细设计既可以合并为系统设计阶段,也可以反复迭代,直至完全实现信息系统需求内容。图 6-1 给出了系统设计的基本过程。

图 6-1　系统设计基本过程

系统设计阶段的工作目标是提出系统设计说明书,它是系统设计阶段工作成果的体现,经批准后将成为系统实施阶段的工作依据。

6.1.2　系统设计的要求

在长期的系统开发实践中,为了提高信息系统开发质量,人们总结出系统设计中应该满足的一些基本要求。

(1) 系统性。在系统设计中,要从信息系统全局出发,综合多方面因素进行考虑,界面风格要一致,系统的代码要统一,设计规范要标准,数据库整体设计应规范化,提高数据共享性。

(2) 灵活性。随着信息技术的不断发展和企业需求的不断变化,为使信息系统具有更长的生命周期,信息系统应具有较好的开放性、结构的可变性和可扩展性以适应复杂多变的环境。在系统设计中,应尽量采用模块化结构,提高各模块的独立性,尽可能减少模块间的数据耦合,使各子系统间的数据依赖减至最低限度。这样,既便于模块的修改,又便于增加新的内容,提高系统适应环境变化的能力。

(3) 可靠性。可靠性是指系统抵御外界干扰的能力以及受外界干扰时的恢复能力。一个成功的信息系统必须具有较高的可靠性,这是系统设计的基本出发点,应该采用多种方法提高可靠性,如校验代码、日志跟踪、抗病毒等。

(4) 经济性。经济性是判断信息系统能否开发的首要指标,也是系统设计的要求之一,经济性是指在满足系统需求的前提下,尽可能减小系统的开销。一方面,在硬件投资上不能盲目追求技术上的先进,而应以满足应用需要为前提;另一方面,系统设计中应不追求难度大的功能,各模块应尽量简洁,以便缩短处理流程、减少处理费用。

(5) 安全性。安全性是指系统的硬件和软件免遭人为破坏和偶然损坏的能力,计算机网络的发展对信息系统的安全提出了更高的要求,应该设计或使用多种方法,如各种安全协议、数字签名、消息认证、数据加密等安全机制,保证系统不受偶然的或者恶意的原因而遭到破坏、更改、泄露。

6.1.3　系统设计的指标

系统设计的优劣直接影响新系统的质量和经济效益。系统设计应该在保证实现逻辑模型的基础上,尽可能提高系统的各项性能。系统设计应该考虑以下几个指标。

1. 系统的效率

系统的效率是指系统的处理能力、处理速度、响应时间等与时间有关的指标。不同的处理方式采用不同的指标来衡量信息系统的运行效率。例如,响应时间衡量联机实时处理系统的工作效率(从发出处理要求至得到应答信号的时间),处理速度衡量批处理系统的工作效率(处理单个业务的平均时间)。对于一个实时录入、成批处理的事务处理系统,则常用处理能力(标准时间周期内处理的业务个数)来表示系统的工作效率。

一般来说,影响信息系统运行效率的因素有:①系统中硬件资源及其组织结构;②人机接口设计是否合理;③计算机处理过程的设计质量(如中间文件的数量、文件的存取方式、子程序的安排以及软件的编制质量)等。

2. 系统的可靠性

系统的可靠性是指系统在运行过程中,抗干扰(包括人为的故障和机器的故障)和保证正常工作的能力。这种能力体现在工作的连续性和工作的正确性上。衡量可靠性的指标有平均故障间隔时间和平均维护时间。前者指前后两次发生故障间隔的平均时间间隔,反映了信息系统安全运行时间;后者指发生故障后所用的平均修复时间,反映了系统可维护性的好坏。

提高信息系统可靠性的途径有:①选取可靠性高的主机和外部设备;②硬件结构的冗余设计;③对故障的检测处理和信息系统安全方面的措施,如对输入数据进行检验、进行运行记录和监督跟踪、规定用户的文件使用级别、对重要文件进行复制等。

3. 系统的准确性

系统的准确性是指系统所提供的信息的准确程度。系统的准确性与系统硬件、软件的功能直接有关。此外,也与编程质量、人工处理质量和效率等有关。

4. 系统的可维护性

系统的可维护性是指系统易于理解、易于修改和易于扩充。由于系统环境的不断变化,系统本身也需要不断修改和完善。可维护性好的系统,各部分独立性强,容易进行变动和提高系统的性能,以满足系统目标不断变化的要求。此外,如果信息系统易于修改以适应其他类似组织的需要,这无疑将比重新开发一个新系统的成本要低得多。

在信息系统设计中,要尽量采用模块化结构,可以像搭积木一样构建系统,减少模块间的数据耦合。这样既便于模块的修改,又便于增加新的内容,从而提高系统的适应性。

5. 系统的经济性

系统的经济性是指系统收益应该大于系统支出总费用。系统支出总费用包括系统开发所需投资和系统运行、维护的费用。系统收益除货币指标外,还有非货币指标。在系统设计时,系统的经济性经常是确定系统可行性以及设计方案的重要因素。

6. 信息系统的安全性

信息系统的安全性是指信息系统的硬件和软件免遭故意或偶然损害的能力,保护数据不丢失、不泄露、不被篡改和不被销毁的能力,限制数据传播范围的能力,有效识别用户身份的能力,以及防止用户抵赖的能力。

上述指标在一定程度上既互相制约又相辅相成。例如,为了提高可靠性而采取各种校验和控制措施,会延长系统工作时间,降低工作效率或提高成本。从系统开发和维护的角度考虑,系统的可维护性是最重要的指标,可维护性好确保系统易于修改以满足其他指标的要求,使系统始终具有较强的生命力。

对于不同的系统,由于其功能及系统目标不同,因此对上述各指标的要求会有所侧重。例如,对于银行系统,可靠性是首要考虑的指标;而对于联机情报检索系统,效率是最重要的指标。

6.2 系统设计原理

在将系统的需求转换为软件设计的过程中,系统设计人员通常采用抽象和逐步求精、模块化和信息隐藏等原则。

6.2.1 抽象与逐步求精

1. 抽象

人类在认识复杂世界时所使用的最强有力的思维工具是抽象。抽象就是抽出事物的本质特性,而暂时不考虑它们的细节,在系统设计规模逐渐增大的情况下,它是控制复杂性的基本策略。抽象的过程是从特殊到一般的过程,上层概念是下层概念的抽象,下层概念是上层概念的精化和细化。

系统设计中的主要抽象手段有过程抽象和数据抽象。过程抽象(也称功能抽象)是指任何一个完成明确定义功能的操作都可被使用者当作单个实体看待。尽管这个操作实际上是由一系列更低级的操作来完成的。数据抽象是指定义数据类型和施加于该类型对象的操作,并限定了对象的取值范围,只能通过这些操作修改和观察数据。例如,家电、服装和百货可以抽象出商品,基于商品可以增加、删除、修改等操作。

2. 逐步求精

逐步求精是人类解决复杂问题的基本技术之一,是把问题的求解过程分解成若干步骤或阶段,每一步都比上一步更精化,更接近问题的解法,以集中精力解决主要问题而尽量推迟问题细节的考虑。逐步求精和抽象是一对互补的概念。抽象使得设计者能够描述过程和数据,不必关心低层的细节,而求精实际上是细化过程,它有助于设计者在设计过程中逐步揭示低层的细节,这两个概念对于设计者在设计演化中构造出完整的设计模型都起到至关重要的作用。

事实上,采用自顶向下逐步求精的方法,由抽象到具体,简化了软件的设计和实现,提高了软件的可读性和可测试性,并且使系统更容易维护。

6.2.2　模块化

在计算机软件领域中,几乎所有软件结构设计技术都是以模块化为基础的。如果一个大型程序仅由一个模块组成,它将很难被人理解。模块化就是把软件按照规定原则,划分为一个较小的、相互独立的但又相互关联的部件,每个模块完成一个子功能,把这些模块集成起来构成一个整体,可以完成指定的功能,满足用户的需求。模块化实际上是系统分解和抽象的过程。在软件工程中,模块是构成软件的基本构件,是数据说明、可执行语句等程序对象的集合,是单独命名的,并且可以通过名字来访问。例如,过程、函数、子程序、宏等都可作为模块。

模块具备以下要素。①输入和输出:模块从调用者那里取得输入,加工后再把输出返回给调用者。②处理功能:模块把输入转换成输出所完成的相关工作。③内部数据:仅供模块本身引用的数据。④程序代码:用来实现模块功能的程序。其中,前两个要素是模块的外部特性,反映了模块的外貌;后两个要素是模块的内部特性。使用者最感兴趣的是模块的功能及其输入输出接口,而不必理解模块内部的结构和原理。在结构化系统设计中,主要考虑模块的外部特性,对模块的内部特性只做必要了解,具体的实现将在信息系统实施阶段完成。

理想的模块只解决一个问题,每个模块的功能应该明确,使人容易理解,模块之间的关系简单,具有独立性。用理想模块构建的系统,易于编程、易于测试、易于修改和维护,模块化也有助于软件项目的组织管理,一个复杂的大型软件可以由许多程序员分工编写,从而提高开发效率。

为说明这一点，可以考虑下面的论据。

设 $C(x)$ 是描述问题 x 复杂性的函数，$E(x)$ 是解决问题 x 所需工作量（按时间计算）的函数，对于两个问题 $p1$ 和 $p2$，如果

$$C(p1) > C(p2) \tag{6-1}$$

那么

$$E(p1) > E(p2) \tag{6-2}$$

即问题越复杂，解决问题所需花费的工作量更多。

而人解决问题的难度，又存在另一个有趣的规律：

$$C(p1 + p2) > C(p1) + C(p2) \tag{6-3}$$

换句话说，如果一个问题由 $p1$ 和 $p2$ 两个问题组合而成，那么它的复杂程度大于分别考虑每个问题时的复杂程度之和。这个不等式导致"各个击破"的结论——把复杂的问题分解成许多容易解决的小问题，原来的问题也就容易解决了，这就是模块化的根据。

考虑式(6-2)和式(6-3)隐含的条件，可以得出

$$E(p1 + p2) > E(p1) + E(p2) \tag{6-4}$$

由上面的不等式似乎还能得出下述结论：如果无限地分割软件，最后为了开发软件而需要的工作量也就小得可以忽略了。事实上，影响软件开发工作量的因素还有很多，如模块接口费用等，由于不断分解造成模块数量的增长，从而使得上述结论不能成立。当模块数目增加时，每个模块的规模将减小，开发单个模块需要的成本（工作量）确实随之减少；但是，随着模块数目增加，模块间的联系也随之增加，设计模块间接口所需要的工作量也将增加，因此形成了总成本或工作量曲线，并且存在一个模块数量的范围 M 可以使得开发成本达到最小。如图 6-2 所示。

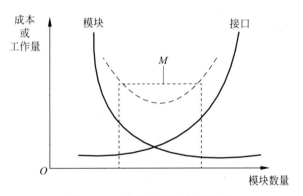

图 6-2　工作量和模块分解关系

采用模块化原理使程序错误通常局限在相关模块及它们之间的接口中，模块化使软件容易调试和测试，有助于提高软件的可靠性；同时，变动往往只涉及少数几个模块，从而模块化能够提高软件的可修改性，使软件结构清晰，模块的内容不仅容易设计也容易阅读和理解。

6.2.3　信息隐藏

应用模块化原则时，自然会产生一个问题——为了得到最好的一组模块，应该怎样进行

系统分解呢？信息隐藏原理指出：应该使一个模块内包含的信息(过程和数据)对于不需要这些信息的模块,是不能访问的。

通常,有效的模块化可以通过定义一组独立的模块来实现,这些模块之间的通信仅仅包括为了完成模块功能而必须变换的信息。换句话说,应该隐藏的不是模块的一切信息,而是模块的实现细节。通过抽象,帮助人们确定组成软件的过程或信息实体,通过信息隐蔽,则可定义和实施对模块的过程细节和局部数据结构的存取限制。

如果在测试和维护期间需要修改软件,那么使用信息隐藏原理作为模块化系统设计的标准就会带来极大好处。因为绝大多数数据和过程对于软件的其他部分而言是隐藏的,这减少了修改期间由于疏忽而引入的错误。

由于一个软件系统在整个软件生命期内要经过多次修改,所以在划分模块时要采取措施,使得大多数过程和数据对于软件的其他部分是隐蔽的,从而确保在将来修改软件时偶然引入错误所造成的影响能够限制在一个或几个模块内部,避免错误的进一步扩展。

6.2.4　模块独立

模块独立是指模块完成独立的功能并且与其他模块的接口简单,符合信息隐蔽和信息局部化原则,模块间关联和依赖程度尽可能小。模块独立性是模块化、信息隐藏和局部化等概念的直接结果。开发具有独立功能而且和其他模块之间没有过多的相互作用的模块,就可以做到模块独立。

模块的独立性是很重要的。首先划分了系统的功能,并且接口被简化,所以具有有效模块化的软件更易于开发,这在多个小组共同开发一个软件时更为重要。其次,独立的模块比较容易测试和维护,而且修改设计和程序需要的工作量比较小,错误传播被减小,模块复用成为可能。因此,模块独立是良好设计的关键,从而又是保证软件质量的关键。

模块的独立性可以由两项指标来衡量——耦合和内聚。耦合衡量不同模块彼此间互相依赖(连接)的紧密程度；内聚衡量一个模块内部各元素间结合的紧密程度。

1. 耦合

耦合是模块之间的相对独立性(互相连接的紧密程度)的度量,耦合取决于各个模块之间接口的复杂程度、调用模块的方式以及通过接口的信息类型。

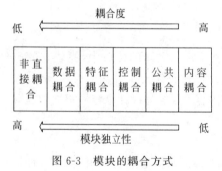

图 6-3　模块的耦合方式

在软件设计中,应该追求尽可能松散耦合的系统。在这样的系统中可以研究、测试或维护任何一个模块,而不需要对系统的其他模块有很多了解。此外,由于模块间联系简单,发生在一处的错误传播到整个系统的可能性就很小。因此,模块间的耦合程度强烈影响着系统的可理解性、可测试性、可靠性和可维护性。模块之间的耦合方式一般有 6 种类型,如图 6-3 所示。

1) 非直接耦合

非直接耦合的耦合程度最低。如果两个模块之间没有直接关系,则它们中的任何一个都不依赖于另一个而能独立工作,这种耦合称为非直接耦合。但是,在一个软件系统中,不可能所有模块之间都没有任何联系。

2) 数据耦合

两个模块之间仅通过参数表传递简单数据时,称为数据耦合。

3) 特征耦合

两个模块之间通过参数表传递一个数据结构的一部分(如某一数据结构的子结构)就是特征耦合。此时整个数据结构作为参数传递而被调用的模块只需要使用其中一部分数据元素,被调用的模块可以使用的数据多于它实际需要的数据,这将导致对数据的访问失去控制。

4) 控制耦合

如果一个模块传送给另一个模块的参数中包含了控制信息,该控制信息用于控制接收模块中的执行逻辑,则称为控制耦合。

5) 公共耦合

若一组模块都访问同一个全局数据结构、共享的通信区、内存的公共覆盖区等公共信息,则它们之间的耦合就称为公共耦合。如果两个模块共享的数据很多,则都通过参数传递会很不方便,这时就可以利用公共耦合。公共耦合的复杂程度随耦合的模块数量的变化而变化,当耦合的模块数量增加时,复杂程度显著增加。

6) 内容耦合

如果一个模块直接访问另一个模块的内部数据、一个模块不通过正常入口转到另一模块内部、两个模块有一部分程序代码重叠、一个模块有多个入口,则两个模块之间就发生了内容耦合。内容耦合是最强的耦合形式,应该避免。

系统设计应该采取的原则是:尽量使用数据耦合,少用控制耦合和特征耦合,限制公共耦合的范围,完全不用内容耦合。

2. 内聚

内聚是一个模块内部各个元素彼此结合紧密程度的度量。内聚性越强,模块内部元素间关系越紧密,模块独立性就越强。模块的内聚在系统的模块化设计中是一个关键因素,内聚性共分7类,如图 6-4 所示。

1) 偶然内聚

偶然内聚是指模块内功能是因为一些偶然的因素聚集在一起,没有必然的联系。偶然内聚导致模块不易理解、不易修改和维护。例如:有时在编写完一个程序之后,发现一组语句在多处出现,于是把这些语句作为一个模块以节省内存,这样就出现了偶然内聚的模块。

图 6-4 模块的内聚性分类

在偶然内聚的模块中,各种元素之间没有实质性联系,很可能在一种应用场合需要修改这个模块,而在另一种应用场合又不需要这种修改,从而可能产生错误。事实上,偶然内聚的模块出现错误的概率比其他内聚类型的模块高得多。

2) 逻辑内聚

逻辑内聚是将逻辑上相关的功能放在同一模块内,由模块参数来决定执行哪一个功能。由于模块内部的执行由外部接口参数决定,给软件测试带来了一定困难,因为模块内部执行路径不仅与代码的控制结构相关,而且还与模块参数的取值相关。

在逻辑内聚的模块中,不同功能混在一起,合用部分程序代码。由于对局部功能的修改有时也会影响全局,因此这类模块修改起来比较困难。

3) 时间内聚

时间内聚是指一个模块中的所有功能是由于需要在同一时间运行而聚集在一起。例如初始化模块,当系统在最初运行时,界面布局、数据库连接、系统内部成员数据等的初始化都全部存放在初始化函数中,以完成系统各部分成员数据的初始化操作。

4) 过程内聚

如果一个模块内的处理元素是相关的,而且必须按照特定次序执行,则称为过程内聚。例如"文件"的"打开/预读"操作在同一过程内完成,保证打开文件的同时,就将初步信息预读到指定位置;"保存/关闭"操作也在同一过程内完成,保证数据保存后自动关闭数据文件。

5) 通信内聚

如果模块中所有元素都使用同一个输入数据或产生同一个输出数据,则称为通信内聚。例如,计算学生成绩的平均分和总分时,都需要"学生成绩"作为输入数据。

6) 顺序内聚

顺序内聚是指一个模块完成多个功能,这些功能又必须顺序执行。模块中前一部分的输出是下一部分的输入,它们彼此具有较高的依赖性。

7) 功能内聚

功能内聚是指一个模块中各个部分都是为了完成一项具体功能而协同工作,紧密联系,不可分割。功能内聚具有最高的内聚性。

内聚和耦合是密切相关的。如果模块之间的连接越紧密,联系越多,耦合性就越高,而其模块独立性就越弱。如果一个模块内部各个元素之间的联系越紧密,则该模块的内聚性就越高,相对地,该模块与其他模块之间的耦合性就会减低,而模块独立性就越强。因此,模块独立性比较强的模块应是高内聚低耦合的模块。内聚与耦合密切相关,同其他模块强耦合的模块意味着弱内聚;强内聚模块意味与其他模块间松散耦合。耦合与内聚都是模块独立性的定性标准,都反映模块独立性的良好程度,是进行模块化设计的有力手段。但是实践表明,内聚更重要,应该把更多的注意力集中到提高模块的内聚程度上。

6.2.5 启发性规则

模块独立性确定原则除了设计高内聚、低耦合的模块结构之外,高质量的软件设计还需要进行优化。设计人员在开发信息系统的长期实践中积累了丰富的经验,提出了系统模块化设计的启发式规则。在大多数情况下,启发式规则能给软件设计提供有益的启示,是改进软件设计提高软件质量的途径。下面介绍几条启发式规则。

1. 改进软件结构提高模块独立性

设计出系统的初步结构以后,应该审查分析这个结构,通过分解和合并的优化过程,尽量降低耦合度,提高模块内聚性。例如,多个模块公有的一个子功能可以独立成一个模块,由这些模块调用;有时可以通过分解或合并模块以减少控制信息的传递以及对全程数据的引用,并且降低接口的复杂程度。但同时也要防止出现模块划分过细,模块功能过于简单而造成模块数量过多的情况。

图 6-5 描述了对已分解模块采用抽取和合并方式进行结构优化。在图 6-5(a)中,模块 A 和模块 B 的公共部分被抽取并单独设计为模块 C。在图 6-5(b)中,B、C、D 这三个模块和 E、F 这两个模块分别合并为一个模块。

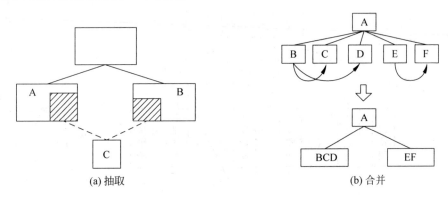

(a) 抽取　　　　　　　　　　　　(b) 合并

图 6-5　模块的抽取和合并

2. 模块规模应该适中

模块数目不宜太多,否则会增大模块间数据传递和相互调用的复杂度。过大的模块往往是由于分解不充分,但是进一步分解必须符合问题结构,一般来说,分解后不应该降低模块独立性。过小的模块开销较大,而且模块数目过多将使系统接口复杂,因此过小的模块有时不值得单独存在。

特别是当模块仅调用一两个模块时,可以合并这些模块,这样能最大程度保证模块独立性,且降低了模块数量。另外,单个模块的规模也不宜太大,否则应考虑模块是否还未分解完全。

3. 深度、宽度、扇出和扇入都应适当

深度是指软件结构中模块能控制的最深的层数。深度越大,模块分解也就越细,软件复杂度就越高,深度往往能粗略地标志一个系统的大小和复杂程度。深度和程序长度之间有粗略的对应关系,这个对应关系是在一定范围内变化的。如果层数过多,则应该考虑是否有许多模块的划分过于简单,能否适当合并。

宽度是指软件结构中同一层次上模块数目的最大值。宽度越大,软件复杂度就越高。

对宽度影响最大的因素是模块的扇出。

扇出度是指软件结构中同一模块能直接调用的其他模块数目。模块的扇出度越大,说明该模块的控制结构越复杂。经验表明,一个设计得好的典型系统的平均扇出通常是 3 或 4(扇出的上限范围通常是 5~9)。

扇入度是指软件结构中同一模块被直接调用的模块数目。模块的扇入度越大,说明该模块被共享的次数越多,则该模块的独立性也越强。

扇出太大一般是因为缺乏中间层次,应该适当增加中间层次的控制模块。扇出太小时,可以把下级模块进一步分解成若干个子功能模块,或者合并到它的上级模块中。当然,分解模块或合并模块必须符合问题结构,不能违背模块独立原理。

观察大量软件系统后可以发现,设计得很好的软件结构(见图 6-6)通常顶层扇出比较多,中层扇出较少,底层扇入到公共的实用模块中去(即底层模块有高扇入)。

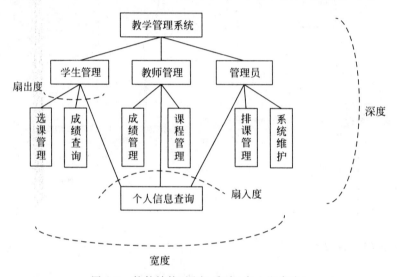

图 6-6　软件结构(深度、宽度、扇入和扇出)

4. 模块的作用域应该在控制域之内

模块的作用域是指模块内定义的所有元素(如数据、变量等)各自有效的使用范围。模块的控制域是指模块所能操作和调用的所有元素(如其他模块等)的集合。例如,图 6-7 中模块 A 的控制域是 ABCDEF 模块。

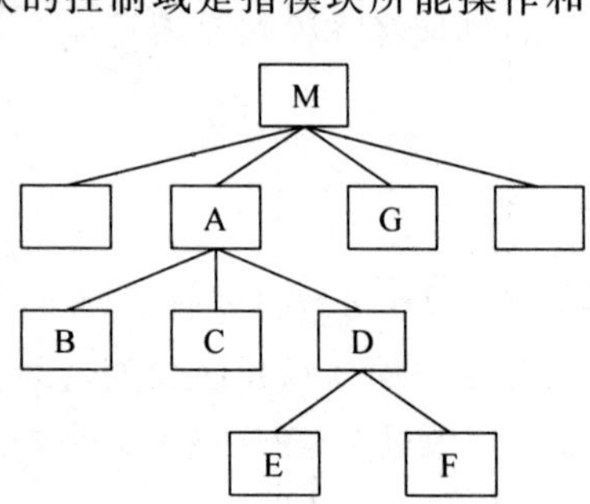

在一个好的信息系统结构中,所有受判定影响的模块最好局限于做出判定的那个模块本身及它的直属下级模块。例如,如果图 6-7 中模块 A 做出的判定只影响模块 B,那么是符合这条规则的。如果模块 A 做出的判定同时还影响模块 G 中的处理过程,此时 A 的作用范围包含 G,即作用域大于控制域,这样的结构使得软件难于理解。为了使得 A 中的判定能影响 G 中的处理过程,通常需要在 A 中给出一个标记状态以指示判定的结

图 6-7　模块的作用域和控制域

果,并且应该把这个标记传递给 A 和 G 的公共上级模块 M,再由 M 把它传给 G。这个标记是控制信息而不是数据,因此将使模块间出现控制耦合。

怎样修改软件结构才能使作用域是控制域的子集呢?一个方法是把做判定的点往上移。例如,把判定从模块 A 中移到模块 M 中。另一个方法是把那些在作用域内但不在控制域内的模块移到控制域内,例如,把模块 G 移到模块 A 的下面,成为它的直属下级模块。

选择改进软件结构的方法时,需要根据具体问题统筹考虑。一方面应该考虑哪种方法更现实,另一方面应该使软件结构能最好地体现该问题原来的结构。

5. 设计单入口单出口的模块,降低模块接口的复杂程度

模块接口复杂是软件发生错误的一个主要原因。应该仔细设计模块接口,使得信息传递简单并且和模块的功能一致。对于模块出入口的设计,最易理解和维护的方式是:入口在模块的开始处,出口在模块的末尾。然而在实际设计中,由于有异常、错误处理等判断,存在模块出入口位置发生改变的情况,但仍可以将这一规则作为设计优化的指导原则。

模块接口的复杂度是通过模块名称和参数来判断的。好的模块命名能正确反映模块功能,减轻调用者的记忆、理解和调用负担;反之,不仅不利于记忆和理解,甚至会导致错误的使用。模块的参数则直接影响模块调用的易理解性和易用性。通常情况下,模块接口的参数越少,理解和使用就越简单。但在实际设计中,仍要灵活掌握这一原则。

例如:求一元二次方程的根的模块接口定义为:

QUATROOT(COE,ROOT)

其中,COE 是方程系数数组,ROOT 是方程解的数组。很显然,两个参数都需要通过数组或指针传递参数和运行结果。这种传递信息的方法不利于用户对于这个模块的理解,不仅在维护期间容易引起混淆,在开发期间也可能发生错误。

如果把方程的接口定义修改为:

QUAT ROOT(A,B,C,R1,R2)

其中,A、B、C 是方程的系数,R1 和 R2 是计算出的两个根。虽然参数数目增加了,但由于参数结构是基本的数据类型,反而更易于理解和使用。

6. 模块功能应该可以预测

模块功能可以预测,换句话说,在任何环境和情况下,只要输入的数据不变,模块的预期结果就不会改变,这样一个模块可就看作一个黑盒子,此时要求模块的设计尽量避免控制耦合和通信内聚,这也是软件测试和维护的要求。

以上列出的启发式规则多数是经验规律,对于改进设计,提高软件质量,往往有重要的参考价值;但是,它们既不是设计的目标,也不是设计时应该普遍遵循的原则。

6.3 系统功能结构设计

6.3.1 系统功能总体结构设计

1. 系统功能结构设计的原则

系统功能结构设计按照结构化系统设计的基本思想,根据数据流程图和数据字典,借助一套设计准则和图表工具,自顶向下逐层把整个系统划分为若干个大小适当、功能明确、具有相对独立性,并容易实现的子系统,从而把对复杂系统的设计转变为对多个简单模块的设计。组成系统的各个子系统之间彼此独立,功能明确,系统应该能够对大部分模块进行单独维护和修改,因此对系统进行合理划分、定义和数据协调是结构化系统设计的主要内容。子系统划分一般遵循以下原则。

1)独立性原则

将信息系统设计成由多个相对独立、功能单一的模块组成的结构。由于模块之间相对独立,每一模块就可以被单独地理解、编写、测试、排错和修改,从而防止错误在模块之间扩散蔓延,提高了信息系统的质量。

2)重用性原则

重用性也称为复用性,重用性原则是提高软件生产率的一条重要原则。子系统的重用性设计可以使得子系统经一次设计后多次使用。好的系统功能的划分应该使得其中的功能可以大量重用,这样必然会减少系统开发工作量,降低成本、提高软件质量,提高软件生产率,改善系统的可维护性。

3)无依赖原则

无依赖原则是指在系统功能结构设计中要保证子系统以低耦合高内聚为目标。划分功能时应将联系较多的功能划入同一个子系统内,余下的一些分散、跨度比较大的功能,就成为这些子系统之间的联系和接口。这样划分的子系统功能,模块功能简单,程序短小,接口简单,错误传播范围有限,扩充功能时容易插入,对将来进行调试、维护、运行等工作都是非常有利的。

4)数据低冗余原则

子系统功能划分的结果应使数据冗余尽量减小。如果忽视这个问题,则可能引起相关的功能数据分布在各个不同的子系统中,不仅增加数据存储资源的开销,也会造成数据管理的不一致性,从而使得程序结构紊乱,不但给软件编制工作带来很大的困难,而且降低了系统的工作效率。

5)分阶段实现原则

子系统的划分不仅要考虑信息系统开发分期、分步进行的特点,还要兼顾企业组织的要求,以便新系统实现后能够符合现有的情况和人们的习惯,更好地运行。

6)发展性原则

发展性原则是指子系统功能的划分应考虑今后管理发展的需要。子系统功能的划分仅靠系统分析的结果是不够的,为了适应现代管理的发展,对于原系统的这些缺陷,在新系统的研制过程中应设法弥补。这样才能使新系统不但能够更准确、更合理地完成原系统的业务，而且还可以支持更高层次、更深一步的管理决策。

7）各类资源的充分利用

子系统的划分还要考虑各种设备资源在开发过程中的合理搭配，以及各类信息资源的合理分布和充分利用，以减少系统对资源的过分依赖，以及输入、输出、通信等设备的压力。

2. 子系统的划分

有关系统功能结构设计的方法目前主要有 6 类。

1）功能分解

按业务处理功能分解是与企业内部的管理模式相适应的方法。这种分解方法功能划分明确，易于运行管理，是目前最常用的方法之一。例如，直接将企业的管理功能如计划、销售、库存、财务、劳资等划分为子系统。

2）顺序分解

按业务的处理顺序划分系统的功能结构，与管理事务的流程一致，模块之间的关系清楚、结构紧凑，比较适合于子系统内部的功能模块分解，也是目前常用的方法之一。例如，学生成绩管理系统中成绩的录入、计算、打印子系统。

3）数据分解

按数据拟合程度进行分解，不是按子系统内部尽量集中而划分，这种方式下子系统内聚性强，外部通信压力小。

4）方式分解

按照方式分解方法进行功能分解的特点是把业务或加工对象中具有相同处理方式的功能聚合在一起，把不同处理方式的功能相分离。这种方法将导致不相关的功能聚合在一起，因此模块内部的功能呈现多元化，聚合性比较差。

5）时间分解

这种方法根据业务处理时间上的不同将系统功能进行分解。这种分解同样可能将某些不相关的功能聚合在一起，仅仅因为它们需要在同一时间内处理。因此，模块内部的功能呈现多元化，聚合性比较差。

6）通信分解

按通信方式进行功能分解是根据目前信息技术的发展，特别是网络技术在企业中的应用现状，对于有线还是无线网络、局域网还是互联网等进行区分，相应地分解模块。

表 6-1 是对 6 种系统功能分解方法的比较，进行设计时仍应以具体系统分析的结果而定，不能笼统、绝对地评价。

表 6-1　6 种系统功能分解方法的比较

序号	方法	含义	连接形式	可修改性	可读性	紧凑型
1	功能分解	按业务处理功能分解	好	好	好	非常好
2	顺序分解	按业务处理顺序	好	好	好	非常好
3	数据分解	按数据拟合的程度	好	好	较好	较好

序号	方法	含义	连接形式	可修改性	可读性	紧凑型
4	方式分解	按业务处理方式	中	中	较差	较差
5	时间分解	按业务过程时间	较差	较差	较差	一般
6	通信分解	实际环境和网络分布	较差	较差	较差	较差

3. 结构图

结构化系统设计依据系统分析阶段的数据流程分析,结构图是结构化系统设计的图形工具,它与数据流程图有着本质的区别。数据流程图反映的是系统的逻辑模型,是以数据在系统中流动的角度来考虑系统,而结构图则是从系统功能层次的角度描述了系统的物理模型以及系统功能的完成过程。

结构图又称为层次图,用以描述信息系统模块结构。结构图的基本成分有:模块、调用、数据和控制信息,将模块及模块之间的联系用规定的图形符号表达系统功能模块层次的分解关系、调用关系、数据流和控制流。

1) 模块

在结构化设计中,模块是指具有一定功能并可以用模块名调用的一组程序语句,如函数、子程序等,它们是组成程序的基本单元。

模块包含外部特征和内部特征。模块的外部特征包括模块的功能和模块的接口(模块名、输入输出参数、返回值)。模块的内部特征包括模块的内部数据和完成其功能的程序代码。在结构图中,只关注模块的外部特征,而忽略其内部特征。

在结构图中,模块用矩形框表示,框内注明模块的名字,模块名应当能适当地反映该模块的功能。

2) 调用

结构图中模块之间的调用关系用方框之间的箭头表示,其含义是前者调用了后者。按照惯例,总是位于结构图上方的模块调用下方的模块,所以可以用直线替代箭头。可以在结构图上附加一些辅助符号以进一步描述模块间的调用关系。一个模块是否调用另一个从属模块,取决于调用模块内部的判断条件——称为模块间的判断调用,用菱形表示。如果一个模块通过其内部的循环功能来循环调用一个或多个从属模块,则称为循环调用,用弧线箭头表示。

各种调用关系如图 6-8 所示,图 6-8(a)表示模块 A 调用模块 B,图 6-8(b)描述了模块 A 有条件地调用模块 B、C 或 D,图 6-8(c)表示模块 A 循环调用模块 B。

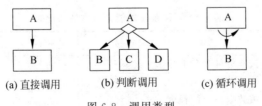

(a) 直接调用   (b) 判断调用   (c) 循环调用

图 6-8　调用类型

3）数据

当一个模块调用另一个模块时，可以把数据传送给被调用模块，供该模块处理，而被调用模块又可以将处理结果送回给调用模块。在模块之间传送的数据用带空心圆的箭头表示，并在旁边标上数据名，箭头的方向代表数据的传输方向。

4）控制信息

控制信息表示模块调用过程中来回传递的信息，控制信息与数据的主要区别是前者只反映数据的某种状态，不必进行处理，如文件读到末尾所产生的文件结束标志等。控制信息采用带实心圆点的箭头表示。

例如，图 6-9 表示用户查询模块 A 调用模块读取用户表模块 B 完成功能，模块 A 将用户编号传送给模块 B，模块 B 将查询到的用户信息返回给模块 A，如果查不到该用户，则返回控制信息。

需要说明的是，结构图并不严格表示模块的调用次序，尽管多数人习惯于按调用次序从左到右画模块，但并没有这种规定，而且结构图只表明一个模块调用哪些模块，至于模块内的其他成分则完全没有表示。

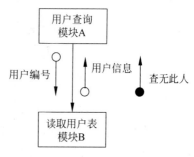

图 6-9　带数据传输的结构图

4. 数据流图导出功能结构图

因为任何软件系统都可以用数据流程图表示，所以从理论上来说，面向数据流的设计方法可以设计任何软件的结构。利用结构化系统分析阶段的数据流程图设计结构图，就将结构化系统设计和结构化系统分析所做的工作衔接起来。但两者是有区别的：结构图表现的是上下层模块之间层次化的调用和控制关系；数据流程图表示的是逻辑处理功能的顺序和数据在系统内的流向，而不表示各级控制关系和调用关系。

面向数据流的设计方法的目标是给出设计软件结构的一个系统化的途径。从数据流程图导出结构图的策略有两种：以变换为中心的策略、以事务为中心的策略。

1）基本概念

数据流程图中包含了输入流和输出流及中间的处理过程，输入流不仅是指用户直接输入的数据，而且也可以是对输入数据进行变换处理后得到的、系统能真正处理的数据格式。同样地，输出流是将变换流的结果转换为符合用户需求的数据格式。为了加以区分，先介绍以下几个相关概念。

- 物理输入：指系统输入端的数据流。
- 物理输出：指系统输出端的数据流。
- 逻辑输入：指变换中心的输入数据流。
- 逻辑输出：指变换中心的输出数据流。

物理输入通常要经过编辑、格式转换、合法性检查、预处理等辅助性加工后变成纯粹的逻辑输入再传递给变换中心；变换中心产生的逻辑输出也要经过格式转换、组成物理块、缓冲处理等辅助性加工后才变成物理输出，再送到系统外部。

面向数据流的设计方法把信息流映射成软件结构，信息流的类型决定了映射的方法。

信息流有下述两种类型。

（1）变换流。变换流类型的数据流程图可以分成输入、变换、输出 3 部分，信息沿输入通路进入系统，通过变换中心的加工处理以后，再沿输出通路变换成输出信息离开信息系统。当数据流程图具有这些特征时，这种信息流就叫作变换流，如图 6-10 所示。

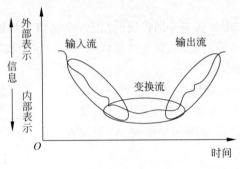

图 6-10　变换流

（2）事务流。如果数据流程图的数据沿输入通路到达一个处理过程 T，处理过程 T 根据输入数据的类型在若干个动作路径中选出一个来执行。这类数据流应该划为一类特殊的数据流，称为事务流。处理过程 T 称为事务中心，它完成下述任务：首先接收输入数据（输入数据又称为事务），分析每个事务，以确定它的类型，然后根据事务类型选取一条活动通路，如图 6-11 所示。

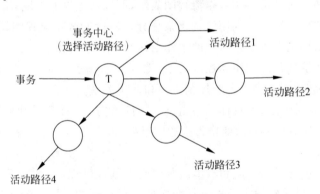

图 6-11　事务流

从数据流图映射到结构图的步骤如下。①复审和精化数据流图。首先应复审数据流图的顶层图，确保系统的输入、输出数据流符合系统规格说明书的要求，然后复审分层数据流图，以确保它符合软件的功能需求，必要时对数据流图进行精化。②确定数据流图的类型。根据数据流图的信息流特征，确定其中的数据流是变换型的还是事务型的。③将数据流图映射成初始结构图。采用变换分析或事务分析技术，将数据流图映射成初始结构图。④改进初始结构图。用变换分析或事务分析得到的初始结构图，其设计质量往往是不高的，因此要依据系统设计原理，采用启发式设计策略，对初始结构图进行改进，改善软件质量。

从数据流图映射到结构图的步骤如图 6-12 所示。

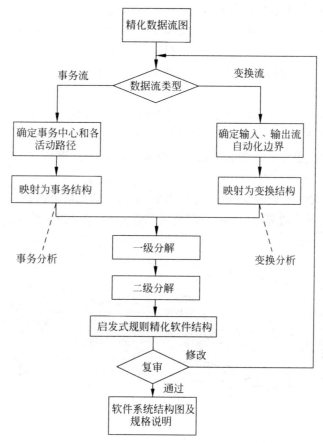

图 6-12　从数据流图映射到结构图的步骤

2）变换分析法

变换型结构的数据流程图是一种线性状结构，可以明显分成输入、处理、输出三部分。变换分析的任务是将变换型的数据流图映射成初始的结构图。首先找出主要处理功能，确定主模块即控制模块后，再自顶向下、自左至右设计输入、处理、输出等分支，这样就确定了第一层模块图。再由第一层模块自顶向下，逐步细化：在对分支的分解中，模块与数据流程图中的处理过程并不是绝对的一对一映射关系，根据实际情况，有时将若干个处理过程映射成一个模块，有时也将一个加工映射成两个模块，有时还会根据需要添加模块。

变换分析的步骤如下。

（1）划定输入流和输出流的边界，确定变换中心。

变换型 DFD 的特征是其 DFD 可明显地分成输入、变换和输出 3 个部分。因此，变换分析的第一步是划定输入流和输出流的边界，从而确定变换中心。变换中心（主模块）对应于主加工。变换中心往往是几股数据流的汇合处或者一个数据流的分流处，它将输入数据转为输出数据。

① 确定逻辑输入。从物理输入端开始,逐步向系统的中间移动,可以找到离物理输入端最近的,但仍可被看作系统输入的那个(或那些)数据流,就是逻辑输入。②确定逻辑输出。从物理输出端开始,逐步向系统的中间移动,可找到离物理输出端最远的,但仍可被看作系统输出的那个(或那些)数据流,就是逻辑输出。③确定变换中心。确定了所有的逻辑输入和逻辑输出后,位于逻辑输入和逻辑输出之间的部分就是变换中心,变换中心完成处理功能。

值得注意的是,这种划分并不唯一,可能因人而异,但差别不会太大,并可通过结构图进行调整。此外,物理输入有时无须预处理而直接用于系统的加工处理,此时,其物理输入就是逻辑输入,同样地,也存在物理输出就是逻辑输出的情况。所以,变换分析法是一个迭代的分析过程。

例如,图 6-13 是考务处理系统中"统计成绩"子图经精化后的数据流图。其中的虚线画出了输入流和输出流的边界;"合格标准"既是物理输入,又是逻辑输入。

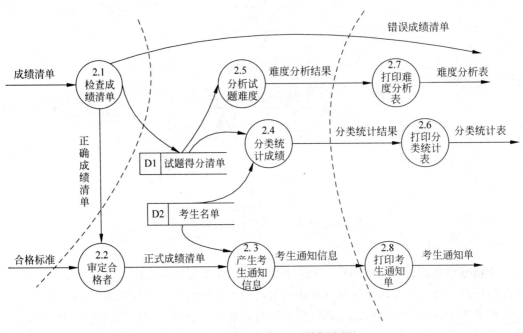

图 6-13 "统计成绩"子图数据流图

(2) 进行第一级分解。变换分析的第一级分解是将数据流图映射成变换型的程序结构,如图 6-14 所示。

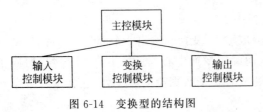

图 6-14 变换型的结构图

其中,主控模块是控制完成整个系统功能的模块;输入控制模块接收所有的物理输入,并将其加工成逻辑输入;变换控制模块实现逻辑输入到逻辑输出的变换;输出控制模块将逻辑输出加工成物理输出,并将其送到系统外部。

例如,图6-13"统计成绩"子图经第一级分解后所得的结构图如图6-15所示。

对于大型的软件系统,第一级分解时可以适当分解成几个模块,以减少最终结构图的层次数。例如,对每条输入或输出路径画一个模块,对每个主要变换功能各画一个模块。

图6-15 一级分解后的结构图

(3)进行第二级分解,这一步是将数据流图中的加工映射成结构图中的一个适当的模块。具体步骤如下。①输入控制模块的分解。从变换中心的边界开始,沿着输入路径向外移动,把输入路径上的每个加工以及对物理输入的接收映射成结构图中受输入控制模块控制的一个低层模块。②输出控制模块的分解。从变换中心的边界开始,沿着输出路径向外移动,把输出路径上的每个加工以及对物理输出的发送映射成结构图中受输出控制模块控制的一个低层模块。③变换控制模块的分解。把变换中心的每个加工映射成结构图中受变换控制模块控制的一个低层模块。④标注输入输出信息。第二级分解得到软件的初始结构图后,依据数据流图,在初始结构图上标注模块之间传递的输入信息和输出信息,如图6-16所示。

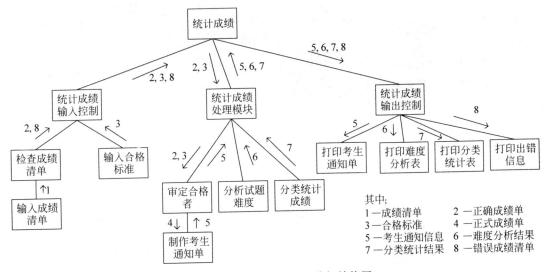

图6-16 "统计成绩"二级分解结构图

3)事务分析法

事务分析的任务是将事务型数据流图映射成初始结构图。在实际应用中经常会遇到事务处理的软件,如银行业务中有存款、取款、查询余额、开户、转账等多种事务,通常是系统得到一个事物作为输入,然后根据事务的类型选择相应的逻辑处理路径,执行相应的事务处理的功能,这类软件的数据流图就是事务型数据流图。

事务型数据流图的事务中心具有分析事务类型和调度的功能,起着分配和控制的作用。变换时首先根据事务中心确定主控模块;数据接收和最终输出可以直接映射为主模块的输入模块和输出模块,由主模块顺序调用;每一个事务处理分支各映射为一个模块,由主模块选择调用；每一个事务分支的多个处理过程映射为下级的多个子模块。

下面介绍事务分析的步骤。

① 确定事务中心。事务中心位于数条动作路径的起点，这些动作路径呈辐射状从该点流出。

② 将 DFD 映射成事务型的结构图。事务型的结构图主要包括以下几个模块，其中：主控模块完成整个系统的功能；接收模块接收输入数据（事务）；发送模块根据输入事务的类型，选择应调用的动作路径控制模块；动作路径控制模块完成相应的动作路径所执行的子功能，如图 6-17 所示。

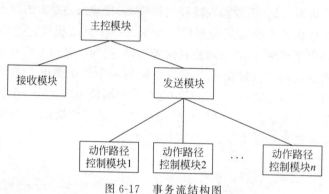

图 6-17   事务流结构图

③ 分解每条动作路径所对应的结构。主要包含接收模块的分解和动作路径控制模块的分解两个步骤。首先从事务中心开始，沿着输入路径向外移动，把输入路径上的每个加工以及对物理输入的接收映射成结构图中受接收模块控制的一个低层模块。其次，对于每条动作路径的流类型（变换流或事务流），运用变换分析或事务分析，将每条动作路径映射成与其流特性相对应的以动作路径控制模块为根模块的结构图。

4）分层 DFD 的映射

对于分层数据流图，0 层图常常反映了系统由哪些子系统组成，此时可先将 0 层图映射成下面的结构图。0 层图每个加工的 DFD 子图可映射成以相应模块为根模块的结构子图。如果 DFD 子图中的加工还可分解成一张子图，则再将其映射成以相应模块为根模块的结构子图，依次一层一层分解下去，可得到最终的初始结构图。如果初始结构图太大，也可以将它组织成分层的结构图。如图 6-18 所示。

图 6-18   0 层数据流图映射的结构图

复杂的 DFD 图可能既包含变换流，又包含事务流。此时，根据自顶向下逐层分解的原则，可以先分析外层（把局部的变换流或事务流看作单个加工）的流特性，并将其映射成外层流特性的结构图，然后再根据内层（局部的）流特性，将其映射成以相应模块为根模块的结构子图。

6.3.2   系统平台设计

信息系统平台包括硬件、软件和网络平台，是支持信息系统运行的环境。

1. 系统平台设计的依据

进行系统平台设计时,主要考虑以下因素。

(1)吞吐量:指系统单位时间处理的作业数目,它标志着信息系统的处理能力。在系统平台设计中,它与计算机的性能有直接关系,计算机的性能越高,吞吐量越大。

(2)响应时间:从用户向信息系统发出请求处理的要求开始,到信息系统给出应答的时间。响应时间越短越好,相应地,要求计算机的性能高,网络传输速度快。

(3)平均无故障时间:平均能够正常运行多长时间,才发生一次故障。

(4)数据的处理方式:若数据采用集中式处理方式,则信息系统可以是主机系统,也可以是网络系统。若数据采用分布式处理方式,则信息系统采用网络系统将能够更有效地发挥性能。

(5)地域范围:要根据信息系统覆盖的范围决定是采用广域网还是局域网。

(6)数据管理方式:根据应用的特点,确定信息系统的数学模型,并配备相应的数据库管理系统。

(7)资源的获得方式:计算和存储资源可以通过内部获取、租用、托管或云服务等方式获得,但是,由于资源的获得方式会影响系统平台设计的具体方案,因此,在信息系统设计阶段就要有所考虑。

(8)客户端接入方式:包括个人计算机、平板电脑和移动设备,它将影响信息系统输入输出界面的设计。

2. 系统软件和硬件的选择

计算机硬件的选择取决于数据的处理方式和所采用的软件。信息系统对计算机的基本要求是速度快、容量大、通道能力强、操作灵活方便,这对计算机的性能提出了很高的要求。但是,计算机的性能越高,其价格也就越昂贵,因此选择计算机时应该全面考虑。一般来说,如果系统的数据处理是集中式的,并需要利用计算机的强大计算能力来实现系统功能,则可以采用主机终端系统,以大型机或中小型机作为主机,使系统具有较好的性能。如果系统用于企业管理等需要分布式应用的场合,则可以采用更为灵活、经济的微机网络。

确定了数据方式后,对于计算机性能的需求主要包括:①计算机内存、CPU 频率;②输入/输出和通信的通道数量、显示方式;③外接转储设备及其类型,要求技术上成熟、可靠;④处理速度快,数据存储容量大;⑤具有良好的兼容性、可扩充性和可维修性;⑥有良好的性能/价格比;⑦生产厂商或供应商的技术服务和售后服务好;⑧操作方便。为了保证系统在一定时间内的先进性,在硬件选择时可以"适度超前"。

为信息系统进行软件平台配置,一般包括操作系统、数据库管理系统、程序设计语言及其相关开发环境和一些商品化软件。不同行业中不同企业的需求不同,选择软件时可以参考以下原则:①能够满足用户的需求;②有足够的灵活性,以适应管理需求的不确定性、系统应用环境的变化,以及系统平台升级的要求;③稳定的技术支持;④考察相关企业对软件的选择情况,也可以帮助和指导软件的选择。

3. 系统网络平台的设计

在信息系统开发过程中,应该根据系统的实际需要选择大型机或中小型主机方案或微机网络方案。

1）网络拓扑结构

网络拓扑结构一般有总线型、星状、环状、混合型等类型。选择网络拓扑结构时,应该根据系统的地域分布、信息流量等进行综合考虑。通常将信息流量大的应用放在同一网段上。

2）网络逻辑结构设计

通常将系统从逻辑上分为若干个子系统,然后按照需要分配设备,如主服务器、主交换机、分系统交换机、集线器、调制解调器、路由器等,并考虑各设备之间的连接结构。

3）网络操作系统

网络操作系统有 NetWare、Windows NT、UNIX 等。UNIX 的历史最悠久,适用于所有应用平台。NetWare 网络操作系统适用于文件服务器/工作站模式。WindowsNT 则随着 Windows 操作系统的发展从"客户-服务器"模式向"浏览器-服务器"模式发展。

6.4 信息系统体系结构设计

"体系结构(architecture)"一词在英文中就是"建筑"的意思,在修建建筑物时,要兼顾它的外观与内部的统一。建筑物外观除了自身设计外,还会考虑与功能相结合,与周围环境相融合,并能充分利用建筑物内部空间。这样的设计理念和过程不仅指导当前建筑项目的设计,而且能为将来的建筑设计所共享。那么,信息系统体系结构设计与此相似,它并不是可运行的软件,而是一种使设计人员能够在更高层次分析系统的"设计"是否满足需求的一种表示。

6.4.1 体系结构设计概述

对于大规模的信息系统设计来说,对总体的系统结构设计和规格说明比对具体的算法和数据结构的选择要重要得多。自从软件系统首次被分成许多模块,并且模块之间相互作用、组成整体,就具有了体系结构,软件体系结构设计是抽象的进一步发展,满足了更好地理解软件系统,更方便地开发更大、更复杂的软件系统的需要。

关于软件体系结构的定义,目前还没有一个大家公认的定义,许多专家学者从不同的角度对软件体系结构进行了刻画,本书采用 1995 年在 IEEE 软件工程学报上的定义,软件体系结构描述一个程序/系统各构件的结构、它们之间的相互关系以及进行设计的原则和随时间演化的指导方针。软件体系结构为软件系统设计提供了一套关于数据、行为、结构的指导性框架,具有良好设计的体系结构具有普适性,能满足不同的软件需求。

体系结构设计是系统设计的早期活动,它的作用集中在如下两点。

（1）为软件设计师提供能预期的体系结构描述。例如在谈及浏览器/服务器模式时,如果提到多层框架、数据库存储、客户端、逻辑服务器等一系列描述,系统整体框架就会浮现在设计师的脑海里。

（2）数据结构、文件组织、文件结构体现了软件设计的早期抉择，这些抉择将极大地影响着后续的软件开发人员以及软件产品的最后成功。

6.4.2 体系结构发展过程

信息系统的体系结构经历了 4 个发展阶段，即主机终端模式、文件服务器模式、客户-服务器模式（Client/Server,C/S）和浏览器-服务器模式（Browser/Server,B/S）。

1. 主机终端模式和文件服务器模式

在主机终端模式中，通过一台物理上与宿主计算机相连接的非智能终端来实现宿主机器上的应用程序。随着计算机局域网的发展，出现了以文件数据共享为目标，将供多台计算机共享的文件存放于一台计算机中应用的技术，这台计算机称为文件服务器（File Server）。换句话说，文件服务器是一台对中央存储和数据文件管理负责的计算机，在同一网络中的其他计算机就可以访问这些文件。文件服务器允许用户在网络上共享信息，而不用通过软磁盘或一些其他外部存储设备来物理地移动文件。任何计算机都能被设置为主机，并作为文件服务器运行。最简单的形式是，文件服务器可以是一台普通的个人计算机，它处理文件要求并在网络中发送它们。在更复杂的网络中，文件服务器也可以是一台专门的网络附加存储设备，它也可以作为其他计算机的远程硬盘驱动器来运行，并允许网络中的用户就像在自己的硬盘中一样在服务器中存储文件。

主机终端模式和文件服务器模式都是集中式结构，所有任务都集中于主机完成。随着计算机及网络技术的发展，软件体系结构已从集中的主机环境迅速地转变成分布的客户机/服务器（或浏览器/服务器）环境。世界范围的信息网为人们进行广泛交流和资源的充分共享提供了条件，因此现代企业信息系统的体系结构主要采用 C/S 模式和 B/S 模式。

2. 客户-服务器模式

客户-服务器模式把数据库内容存放在远程服务器上，而在客户端只安装相应软件，应用程序的处理由客户机和服务器分担。

客户-服务器模式一般采用两层结构：前端是客户（Client）端，即用户界面，结合了与业务逻辑、接收用户相关的请求，并向数据库服务器提出服务请求；后端是服务器（Server）端，即通常用的关系型数据库管理数据，将数据提交给客户端，客户端对数据进行计算，并将结果呈现给用户，客户机在接收到经过处理的数据后实现显示和业务逻辑；系统支持模块化开发，通常有图形用户界面。如图 6-19 所示。

在客户-服务器模式中，由客户端提出数据请求，并进行主要的业务运算处理，服务器端负责数据的组织、存储和检索。这种体系结构不需要主机终端模式中高昂的硬件成本，而且可以充分利用所有硬件资源，有效地降低整个信息系统的硬件成本，同时

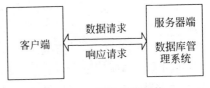

图 6-19　两层 C/S 架构

网络带宽占用少，响应速度快，可以保证数据的一致性和完整性，为网络环境下进行信息交换和协同工作提供了有力的手段。

客户-服务器模式在技术上已经发展成熟,其主要特点是交互性强,具有安全的存取模式,网络通信量低,响应速度快,有利于处理大量数据。但是客户-服务器模式的程序是有针对性地开发,变更不够灵活,维护和管理的难度较大。通常只局限于小型局域网,可扩展性不强。而且由于该结构的每个客户端都需要安装相应的客户端程序,分布功能弱且兼容性差,不能实现快速部署、安装和配置,缺少通用性,因而具有较大的局限性。

3. 浏览器-服务器模式

随着因特网的发展出现了 B/S 结构。浏览器-服务器模式是一种以 Web 技术为基础的新型系统平台模式,把传统客户-服务器模式中的服务器部分分解成一个数据库服务器与一个或多个应用服务器(Web 服务器),从而构成一个三层结构的体系,如图 6-20 所示。

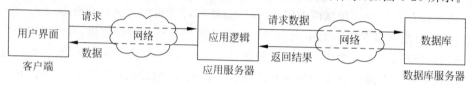

图 6-20 三层客户-服务器计算模型

它通常包含如下几部分。

(1) 处理用户接口和用户请求的客户层(client tier)。客户端是标准的浏览器,浏览器将 HTML 代码转化成图文并茂的网页,网页具备一定的交互功能,允许用户在网页上输入信息并提交给后台,同时提出处理请求。

(2) 处理 Web 服务和运行业务代码的服务器层(server tier)。Web 服务器将启动相应的进程来响应客户端的这一请求,并动态生成一串 HTML 代码,其中包含处理结果,作为应答返回给客户端的浏览器。如果客户端提交的请求包括数据的存取,如数据的获取、修改和有效性验证等,Web 服务器还需与应用服务器交互完成这一处理。

(3) 处理关系型数据库和其他后端(back-end)数据资源,如 Oracle 和 SAP、R3 等数据层(data tier)。这一层应用服务器的功能类似于客户-服务器模式,应客户端请求独立进行各种处理,而后数据库结果将返回给 Web 服务器,再传至客户端。

在 3 层体系结构中,客户(请求信息)、程序(处理请求)和数据(被操作)被物理地隔离。3 层结构是更为灵活的体系结构,把显示逻辑从业务逻辑中分离出来,这就意味着业务代码是独立的,可以不关心怎样显示和在哪里显示。业务逻辑层处于中间层,不需要关心由谁来显示数据,也可以与后端系统保持相对独立,有利于系统扩展。3 层结构具有更好的移植性,可以跨不同类型的平台工作,允许用户请求在多个服务器间进行负载平衡。如图 6-20 所示。

浏览器-服务器模式具有很多优势。首先,它简化了客户端,无须在不同的客户端上安装不同的客户端应用程序,而只需安装通用的浏览器软件。既节省客户端的硬盘空间与内存,又使安装过程简便,网络结构灵活。其次,它简化了系统的开发和维护。系统开发人员无须再为不同级别的用户设计开发不同的客户应用程序,只需把所有的功能都在 Web 服务器上实现,提高运作效率,安全性也更易于实现——因为应用程序已经同客户隔离。再次,用户的操作更加简单。采用浏览器-服务器模式时,客户端只是一个简单、易用的浏览器软件,无论是决策层还是操作层的人员都无须培训就可以直接使用。浏览器-服务器模式的这种特性减少了信息系统维护的限制因素。最后,浏览器-服务器模式特别适用于网上信息发布,使得传统信息系统的功能有所扩展。这种新的网上信息发布功能使企业的大部分书面文件都能够被电子文件取代,从而提高了企业的工作效率,节省了人力和物力。

6.4.3 系统平台模式策略

客户-服务器模式与浏览器-服务器模式有着各自的优点和缺点。在开发信息系统时,将两种模式结合起来,充分发挥两者的优势,是一种优化的软件程序平台结构模式。

系统开发时,可以根据一定的原则对系统的所有子功能进行分类,决定哪些子功能适合采用客户-服务器模式,哪些适合采用浏览器-服务器模式。适合采用客户-服务器模式的子功能应该具备安全性高、交互性较强、使用范围小、地点固定、需要处理的数据量大的特点,如人事、劳资数据的输入、修改功能,以及财务系统中的凭证输入功能等。适合采用浏览器-服务器模式的子功能应具备使用范围广,地点灵活,功能变动频繁,安全性、交互性要求不同等特点,如企业内部的信息发布功能、财务分析表的查询功能等。

相对于单独采用客户-服务器模式或浏览器-服务器模式,上述方案的优点在于保证重要、敏感数据的安全性,特别是对数据库的修改和新增记录加强了控制,有效地利用企业内部计算机的资源,既保证了复杂功能的交互性,又保证了一般功能的易用和统一,系统维护简便,布局合理,网络效率较高。

6.5 数据库设计

信息系统的主要任务是通过对大量数据的处理获得管理所需要的信息,因此必须存储和管理大量的数据。数据库技术是信息系统进行信息资源开发、管理和服务的最有效的技术。从小型的单项事务处理系统到大型复杂的信息系统,大都使用先进的数据库技术来保持系统数据的整体性、完整性和共享性。

数据库设计时,需要根据数据的不同用途、使用要求、统计渠道、安全保密性等,来决定数据的整体组织形式、表或文件的形式,以及数据的结构、类别、载体、组织方式、保密等级等一系列问题。数据库设计是信息系统开发和建设的重要组成部分,是系统开发与建设的核心技术。

6.5.1 数据库设计的目标

从使用者角度看,信息系统是提供信息、辅助人们对环境进行控制和进行决策的系统。数据库是信息系统的核心和基础。数据库设计是指对于一个给定的应用环境,提供一个用于确定最佳数据模型与处理模式的逻辑设计,以及一个用于确定数据库合理存储结构与存取方法的物理设计,建立起既能够反映现实世界的信息,满足各种用户需求(信息需求和处理需求),又能够借助某个数据库管理系统实现系统目标并有效存取数据的数据库。

一个信息系统的各部分能否紧密地结合在一起以及如何结合的关键在于数据库。因此,只有对数据库进行合理的逻辑设计和有效的物理设计才能开发出完善而高效的信息系统。

数据库设计既是一项涉及多学科的综合性技术，又是一项庞大的工程项目。"三分技术，七分管理，十二分基础数据"是数据库建设的基本规律，数据库设计是硬件、软件和技术的集合体。数据库设计应该与应用系统设计结合起来，设计过程应该把结构设计（数据）和行为设计（处理）结合起来。数据库设计应实现以下目标。

1. 满足用户应用需求

用户最关心的是数据库能否满足信息需求和处理需求。在进行数据库设计时，设计者必须充分理解用户各方面的要求和约束条件，准确定义系统需求，以便于度量。定义系统需求时，要注意经济效益。

2. 良好的数据库性能

数据库是存储器上合理存放的大量数据的集合，它具有数据独立性、共享性、最小冗余、数据安全、完整、一致和可靠等特点。这些特点在数据库设计中要时刻考虑到，使其在设计出来的数据库中得到切实体现。为了解决性能问题，需要熟悉各级数据模型和数据的组织与存取方法，特别是物理模型和数据的组织与存取方法。

3. 对现实世界模拟的精确程度

数据库通过数据模型来模拟现实世界的信息以及信息之间的联系。数据模型模拟的精确程度越高，就越能反映实际。这是数据库设计的一个质量指标。

4. 能够被现有数据库管理系统接受

数据库设计的最终结果，是确定在数据库管理系统支持下能运行的数据模型与处理模型，建立起实用、有效的数据库。在数据设计中，只有透彻了解所选用数据库管理系统的特点、数据组织与存取方法、相关参数、安全性、合理性限制等，才能够设计出充分发挥数据库管理系统优点的最优模型。

6.5.2 数据库设计的步骤

数据库的设计可分为 4 个阶段：用户需求分析、概念结构设计、逻辑结构设计和物理结构设计，如图 6-21 所示，它与信息系统开发过程相对应。

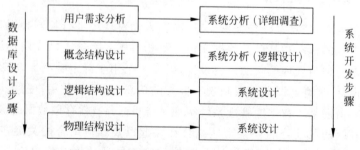

图 6-21 数据库设计与系统开发阶段的对照

1. 用户需求分析

数据库的需求分析阶段是设计数据库的起点,它与系统分析阶段相对应,是在详细调查过程中获得的。数据库设计需要获得用户的信息及其处理要求,例如包含哪些数据、数据的属性及其类型,相互关系,数据的安全性和完整性要求,要完成的处理是实时处理还是批处理等。需求分析必须准确反映用户的实际需求,该阶段的成果是完成数据流图和数据字典的设计。

2. 概念结构设计

数据库的概念结构设计是将需求分析得到的用户需求抽象为信息结构,即概念模型的过程,它是整个数据库设计的关键。描述概念模型的有力工具是 E-R 模型,在 5.6 节中已经讲解了 E-R 图的基本画法。

数据库概念结构的设计是依据系统分析的结果(即数据流程图和数据字典),对现实世界的数据进行抽象而成。其步骤是首先选取某个应用进行局部 E-R 图的设计,然后将局部 E-R 图合并成全局 E-R 图。

局部 E-R 图集成为整体 E-R 图,即完成了数据库概念结构的设计,但是此时还需要对它进行进一步的验证,确保内部具有一致性,如不存在自相矛盾的描述、准确反映局部 E-R 图的结构、能够满足需求分析阶段的所有相关要求、满足数据库设计的规范化理论等。

在信息系统分析阶段,系统分析员所设计完成的企业全局数据库概念模型是独立于任何物理设备的。在信息系统设计阶段,根据所选择的计算机硬件和软件,在一个特定的数据库管理系统的支持下,进一步完成数据库的逻辑结构设计和物理结构设计。把两项任务放在信息系统设计阶段的原因是它们都与选定的系统平台有关。

3. 逻辑结构设计

数据库逻辑结构设计的任务就是把概念结构的设计成果转换为与选用的数据库产品所支持的数据模型相符合的逻辑结构。而目前的信息系统大多数都采用关系数据库管理系统,所以本阶段的任务就是将 E-R 图转变为关系数据模型。

关系模型可以简单地理解为一张二维表格,E-R 图是由实体、实体的属性和实体之间的联系三个要素组成的。所以将 E-R 图转换为关系模型实际上就是要将实体、实体的属性和实体之间的联系转换为关系模式,这种转换一般遵循如下原则。

(1) 一个实体型转换为一个关系模式。实体的属性就是关系的属性,实体的码就是关系的码。

(2) 一个 1∶1 联系可以转换为一个独立的关系模式,也可以与任意一端对应的关系模式合并。如果转换为一个独立的关系模式,则与该联系相连的各实体的码以及联系本身的属性均转换为关系的属性,每个实体的码均是该关系的候选码。如果与某一端实体对应的关系模式合并,则需要在该关系模式的属性中加入另一个关系模式的码和联系本身的属性。

(3) 一个 1∶n 联系可以转换为一个独立的关系模式,也可以与 n 端对应的关系模式合并。如果转换为一个独立的关系模式,则与该联系相连的各实体的码以及联系本身的属性均转换为关系的属性,而关系的码为 n 端实体的码。

（4）一个 $m:n$ 联系转换为一个关系模式。与该联系相连的各实体的码以及联系本身的属性均转换为关系的属性,而关系的码为各实体码的组合。

（5）3 个或 3 个以上实体间的一个多元联系可以转换为一个关系模式。与该多元联系相连的各实体的码以及联系本身的属性均转换为关系的属性,而关系的码为各实体码的组合。

（6）具有相同码的关系模式可合并。

下面以图 5-23 为例,将 E-R 图转换为关系模型,关系的码用下横线标出。

"项目"实体对应的关系模式:

项目(<u>项目号</u>,预算,开工日期)

"供应商"实体对应的关系模式:

供应商(<u>供应商号</u>,姓名,地址,电话,账号)

"仓库"实体对应的关系模式:

仓库(<u>仓库号</u>,仓库名,面积,电话号码)

"零件"实体对应的关系模式:

仓库(<u>零件号</u>,名称,规格,单价,描述)

由于职工实体内部存在 $1:n$ 的领导和被领导的关系,所以将领导号作为属性加入到职工的属性中,因此"职工"实体对应的关系模式为:

职工(<u>职工号</u>,领导号,职工名,职务,…)

该关系模式已包含了联系——"领导"所对应的关系模式。

实体"仓库"和"零件"之间存在 $1:n$ 关系,可以采用新建关系的方法设计关系模式,关系模式为:

工作(仓库号,<u>职工号</u>)

实体"仓库"和"职工"之间存在 $m:n$ 关系,必须采用新建关系的方法设计关系模式,注意到此时的关系是有属性"库存量"的,关系模式为:

库存(<u>仓库号</u>,<u>零件号</u>,库存量)

同理,实体"供应商"、"零件"和"项目"三者之间存在 $m:n$ 关系,也采用新建关系的方法设计关系模式,三者之间关系具有属性"供应量",关系模式为:

供应(<u>供应商号</u>,<u>零件号</u>,<u>项目号</u>,供应量)

应该说明的是,数据库逻辑设计的结果不是唯一的。为了进一步提高数据库应用系统的性能,还应该以规范化理论为指导进行优化。

4. 物理结构设计

数据库在物理设备上的存储结构与存取方法称为数据库的物理结构,它依赖于给定的计算机系统。为一个给定的逻辑数据模型选取一个最适合应用要求的物理结构的过程,就是数据库的物理设计。

数据库的物理设计通常分为两步。

（1）确定数据库的物理结构,在关系数据库中主要指存取方法和存储结构。

（2）对物理结构进行评价,评价的重点是时间和空间效率。

但实际上信息系统通常采用关系数据库系统,一些物理设计工作(如存取路径的选择等)不再需要系统设计员设计,可以由数据库管理系统自动完成,从而大大减轻了这一阶段的工作量。

6.6 代 码 设 计

6.6.1 代码的定义和功能

代码简称"码",是用来表征客观事物名称、属性、状态的一个或一组有序的符号,例如企业中的职工号、商品编号、合同编号等。

代码有以下功能。

（1）鉴别功能:这是代码最基本的特性,一个代码只能唯一地标识一个分类对象,而一个分类对象只能有一个唯一的代码,这样便于对信息的识别、存储和检索,例如身份证号。

（2）分类:当按分类对象的属性(如省、市、区等)分类,并分别赋予不同的类别代码时,代码又可以作为类别的标识。这是利用计算机进行分类统计的基础。

（3）排序:当按分类对象产生的时间、所占空间或其他顺序关系分类,并赋予不同的代码时,代码又可以作为查询、合并、排序的标识,这提高了计算机的工作效率和处理精度。

（4）专用含义:当客观上需要采用一些专用符号时,代码可提供一定的专门含义,如数学运算的程序、分类对象的技术参数、性能指标等。

6.6.2 代码的种类

根据编码对象和方便使用的角度进行考虑,常用的编码主要有以下几种。

1. 顺序码

顺序码是用一串连续的数字来表示系统中的编码对象,将编码对象按一定顺序给出顺序编号。例如单位职工编号,从 001 依次向后排列。顺序码的优点是简单、易处理、容易学习和掌握,但是顺序码本身没有实际含义,不能反映编码对象的特点;新增加的数据只能排在最后,删除数据会造成空码,缺乏灵活性。

2. 区间码

区间码也称块码,是按编码对象的特点把编码分成若干个区段,每一个区段表示编码对象的一个类别,给每个区段分配相应的含义进行顺序编号。例如,中国居民身份证就是一种比较典型的区间码。

区间码的优点是码中各个位置的值和位置都代表一定的意义,便于计算机进行分类处理,插入和删除也比较容易。区间码的缺点是:如果包含的区间较多,则一般编码位数会相对较长,给编码的维护造成一定的困难。

3. 助记码

助记码是指用可以帮助记忆的字母和数字来表示编码对象。例如,企业员工众多,在员工号之前加上部门的缩写,方便了人们的记忆和使用。

助记码的优点是直观形象、便于记忆和使用,缺点是不利于计算机处理。

4. 缩写码

缩写码是把人们习惯使用的缩写直接用于编码,例如 kg(千克)、cm(厘米)。其优点是简单、直观,便于记忆和使用,但缩写码的数量有限。

6.6.3 代码设计的原则

代码设计应遵循以下主要原则。

(1) 合理性:代码结构应与相应的分类体系相对应。

(2) 唯一性:在一个代码体系中,一个对象只能有唯一的代码。

(3) 系统性:应该设计明确的分类规则,以使编码在整个系统中具有通用性。

(4) 规范性:严格遵循国际和国家有关编码的标准或设计规范。在一个代码体系中,代码结构、类型、编写格式必须统一。

(5) 适用性:要尽可能地反映对象的特点,清晰直观,帮助记忆,便于填写。

(6) 可扩充性:留有充分的余地,以备不断扩充的需要。

(7) 简单性:结构要尽可能简单,代码尽可能短,以减少各种差错的可能。

6.7 用户界面设计

用户界面设计是人与系统、本系统和外部系统间的交互过程。一个友好、美观的界面不仅给用户带去令人赏心悦目的视觉效果,而且拉近了人与计算机之间的距离,带给用户良好的体验。界面设计是信息系统设计的重要一环,也是信息系统能否受用户欢迎的主要因素。

6.7.1 用户界面设计的任务

人与计算机进行信息交流的媒介就是用户界面。界面是用户和系统之间进行数据接收、数据变换、数据展示的平台,它实现了系统内部信息表示和用户数据显示之间的转换。用户界面设计就像商品包装设计、商店橱窗布置,可以给用户直观的印象。因此,用户界面设计的优劣关系到信息系统的应用和推广,友好的用户界面可提高软件产品的竞争力,是信息系统取得成功的因素之一。

界面设计应该与信息系统需求同步,因为界面设计涉及需求分析中的数据源、用户操作习惯、信息反馈等问题。界面设计的任务主要包括用户特性研究、用户工作分析、界面任务分析、界面类型确定和界面原型评估。图 6-22 描述了界面设计任务的主要流程。

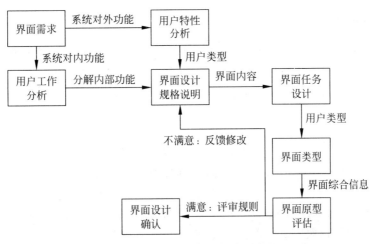

图 6-22　界面设计任务的主要流程

1. 用户特性分析

用户特性分析的目的是详细了解用户对计算机的认识和应用程度,以便预测用户对不同设计的接受度。用户类型通常分为外行型、初学型、熟练型和专家型,用户特性分析面对的是大多数用户的使用特性。

2. 用户工作分析

用户工作分析的目的是对系统内部功能进行自顶向下的分解,重点是系统与人、外部系统、数据文件相关的活动,包括数据的变换和传递。

3. 界面任务设计

根据用户工作分析的数据操作,设计用户界面以完成用户对系统的控制和数据的接收、转换和显示,具体包括软件封面设计、软件界面框架设计、按钮设计、菜单设计、图标设计、滚动条设计、状态栏设计,鼠标和键盘按键设计、软件安装向导设计、包装及商品化设计等。

4. 界面类型确定

用户类型的不同,导致界面类型存在差异。界面类型确定主要考虑的因素有:界面操作的难易程度、学习的难易程度、开发的难易程度、对系统的控制能力、反馈的及时程度等。

5. 界面原型评估

对于界面原型设计的功效、可用性、用户体验等进行评估、修改和确认,使得界面设计在外观、功能、操作习惯、操作反馈、数据处理过程展示等各方面都符合用户要求,符合市场需求。

6.7.2 用户界面的设计原则

界面设计应该为用户操作着想,而不是从设计者的角度来考虑。既要使界面在外观上达到创意美学的效果,同时还要使得界面具有应用领域的本质特征;既要满足用户的操作特性,也要给人以轻松的使用氛围。因此,用户界面设计应该遵循以下原则。

1. 保持一致性

用户应该以一致的方式展示和获取信息,这意味着所有可视信息的组织遵循统一的设计标准,所有屏幕显示都遵守该标准。有针对性地根据用户的特点设计相应的用户界面,并且保持一致性的外观和功能界面是用户界面重要的设计目标之一。信息在窗体上的色调、组织方式、菜单项的名称及其排列、图表的大小和形状、字号和字体、按钮在窗口的位置、提示用词以及任务的执行次序都应该统一,并贯穿信息系统的始终。界面的统一能减轻用户操作上的失误和错误,提高用户对系统质量的满意度。

2. 为用户提供快捷键

快捷键的使用可以减少完成既定任务的交互步骤。此外,系统设计员应该为用户提供宏等实用功能,允许用户创建自定义的快捷键,适应不同类型的用户。

3. 针对用户特点

不同类型的用户(如初学者、经验用户、专家用户)对界面的要求是不同的。因此,为适应不同类型用户的需求,用户界面应该有不同的操作方式和美学效果。

4. 提供有效反馈

对于用户所做的每一个操作,系统都要提供某种类型的反馈信息,使用户知道相应的操作已被确认。例如,当用户单击一个按钮后,按钮形态应发生变化。对关键操作要有强调、警告和撤销机制,以预防误操作。但是过多的反馈会降低用户的工作效率,因此在设计反馈时,要进行权衡。

5. 设计完整的人机对话过程

每一个人机对话过程都应该包括开始、中间处理和结束 3 个部分。对话用词应该友善、简洁清楚,并富有建设性,如果人机对话过程的开始和结束部分不明确,则会影响用户使用信息系统。

6. 减少短期记忆负担

人在一段时间只能记忆有限的信息,因此,在进行用户界面设计时,需要减少用户短期记忆的负担。例如,可以通过提供可视的提示,使用户能识别过去的动作。

7. 应用程序和用户界面分离

从设计者的角度来说,人机界面的布局、显示、交互操作等工作,与应用程序的代码设计由不同的设计人员完成,这样可以提高界面设计的效果,降低系统设计的复杂性,并增强系统的可维护性。

8. 使用图形表示

图形具有直观、形象、信息量大等特点,因此使用图形表示用户界面,易于吸引用户对系统的接受和使用。

6.7.3 用户界面方式

常见的用户界面设计包括菜单方式、人机对话、操作提示等。

1. 菜单方式

菜单是用户在用户界面中选择系统功能的常见方式。目前大多数信息系统都带有菜单设计功能,表现的形式有下拉式、弹出式、按钮式等,功能选择有鼠标驱动、数字或字母选择、屏幕触摸等。

菜单的设计与系统功能划分有关,菜单中的同一层功能应尽可能地多,通常菜单深度不应大于3层。常规操作最好一次进入,邻近功能可考虑用深浅不同的对比色调显示,以示区别和显示选择的变化。

2. 人机对话

人机对话即会话方式,是用户通过屏幕与信息系统的对话。常见的方式有:系统对用户发出提示和警告性的信息;系统具有两种或两种以上可能操作时,提示用户以便执行;系统根据运行的顺序或结果向用户发出控制型信息等。常见的设计形式如下。

(1)填表式。如同填表一样,将需要用户输入的项目显示在屏幕上,用户输入相应的数据。

(2)回答式。用户回答屏幕上显示问题方式。

(3)提问式。主要用于用户查询。例如查询学生基本情况时,系统在屏幕上提问:输入学号,当录入学号后,即显示该生的基本情况。

人机对话的设计应注意以下几点。

(1)对话要简单、直观、清楚、明了,语言要礼貌亲切,要符合用户的观点和习惯。

(2)对于错误信息提示,要尽可能说明产生错误的原因,用词要友善,要有建议性,不要措辞生硬,不要使用训斥式的语言。

(3)对某些要害操作和关键操作,要有强调和警告以及确认操作,千万不能设计为"立即处理",这样容易造成恶劣的后果。

3. 操作提示

为使用户便于操作,设计多种操作提示,如把操作要点或提示显示在屏幕旁边,将系统使用说明书设计为帮助文档,对于鼠标划过时的提示说明设置系统运行状态指针,以便求助时直接给出对应的提示帮助,设置帮助关键字,索引具体帮助内容。

6.7.4 输入设计内容

界面设计中离不开输入设计,输入设计是系统设计的重要环节,是保证可靠性输出的基础,也是信息系统与用户交互的纽带,决定着人机交互的效率。

1. 输入方式

常见的输入设备有键盘、扫描仪、触摸屏、多媒体输入设备(话筒、数字相机、数字摄像机等)和光电阅读器等。

(1)键盘输入:主要适用于常规、少量的数据和控制信息的输入以及原始数据的录入。

(2)利用光电设备采集数据:通过光电扫描识别技术,能够识别机器的自动录入和识别。

(3)射频识别设备:射频识别设备由读写器和射频标签组成,比光扫描识别的适用距离远,可携带大量数据,不易伪造。

(4)磁性数据输入:通过磁条阅读器识别磁条、磁性墨水字符等。

(5)多媒体输入:多媒体信息可通过多媒体设备输入。

(6)网络传送:通过网络进行数据传送,这既是输出信息的方式,也是输入方式。

(7)磁盘输入:利用磁盘、光盘等外部存储设备传送数据。

(8)生物测定:利用指纹、视网膜等生物特征进行数据的识别,广泛用于门禁、考勤等系统。

2. 输入格式及数据校验

数据输入格式应尽量与数据结构、报表输出格式保持一致,这样可以提高编程效率,降低设计难度。输入格式应尽量符合用户的使用习惯,操作简便。在设计输入格式时,应注意以下几点。

(1)尽量减少输入工作量,凡数据库中已有的数据,应尽量调用,避免重复输入,能预定义的尽量预先设计,减少击键次数。

(2)灵活的输入方式,允许按记录逐项输入,也可以按某一属性项输入,尽量避免键盘与鼠标的交替使用。

(3)输入数据通常与数据的存储结构相关,要尽量减少所需的存储空间。

(4)设计的格式应便于填写,同时保证输入精度。

为了减少输入错误,保证其正确性,一般都设置输入数据校验功能,对已经输入的数据进行校验。数据校验的方法一般有以下几种。

(1)人工校验:输入数据后,由计算机打印或显示输入数据,由人进行校验。这种方式只适合少量数据,对于大批量的数据,效率太低。

(2)重复校验:对于同一数据,输入两次,自动判断两次输入的一致性,这种方法方便快捷,适用于各种类型的数据。

(3)数据平衡校验:通过检查彼此相关又相反的数据项之间是否平衡,对输入的数据进行检验。如财务报表中的借、贷平衡等。

(4)逻辑检验:检查业务上各种数据是否符合逻辑。例如,输入的月份最大不超过12,

否则出错。

（5）界限检验：检查某个输入数据的内容是否位于有效范围之内。例如，如果规定商品的单价在 50～1000 元，则超出此范围的数据为错误数据。

此外，还有数据类型校验、格式校验、对照校验、校验位校验和顺序校验等。

6.7.5　输出设计内容

系统输出设计是用户直接面对的、最关心的一部分，它通常以固定的格式直观地反映了用户要求，是实现人机交互的重要途径，也是整个系统优劣评价的重要内容。

1. 输出设备

信息的用途决定了输出设备的选择，表 6-2 列出了常用的输出设备及主要用途。

表 6-2　常用输出设备及主要用途

序　　号	输 出 设 备	用途和特点
1	显示器	显像管显示，相应灵活
2	打印机	打印速度快，用途广，易保存
3	绘图仪	可输出图形，精度高
4	微缩胶卷输出器	可放大后阅读，体积小，易保存
5	扬声器	音频输出，数字信号，效果好

2. 输出设计的方法

在系统设计阶段，应该给出系统输出的说明，它是实际输出的依据。输出主要有报表和图形两种方式，应该根据信息系统分析和管理业务的要求进行选择。一般来说，对于基层或具体业务的管理者，适合报表输出的方式，以提供详细的数据；对于企业高层管理者或综合管理部门的管理者来说，通常需要能够得到直观反映综合发展趋势的信息，而图形比较直观，在表示事物的趋势以及进行多视角的比较等方面具有优势，所以采用图形输出的方式。

进行输出设计时，输出格式尽量清晰美观，易于阅读；尽量保持输出内容和格式的一致性。打印时可以根据企业需求，在企业文件专用纸上自行定制打印格式。

6.8　处理过程的设计工具

描述程序处理过程的工具称为过程设计的工具，它们可以分为图形、表格和语言 3 类。不论是哪类工具，对它们的基本要求都是能提供对设计的无歧义描述，也就是能指明控制流程、处理功能、数据组织以及其他方面的实现细节，从而在编码阶段能把对设计的描述直接翻译成程序代码。处理过程的设计工具很多，常见的有传统的程序流程图、结构化流程图、问题分析图等。

6.8.1 程序流程图

程序流程图又称为程序框图,它能够比较直观和清晰地描述过程的控制流程。从 20 世纪 40 年代末到 70 年代中期,程序流程图一直是软件设计的主要工具,它的主要优点是对控制流程的描绘很直观,便于初学者掌握。

为了使用程序流程图来描述结构化程序,在程序流程图中只能使用顺序结构、双分支选择结构、单分支选择结构、While 型循环结构、Until 型循环结构 5 种基本控制结构,如图 6-23 所示。

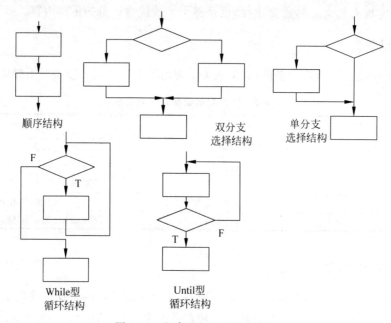

图 6-23　程序流程图的控制结构

程序流程图虽然得到大多数人的认可,但它仍存在一些严重不足。

(1) 程序流程图本质上不是逐步求精的好工具,它使得程序员过早地考虑程序的控制流程,而不去考虑程序的全局结构。

(2) 程序流程图中用箭头代表控制流,程序员可以不受约束地随意转移控制,可能产生非结构化的过程设计,在很大程度上将影响程序的质量。

(3) 程序流程图不易表示数据结构,如学生成绩数组的定义,难以用程序流程图明确说明其类型和结构。

程序流程图有种种缺点,许多人建议停止使用它,因此总的使用趋势在减少,但由于程序流程图历史悠久,至今仍在广泛使用。

6.8.2 结构化流程图

为了避免程序流程图随意的控制流,20 世纪 70 年代,美国学者 I. Nassi 和 B. Shniederman 提出了"盒图",也称为框图或 NS 图。由于盒图没有控制流,而仅需通过方框和方框的嵌套调用,就能完全表示顺序、分支和循环的控制结构,从而实现了结构化程序设计的过程,而且边界清晰,数据作用域容易界定,是符合结构化程序设计原则的图形描述工具,得到广泛应用。

在 NS 图中,每个处理步骤用一个盒子表示,盒子可以嵌套。盒子只能从顶部进入,从底部走出,除此之外没有其他出入口,所以盒图限制了随意的控制转移,保证了程序的良好结构,如图 6-24 所示。

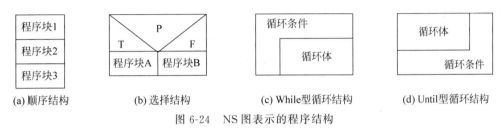

(a) 顺序结构　　　(b) 选择结构　　　(c) While 型循环结构　　　(d) Until 型循环结构

图 6-24　NS 图表示的程序结构

NS 图的优点在于:

首先,它强制设计人员按结构化程序设计方法进行思考和描述其方案,由 NS 图得到的程序必定是结构化的;

其次,图像直观,容易理解设计意图,为编程、复查、测试、维护带来方便;简单易学。

6.8.3　问题分析图

问题分析图(Problem Analysis Diagram,PAD)是日本日立公司于 1979 年提出的支持结构化程序设计的图形工具。问题分析图仅仅具有顺序、选择和循环这三种基本成分,正好与结构化程序设计中的基本程序结构相对应。如图 6-25 所示。

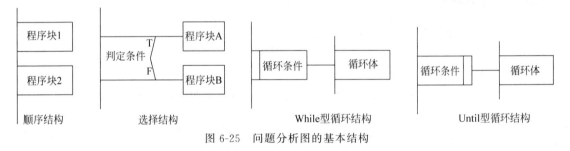

顺序结构　　　　选择结构　　　　While 型循环结构　　　　Until 型循环结构

图 6-25　问题分析图的基本结构

PAD 图是二维树形结构的图形,程序从图中最左竖线上端的结点开始执行,自上而下、从左向右顺序执行,遍历所有结点。PAD 图中最左面的竖线是程序的主线,即第一层结构。随着程序层次的增加,PAD 图逐渐向右延伸,每增加一个层次,图形向右扩展一条竖线。PAD 图中竖线的总条数就是程序的层次数。

PAD 图体现了自顶向下、自左向右、逐步细化、逐层推进的设计过程,逻辑结构清晰、图形标准,有利于提高程序的设计质量。

6.8.4　判定树

判定树是用于复杂条件判断的图形工具,它具有层次结构,树的每个节点表示一个独立的关系表达。随着树节点层次的深入,各节点间的关系组合逐渐复杂。从树根到叶子节点的路径,就反映了最终的条件判断的组合。

同时,判定树是一棵多叉树,每棵子树就是当前树节点判断的分支路径。这是一种简洁的工具,判断与结果对应清晰。

用判定树来描述一个功能单元逻辑处理过程,其基本思路与结构化语言一脉相承,是结构化语言的另一种表现形式,而且是更为直观、方便的表现形式。如图 6-26 所示为检查发货单判定树。

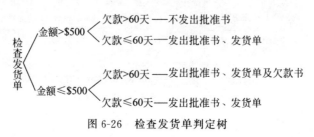

图 6-26　检查发货单判定树

判定树的不足之处如下。

(1) 对于复合条件的选择,难以确定以何种顺序作为复合条件判断的顺序。如上述例子中,是以"金额"为最先的判断条件。实际上,以"欠款时间"作为最先的判断条件也可以得到最终结果,但是由于不同的条件判断顺序,就得到不同的判定树树叶数目,从而导致程序设计复杂度的不同。

(2) 难以表示结构化程序设计的控制结构。

(3) 难以将判定树直接转换为程序设计语言。

6.8.5　判定表

判定表是另外一种表达逻辑判断的工具。与判定树相比,判定表的优点是能够把所有的条件组合充分地表达出来。但其缺点是判定表的建立过程较为繁杂,且表达方式不如前两者简便。

判定表是对复杂条件进行判断的表格表示,它清晰地表明所设计的功能是在满足何种条件组合的前提下才被执行的。

判定表是一张二维表,分为上下两部分,表的上半部分是"条件"的描述,每行表示一个判断条件,表的下半部分是"决策"的描述,每列表示在满足了具体的条件下系统所采用的操作。如表 6-3 所示。

表 6-3　检查发货单判定表

		1	2	3	4
条件	发货单金额	> $500	> $500	≤ $500	≤ $500
	赊欠情况	>60 天	≤60 天	>60 天	≤60 天
决策	不发出批准书	√			
	发出批准书		√	√	√
	发出发货单		√	√	√
	发出赊欠报告			√	

判定表清晰地表示了条件组合和动作间的关系，但它也存在一些不足。

（1）难以表示结构化程序设计的控制结构。

（2）难以将判定表直接转换为程序设计语言。

6.8.6　IPO 图

HIPO 图是美国 IBM 公司发明的"层次图加输入/处理/输出图"的英文缩写。其中的 H 图就是之前描述过的结构图（Hierarchy），IPO（Input Process Output）图是配合层次图详细说明每个模块内部功能的一种工具，能够方便地描绘输入数据、对数据的处理和输出数据之间的关系。

IPO 图使用的基本符号既少又简单，因此很容易学会。它的基本形式是在左边的框中列出有关的输入数据，在中间的框内列出主要的处理，在右边的框内列出产生的输出数据。处理框中列出处理的次序暗示了执行的顺序，但是用这些基本符号还不足以精确描述执行处理的详细情况。在 IPO 图中还用类似向量符号的箭头清楚地指出数据通信的情况。图 6-27 是一个主文件更新 IPO 图的实例。

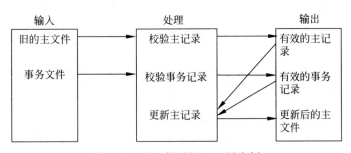

图 6-27　主文件更新 IPO 图实例

6.9　系统设计报告

系统设计报告体现了系统设计阶段的最后成果，它既是该阶段工作的总结，是信息系统的物理模型，也是下一阶段进行系统实施的重要依据。

系统设计报告能够根据系统分析报告所提供的功能和性能分析，给出实现相应功能和性能的方法、技术和方案。一个完整的系统设计报告应该包括三个部分：应用系统的设计，包括应用程序的设计和数据库的设计；系统运行平台，包括系统运行模式和软件、硬件配置的设计；系统运行网络结构、设备等的设计。

本 章 小 结

系统设计的依据是已经通过评审的信息系统分析报告。本章重点论述了系统设计的任务、要求和应该达到的指标，并且主要以结构化的设计方法展示了信息系统设计过程。

系统设计遵循抽象和逐步求精、模块化、信息隐藏和启发性等原则，通常分为总体设计和详细设计两部分。总体设计也称为概要设计，是对系统进行功能规划，完成基本框架设计,对资源(包括硬件和软件)配置、数据的存储以及整个系统实现计划等方面做出合理安排。详细设计的任务是在总体设计的基础上,通过适当的技术和方法,对系统的所有内容进行详细描述,内容包括代码设计、数据存储设计、界面设计和过程设计等。

结构图是结构化设计的重要工具,可以由数据流程图导出,表达系统功能结构,在详细设计阶段可以采用程序流程图、结构化流程图、问题分析图,以及判定表、判定树、IPO图表示。

体系结构设计为信息系统设计提供了一套关于数据、行为、结构的指导性框架,设计良好的体系结构使其具有普适性,使得最终实现的系统更加稳定、高效,能满足不同的软件需求。

数据存储设计中介绍了数据库设计的步骤,包括需求分析、概念设计、逻辑结构设计和物理结构设计,数据库设计是信息系统开发和建设的重要组成部分。

代码设计实现了信息系统数据的统一,合理的代码设计是信息系统能否具有生命力的一个重要因素。

系统设计阶段还包括界面设计,输入、输出设计等,是系统设计中非常重要的内容。系统设计阶段的成果是系统设计报告,为系统实施阶段提供工作方案。

本 章 练 习

1. 问题思考

(1) 信息系统设计阶段的目标是什么?

(2) 系统设计的指标主要包括哪些?

(3) 数据库设计包括哪两个方面的设计? 各自的任务是什么?

(4) 什么是内聚和耦合? 它们各有哪些种类?

(5) 什么是软件体系结构? B/S 和 C/S 的区别有哪些?

(6) 编码的目的是什么? 举例说明其包含的种类。

(7) 描述处理过程的工具有哪些? 用这些工具描述电子商务网站的登录过程。

(8) 界面设计有哪几种形式? 各自的特点是什么?

(9) 输入设计和输出设计的方法有哪些?

(10) 什么是变换分析法和事物分析法? 其基本过程是什么?

2. 专题讨论

(1) 在线书店或在线影音网站中,对于身体有缺陷、视力损伤或肌肉控制出现问题的用户,应该怎样设计用户界面以适应用户?

(2) 访问某一个电子商务网站,按照用户界面设计的原则,评价这些网站的用户界面。

(3) 学校期末根据学生的总成绩邮寄成绩通知书。总成绩大于 500 分的,发放合格通知书,但是单科成绩有不及格的,要发放重修通知书。对总成绩小于 500 分的,不发合格通知书,但成绩单科有满分的,发放单科免修通知书,单科有不及格的,发放留学通知书。请用判定表和判定树描述上述内容。

第7章 面向对象分析与设计

面向对象技术自 20 世纪 90 年代提出以来得到了快速发展,并应用于各种各样的软件开发。面向对象技术将数据和数据上的操作封装在一起,对外封闭以实现信息隐藏的目的。使用这个对象的用户只需要知道其公开的方法,通过这些方法来完成各种各样的任务,而不需要知道对象内部的细节,以保证相对独立性。当前,面向对象的概念和应用已超越了程序设计和软件开发,扩展到很宽的范围,如数据库系统、交互式界面、应用结构、应用平台、分布式系统、网络管理结构、CAD 技术、人工智能等领域。在面向对象开发方法中,面向对象分析与面向对象设计是两个重要的阶段,其中面向对象分析活动涉及语义对象,强调的是对问题和需求的调查研究,而面向对象设计活动涉及的是语义对象、接口对象、应用对象和实用库对象,强调的是满足需求在概念上的解决方案。在面向对象模型构建方面,UML 与面向对象的思想统一为实现公共的、稳定的、表达能力强的面向对象方法提供了基础,UML 作为一种功能强大的、面向对象的可视化系统分析的建模语言,采用一整套成熟的建模技术,广泛地适用于各个应用领域。它的各个模型可以帮助开发人员更好地理解业务流程,建立更可靠、更完善的系统模型。

7.1 面向对象分析

7.1.1 面向对象分析概念

面向对象分析(Object Oriented Analysis,OOA)就是利用面向对象的方法进行需求分析。OOA 的基本任务是运用面向对象方法,对问题域和系统责任进行分解和理解,对其中的事物和它们之间的关系产生正确的认识,找出描述问题域及系统责任所需的类及对象,定义这些类和对象的属性与服务,以及它们之间所形成的结构、静态联系和动态联系。OOA 的最终目的是产生一个符合用户需求,并能够直接反映问题域和系统责任的 OOA 模型及其详细说明。

面向对象分析经常用到的概念包括以下几种。

1. 问题域和系统责任

问题域是指开发系统的应用领域,即在现实世界中由这个系统进行处理的业务范围。系统责任即所开发系统应该具备的职能。二者有很大的重合,但不一定完全相同。

2. 系统边界

系统边界是指一个系统所包含的所有系统成分与系统以外各种事物的分界线,这里所说的"系统"是指被开发的计算机软硬件系统,而不是泛指问题域的全部事物所构成的现实系统。问题域的某些事物(例如使用系统的人员)将被看成是位于系统边界之外,与系统进行交互的参与者。

3. 参与者

参与者指在系统之外与系统进行交互的任何事物。只有全面地考察系统与边界以外的各种事物的交互情况,才能全面了解系统对外部世界所发挥的作用。与系统进行交互的事物往往不局限于人员,还可能包括一些设备和与当前系统相关联的其他系统。最常见的参与者有人员(例如系统操作员或系统的直接服务对象)、设备(例如在实时监控系统中向系统提供信息的采集器,或在生产自动化系统中由系统控制运行的数控机床)和外系统(例如当前系统的子系统、上级系统或任何与它相关联的其他系统)。

7.1.2 面向对象分析方法的主要原则

1. 抽象

抽象是指从许多事物中舍弃掉个别的、非本质的特征,抽取出共同的、本质性特征的过程。对于分析而言,抽象原则有两方面的意义:第一,尽管问题域中的事物是很复杂的,但是分析员并不需要了解和描述它们的一切,只需要分析研究其中与系统目标有关的事物及其本质特征;第二,通过舍弃个体事物在细节上的差异,抽取其共同特征而得到一批事物的抽象概念。

2. 封装

封装就是把对象的属性和服务结合为一个不可分的系统单位,并尽可能隐藏对象的内部细节。封装的原则对于 OOA 具有很重要的意义。对象的属性和服务紧密结合,使对象能够集中而完整地描述一个具体的事物。封装的信息隐蔽作用反映了事物的相对独立性。当站在对象以外的角度观察一个事物时,只需要注意它对外呈现什么行为(做什么),而不必关心它的内部细节(怎么做)。由此可见,封装实际上也是抽象原则的一种具体应用。

3. 继承

特殊类的对象拥有其一般类的全部属性与服务,称作特殊类对一般类的继承。在 OOA 中运用继承原则,就是在每个由一般类和特殊类形成的"一般-特殊"结构中,把一般类的对象实例和所有特殊类的对象实例都共同具有的属性和服务,在一般类中一次性地进行显式的定义。在特殊类中不再重复地定义一般类中已定义的东西,但是在语义上,特殊类却自动地、隐含地拥有它的一般类中定义的全部属性和服务。运用继承原则的好处是使系统模型简练、清晰。

4. 分类

分类就是把具有相同属性和服务的对象划分为一类,用类作为这些对象的抽象描述。分类原则实际上是抽象原则运用于对象描述时的一种表现形式。运用分类原则意味着通过不同程度的抽象而形成"一般-特殊"结构(又称分类结构);一般类比特殊类的抽象程度更高,运用分类原则可以集中地描述对象的共性,清晰地表示对象与类的关系以及特殊类与一般类的关系,从而使系统的复杂性得到控制。

5. 聚合

聚合又称为组装,其原则是把一个复杂的事物看成若干相对简单事物的组装体,从而简化对复杂事物的描述。在 OOA 中运用聚合原则就是区分事物的整体和它的组成部分,分别用整体对象和部分对象来进行描述,形成一个"整体-部分"结构,以清晰地表达它们之间的组成关系。

6. 关联

关联是人类思考问题时经常运用的思想方法,即通过一个事物联想到另外的事物。能使人发生联想的原因是事物之间确实存在着某些联系。在 OOA 中运用关联原则就是在系统模型中明确地表示对象之间的静态联系。

7. 消息通信

消息通信要求对象之间只能通过消息进行通信,而不允许在对象之外直接地存取对象内部的属性,这由封装原则而引起。在 OOA 中要求用消息连接表示出对象之间的动态联系。

8. 粒度控制

一般来讲,人在面对一个复杂的问题域时,不可能在同一时刻既能纵观全局,又能洞察秋毫,因此需要控制自己的视野。考虑全局时,注意其主要组成部分,暂时不详查每一部分的具体细节;考虑某部分的细节时,则暂时不考虑其余的部分。这就是粒度控制原则。

9. 行为分析

现实世界中事物的行为是复杂的。由大量事物所构成的问题域中各种行为往往相互依赖,相互交织。控制行为复杂的原则有以下几点。

(1) 确定行为的归属和作用范围。

(2) 认识事物之间行为的依赖关系。

(3) 认识行为的起因,区分主动行为和被动行为。

(4) 认识系统的并发行为。

(5) 认识对象状态对行为的影响。

面向对象分析是利用面向对象方法进行系统分析与设计的最重要的一步,分为论域分析和应用分析两部分,论域分析的目的是建立实现环境,而应用分析则根据特定应用的需求进行论域分析。

7.1.3　面向对象论域分析

论域分析是软件开发的基本组成部分,目的是使开发人员了解空间的组成,建立大致的系统实现环境。论域分析给出一组抽象，从高层表示论域知识，常常超出当前应用的范围，作为特定系统需求开发的参考。

论域分析由小组进行，其成员包括有关知识领域的专家和系统分析员等。分析的目的是标识基本概念、识别论域的特征，把这些概念集成到论域的模型中。后面在讨论建立模型技术时，一个基本需求是模型中必须包含概念之间的关系和关于每个概念的完全信息。这个信息起着某种胶合作用，把所有相关概念并入论域综合视图中去。

论域分析是一个持续的活动，它所涉及的范围可超出特定应用。当论域变化时，可不断更新相关的抽象和关系。论域分析的结果可积累更多的有关论域的经验和细化的抽象。

基于论域信息的应用更容易适应论域内知识的改变和用户需求的变化。

1. 语义数据模型

论域分析的输出和对应用分析及高层设计的输入构成了问题论域的模型。语义数据模型是一种比较适用于建立这种模型的技术。

语义数据模型建立在关系数据模型和实体-联系模型基础上，不仅可以表达问题论域的内涵，还可以表示复杂对象和对象之间的联系。该模型由外部模型、概念模型和内部模型构成，如表 7-1 所示。这 3 层可以映射到面向对象设计的 3 个层次上去，外部模型层与概念模型层相当于高层设计阶段。

表 7-1　语义数据模型与面向对象设计

语义数据模型	主 要 特 征	面向对象设计
外部模型	数据的用户视图	类的定义(规格说明)
概念模型	实体及其之间联系的内涵	类之间的应用联系
内部模型	数据的物理模型	类的实现

1) 外部模型层

外部模型是对外部现实世界的抽象，它反映了用户对问题的理解，而不是实现者对问题的理解。在此层开发的类应当具有对应于用户活动的操作规格说明。

2) 概念模型层

概念模型层考虑在外部模型层所标识的实体之间的联系，这些联系就是可直接观察到的交互关系。在这一层，通常可以由系统的用户来识别和理解这些联系。联系的重要属性是实例连接，一个联系的实例连接是指在该联系中一个实体的实例对应于该联系中其他实体的实例的数目。

3) 内部模型层

这一层考虑的实体是物理模型，这是生命周期中的类设计阶段。物理模型包括两类属性：操作和数据。操作属性对实体的行为模型化，而数据是对实体的状态模型化。在模型中操作分为两种，一种可作为共有界面来使用，而另一种是私有的。

在分析阶段所标识的属性是描述性的，也就是说，它们提供了各个实体的行为和状态的描述。在类的详细设计阶段，将加入追加属性，从而提供类的实现。这些追加属性将成为类定义实现的一部分，但它们不能用于公共存取，这提供了较好的灵活性，可以改变实现但不影响类的用户。因为其他类可能引用类定义中的公共属性,要改变类的共有界面极其困难,所以共有界面只包括了必需的项目。

2. 在语义数据模型中的关系

语义数据模型,即扩充的 E-R 模型,提供了对外部层和概念层的支持,它从用户视图角度出发,标识和描述实体。此外,E-R 模型还提供了从这些视图到实际数据结构的映射,即内部层。

许多语义数据模型中的联系在面向对象设计中起着核心作用,它们给出了继承和实例化等概念的表达。

1) 泛化

泛化和特化可用来按层次渐增式地定义抽象,低层抽象是高层抽象的特化。这种抽象层次构成了论域模型的基础,一旦标识了高层抽象,模型就可以逐步展开。泛化的形成,通常可通过检查一组概念和识别这组概念中的共同元素来实现。例如,小汽车、卡车和公共汽车可以蕴涵在更一般概念的汽车中。这个较泛化的抽象还可以帮助定义其他比较特殊的抽象,如赛车、面包车和牵引车。

2) 聚合

聚合支持从几个较小和较简单的类来开发一个新的抽象表示。它大略相当于一个记录中成分的声明。例如,假设一个航班有 6 个属性(飞机编号、机组编号、离开和到达地点、起飞和降落时间),因此航班类有一个聚合联系。它利用了表示飞机、人员、空间的类,并增加了时间窗口,这些属性的实际实例可提供更抽象的实例状态。

3) 分类

各个实例相互之间有共享信息时,常常要利用分类联系,建立泛化/特化类的继承层次结构。类的每个实例都可具有该类的属性。这样,共享属性提供了一种借助于黑板系统开发各个实例间通信的能力。在这个黑板系统中,可以把一个实例的相关属性写到黑板上,该类的其他实例可以从黑板上读取它,而系统中的其他对象则不能存取这个属性,它仅对该类的实例是可访问的。

在开发时面临的一个问题是:是否需要开发子类,以表达在某些概念上的差别。例如,在已给出学生类后,是否应当建立男学生和女学生子类呢?这肯定是学生类的一个特化,但这只是在论域分析当中把它当作一个重要特征时才使用。例如要求开发一个医学软件并希望对生理信息系统模型化时,可以建立男性子类与女性子类,当然也可通过性别属性使用聚合来处理。

4) 关联

关联(组装)指定一个抽象作为其他抽象实例的容器。关联和聚合之间的差别在于组合实体的意图不同。聚合是指定一组实体中的某些部分作为一个类的组成,而关联是群集的相互有关联的实体群,这个群集中的每个分量都是独立地在系统中使用。例如,一个部门包含人,这样一个部门集合了所有被分配给这个部门的人。

3. 标识对象和类

在分析阶段所标识的对象是应用级的对象,即它们对应于应用论域的用户视图。由它们产生的类是对用户视图的模型化而不是对物理数据结构的模型化。考虑在计算机上的应用：计算机显示屏幕就是一个对象，它给出用户界面部分，可将其抽象成一个显示器屏幕类，以反映用户的想法；标识的实现级的类定义为一个特殊的位图存储结构，为了确定在屏幕上将要显示什么，就需要扫描这个结构，也就是说，作为显示器屏幕类的实现部分，需要使用一个位图类。

4. 标识联系

在分析阶段，特定应用适用于要标识的联系，这些联系标明了问题论域中实体之间的相互作用。在设计中，应用级联系有两种表示方式。

1）消息连接

两个对象之间的通信联系可以表示为两个对象之间的消息。例如，当学生希望选一门课时，这个学生对象将发送一个消息给选课对象，请求一个课程号。

2）交互对象实例连接

两个对象之间的联系可以通过一个不依赖于两个对象中的任一方的交互对象来表示。在大学选课系统中，在学生类的实例和课程类的实例之间的联系可用一个交互实体（即选课）来处理。实例连接有 4 种类型，分别表示在两个类中的实例的对应关系，联系的类型如图 7-1 所示。

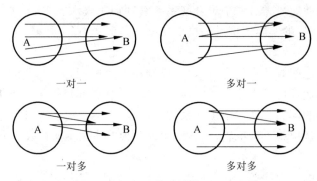

一对一　　　　　　　　　多对一

一对多　　　　　　　　　多对多

图 7-1　联系的类型

7.1.4　面向对象应用分析

应用分析根据在论域分析时建立起来的问题论域模型，把这个模型适配于当前正在建立的应用中。客户对系统的需求可以当作限制来使用，用它们缩减论域的信息量。论域分析产生的模型并不需要用任何基于计算机系统的程序设计语言来表示，而应用分析阶段产生影响的条件则伴随着某种基于计算机系统的程序设计语言的表示。响应时间需求、用户界面需求和某些特殊的需求，如数据安全等，都在应用分析中分解抽出。

许多模型识别的要求针对不止一个应用。通常应着重考虑两个方面：应用视图和类视图。必须对每个类的规格说明和操作详细化，还必须对形成应用结构的类之间的相互作用加以表示。

7.1.5　面向对象模型

与传统的结构化分析一样,面向对象分析也要建立各种各样的基于对象的模型。这些模型由一组图示符号和组织这些符号的规则组成,主要用于定义和描述问题域中的术语和概念,理解对应领域问题。常见的面向对象模型都需要建立三种,分别是对象模型、动态模型和功能模型。其中对象模型也称静态模型,用于描述系统的数据结构,显示软件系统中类与对象之间的关系;动态模型描述系统的控制结构,也称交互模型;功能模型用于描述信息系统的用户交互与功能。通常功能模型是基于用例的,因而也称为用例模型。

面向对象分析涉及3种模型,在实际建模过程中会涉及数据、操作和控制等共同概念,但它们各自的侧重点不同。3种模型密切相关,每一类模型都从不同侧面反映需求的内容,综合起来则反映用户需求的整体。在建模过程中,一般的建模顺序如图 7-2 所示。

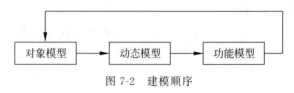

图 7-2　建模顺序

7.1.6　几种著名的面向对象建模方法

1. Coad-Yourdon 方法

Coad-Yourdon 方法严格区分了面向对象分析(Object-Oriented Analysis,OOA)和面向对象设计(Object-Oriented Design,OOD)。

1) OOA 阶段

在 OOA 阶段,需要完成如下 5 个活动。

(1) 标识类及对象。描述如何标识类及对象。从应用领域开始识别类及对象,形成整个应用的基础,然后,据此分析系统责任。

(2) 识别结构。该阶段分为两个步骤:第一,识别一般与特殊结构(is a 关系),该结构捕获了识别出的类的层次结构;第二,识别整体与部分结构(has a 关系),该结构用来表示一个对象如何成为另一个对象的一部分,以及多个对象如何组装成更大的对象。

(3) 定义主题。主题由一组类及对象组成,用于将类及对象模型划分为更大的单位便于理解。

(4) 定义属性。其中包括定义类的实例(对象)之间的实例连接。实例连接是一个实例对象与另一个实例对象的映射关系。例如,一个班级有很多学生,一个学生只能在一个班级,那么"班级"类的实例与"学生"类的实例间就有一对多的实例连接关系。

(5) 定义服务。其中包括定义对象之间的消息连接。当一个对象需要向另一个对象发送消息时,它们之间就存在消息连接。

在 OOA 阶段,经过 5 个活动后的结果是一个分成 5 个层次的问题域模型,包括主题、类及对象、结构、属性、服务 5 个层次,由类及对象图表示。这 5 个活动的顺序并不重要,

5个活动一旦完成,OOA的模型就建立了。

2)OOD阶段

OOA阶段中的5个层次和5个活动继续贯穿在OOD过程中。OOD模型需要进一步区分以下4个部分。

(1)设计问题域部分。OOA的结果直接放入该部分,分析的结果在OOD中可以被改动或增补,但基于问题域的总体组织框架是长时间稳定的。

(2)设计人机交互部分。这部分的活动包括对用户分类、描述人机交互的脚本、设计命令层次结构、设计详细的交互、生成用户界面的原型。

(3)设计任务管理部分。这部分的活动包括识别任务(进程)、任务所提供的服务、任务的优先级、进程是事件驱动还是时钟驱动,以及任务与其他进程和外界如何通信。

(4)设计数据管理部分。这一部分依赖于存储技术,是文件系统、关系数据库管理系统,还是面向对象数据库管理系统。

总之,Coad-Yourdon方法简单、易学,适合于面向对象技术的初学者使用,但由于该方法在处理能力方面的局限,目前已很少使用。

2. Booch方法

Booch认为软件开发是一个螺旋上升的过程,在螺旋上升的每个周期中有以下步骤。

(1)标识类和对象。

(2)确定类和对象的含义。

(3)标识类和对象之间的关系。

(4)说明每一个类的界面和实现。

在Booch的OOD模型中,除了类图、对象图、模块图和进程图外,还使用了两种动态描述图:状态转换图和时序图。状态转换图是刻画特定类实例;时序图是描述对象间的事件变化。Booch方法比较适合于系统的设计和构造。

3. OMT方法

对象建模技术(Object Modeling Technique,OMT)是由J. Rumbaugh等人提出的,OMT定义了三种模型:对象模型、动态模型和功能模型。OMT用这三种模型来描述系统。OMT方法有4个步骤:系统分析、系统设计、对象设计和实现。OMT方法的每一步都使用这三种模型,通过每一步对三种模型不断地精化和扩充。OMT方法特别适用于分析和描述以数据为中心的信息系统。

4. OOSE方法

OOSE(Object Oriented Software Engineering,面向对象软件工程)方法是由Jacobson提出的,最大特点是面向用例(Use-Case),并在用例的描述中引入了外部角色的概念。用例的概念是精确描述需求的重要武器,贯穿于整个开发过程,包括对系统的测试和验证,OOSE方法比较适合支持商业工程和需求分析。

5. 统一建模方法

统一建模语言（Unified Modeling Language, UML）是一种面向对象的建模语言，它是运用统一的、标准化的标记和定义实现对软件系统进行面向对象的描述和建模。它不仅统一了 Booch、Rumbaugh 和 Jacobson 的表示方法，而且做了进一步的发展，并最终统一为被大众接受的标准建模语言。

UML 适用于以面向对象技术来描述的任何类型系统，而且适用于系统开发的不同阶段，从需求规格描述直至系统完成后的测试和维护。

7.1.7　UML

1. UML 的特点

统一建模语言是为面向对象开发系统的产品进行说明、可视化和文档编制的一种标准语言，其具体特点如下。

（1）UML 是非专利的第三代建模和规约语言。在开发阶段，UML 是用于说明、可视化、构建和书写面向对象软件制品的设计语言。UML 展现了一系列最佳工程实践，这些最佳工程实践在对大规模、复杂系统进行建模方面非常有效。

（2）UML 可以贯穿软件开发周期中的每一个阶段，已被对象管理组织（Object Management Group, OMG）采纳作为业界的标准。

（3）UML 最适用于数据建模、业务建模、对象建模和组件建模。

（4）UML 作为一种模型语言，可以使开发人员专注于建立产品的模型和结构。当模型建立之后，模型可以被 UML 工具转换成指定的程序语言代码。

IBM 公司的 Rational Rose 和 Microsoft 公司的 Visio 都是 UML 工具。

2. UML 的组成

UML 用丰富的图形符号隐含表示了模型元素的语法，并用这些图形符号组成元模型表达语义，组成模型描述系统的结构（或称为静态特征）以及行为（或称为动态特征）。

1）UML 的模型元素

UML 定义了两类模型元素的图形表示：一类模型元素用于表示模型中的某个概念，如类、对象、用例、结点、构件、包、接口等；另一类模型元素用于表示模型元素之间相互连接的关系，主要有关联、泛化（表示一般与特殊的关系）、依赖、聚集（表示整体与部分的关系）等。图 7-3 给出了部分 UML 定义的模型元素的图形表示。

2）UML 模型结构

根据 UML 语义，UML 模型结构可分为 4 个抽象层次，即元元模型、元模型、模型和用户模型，如图 7-4 所示，下一层是上一层的基础，上一层是下一层的实例。

元元模型层定义了描述元模型的语言，是任何模型的基础。UML 元元模型定义了元类、元属性、元操作等一些概念。例如，"事物"概念可代表任何被定义的事物，是一个"元类"的元元模型描述。

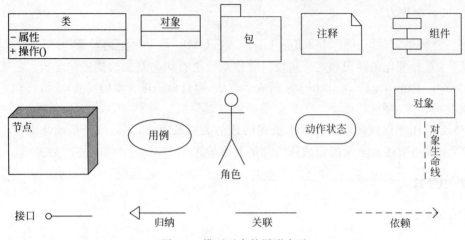

图 7-3　模型元素的图形表示

元模型层定义了描述模型的语言,它组成 UML 模型的基本元素,包括面向对象和构件的概念,如类、属性、操作、构件等。元模型是元元模型的一个实例。例如,图 7-5 是一个元模型示例,其中类、对象、关联等都是元元模型中事物概念的实例。

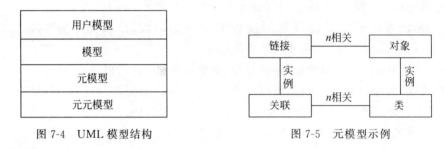

图 7-4　UML 模型结构　　　　　　图 7-5　元模型示例

模型层定义了描述信息领域的语言,它组成了 UML 模型。用户模型层是模型的实例,用于表达一个模型的特定情况。

3. UML 视图

UML 视图是从某个角度看待系统,它反映的是系统的不同侧面。随着软件系统规模和复杂性的增加,系统建模的过程也越来越复杂。理想情况下,希望仅通过单一视图就能准确描述系统,但在实际建模过程中,单一视图难以包含系统功能、性能等所有的需求信息,更难以描述整个软件系统的结构和流程,因此软件系统需要从多个类型的视图出发,每个类型视图表示系统某个方面的特征,多个类型视图共同建立一个完整的系统模型。图 7-6 简要描述了 UML 视图的不同类型。其中,用例视图是其他视图的基

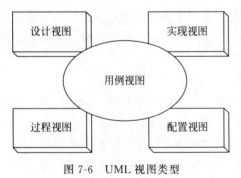

图 7-6　UML 视图类型

础,会影响到其他视图的建模过程和描述内容。

1）用例视图

用例视图描述系统的外部特征、系统功能和性能等需求,它从用户角度描述系统。用例视图建模主要包括以下几个方面。

（1）软件系统应具备的、与外部系统交互的功能,这是用例视图的基础。

（2）用例视图涉及与系统进行信息交换的外部系统。同时,在用例视图中应指明用户使用或参与的用例,以便于面向对象设计中交互类的分析和设计。

（3）用例视图通常对应系统的一个完整功能或子系统,所有的与系统交互的功能都应在用例视图中进行描述。

（4）用例视图主要由用例图构成。

2）设计视图

设计视图描述系统内部的静态结构和动态行为,包括系统结构模型和系统行为模型。设计视图是从系统内部角度描述如何实现系统功能,设计视图建模主要包括以下几个方面。

（1）用例视图描述系统具有的功能,而设计视图描述如何从用例中分析功能,以及功能的实现过程。

（2）设计视图的静态结构主要描述类、类间关系。类既包括实体类,也包括在信息领域中抽象或分解出的逻辑类,如接口类、边界类、关联类等。

（3）设计视图的动态行为主要描述系统的工作流程和异常。工作流程通过类和类间关系的动态特征来实现。异常涉及系统的安全性、稳定性、可靠性等特征。

（4）设计视图通过类图(对象图)、包图来描述静态结构,通过状态图、顺序图、协作图和活动图来描述动态行为。

3）实现视图

实现视图表示系统的组件结构,通常用独立的文件来描述,它表示系统的逻辑组成。实现视图建模主要包括以下几个方面。

（1）实现视图表示构成系统构件间的整体结构。

（2）实现视图描述系统间的组织结构和分布。

（3）实现视图描述系统各构件以及它们之间的依赖关系。

（4）实现视图通过构件图来表示。

4）过程视图

过程视图表示系统内部的控制机制和并发特征,主要是解决各种通信和同步问题。过程视图建模主要包括以下几个方面。

（1）过程视图描述系统内部的控制机制、异常的捕获、外部中断的及时响应和处理。

（2）过程视图要协调各线程之间的通信和同步。

（3）过程视图要考虑系统资源的有效利用,防止资源访问冲突。

（4）过程视图通过类图描述过程中功能和功能的组织结构,主要用状态图、协作图和活动图描述过程的实现和异常的处理。

5）配置视图

配置视图描述软件系统和物理设备之间的配置关系，它表示系统的物理组成。配置视图建模主要包括以下几个方面。

（1）配置视图展示系统在硬件环境下的具体部署，涉及软件系统和硬件系统的对应。

（2）配置视图既能描述每个物理设备上的软件系统部署和构成，也描述相同逻辑构件在不同物理设备上的部署。

（3）配置视图由配置图描述。

7.1.8 建立对象模型

对象模型描述系统内部对象的静态结构，包括对象本身的定义、对象的属性和操作以及对象与其他对象之间的关系。

1. 类

类图用于描述类的属性、方法和类间关系。属性和方法是类的内部结构，关系是类间的关联，它们用于定义 UML 的静态模型。类的内部结构涉及类名、类内部事物的属性、方法以及它们的可见性，如图 7-7 所示。

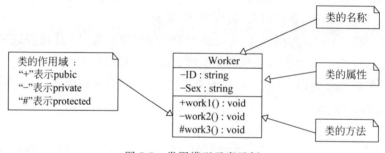

图 7-7　类图模型元素示例

1）类名

类名是对象集合的名称，命名的恰当与否将影响对系统静态模型的可理解性，在 UML 的通用机制中，规定了对类名进行修饰和增加语义的构造型方法，将更有利于对类的理解和设计。例如，用"<< Abstract >>"说明当前类是一个抽象类。

2）可见性

可见性定义了对象对类的属性和方法的访问权限。目前主流的面向对象程序设计语言都支持公有（public）部分、私有（private）部分和受保护（protected）部分这三类不同的访问权限。

（1）公有部分：定义了对象能访问的类的属性和方法，用"＋"修饰。

（2）私有部分：定义了对象不能访问的类的属性和方法，用"－"修饰。

（3）受保护部分：对象不能访问类的属性和方法，但派生类方法可以访问，用"＃"修饰。

3）属性

属性是指能体现整体对象特征的集合。定义 UML 类图属性的语法为：

[可见性]属性名[:类型名][=初值]

其中,方括号中的内容是可选的。

4) 方法

方法是类提供的服务,体现类的功能。定义 UML 类图方法的语法是:

[可见性]方法名(参数列表)[:类型名]

2. 对象

对象是类的实例。对象图描述对象及对象之间的静态关系,在 UML 图中,对象的图形符号是一个纵向分成两部分的矩形,从上到下分别写入对象名和属性值。

假设 ZhangShan 为对象名,Student 为创建该对象的类名,对象名和类名之间用":"隔开。在对象图中,对象的每个属性都有指定类型和取值,如图 7-8 所示。

3. 关系

类与类之间可以用多种关系互相连接在一起,一个系统的静态模型就是由类图和类之间的关系作为基础构成的。UML 中有四种关系:依赖、关联、泛化和实现。

1) 依赖

依赖是两个事物之间的语义关系,表达其中一个事物发生变化会影响另一个事物的语义。例如,成绩依赖课程,在图形上把一个依赖画成一条有方向的虚线,如图 7-9 所示。

2) 关联

关联表示两个类的对象之间存在某种语义上的联系。例如,学生使用计算机,我们认为在学生和计算机之间存在某种语义连接。因此,在类图中应该在学生和计算机之间建立关联关系,在关联上可以标注关联名称、重复度和角色,默认重复度为 1。关联的图形化表示如图 7-10 所示。

ZhangShan : Student
sno = "2012100"
sname = "张三"

图 7-8 对象示例   图 7-9 依赖   图 7-10 关联

重复度的表示方法通常有:

- 0..1——表示 0 到 1 个对象;
- 0..*——表示 0 到多个对象;
- 1+或 1..*——表示 1 到多个对象;
- 1..n——表示 1 到 n 个对象;
- n——表示 n 个对象;
- *——表示任意多个对象,没有限制。

在关联关系中,还有一种比较特殊的关联类型称为聚集,它描述了整体和部分之间的结构关系,聚集的图形表示为一条带菱形的实线。聚集有共享聚集和复合聚集两种形式,如果在聚集关系中处于部分方的对象可同时参与多个处于整体方对象的构成,则该聚集称为共享聚集。如果部分与整体共存,整体不存在时部分也会随之消失,则该聚集称为复合聚集。聚集的图形符号是在表示关联关系的直线末端且紧挨着整体方的地方画一个菱形,共享聚集用空心菱形表示,复合聚集用实心菱形表示。以课程组与教师的聚集关系为例,课程组由一个或多个教师组成,但一个教师可以属于多个课程组,反映了教师的"共享"特性,这种聚集关系为共享聚集,故用空心菱形表示,如图 7-11 所示。

图 7-11　共享聚集示例

3) 泛化

泛化是父类和子类之间的继承关系,子类拥有父类的信息,还可以扩展自己的新信息。在图形上,用一端为空心三角形的连线表示泛化关系,三角形的顶角指向父类,如图 7-12 所示。

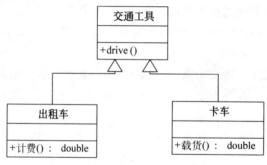

图 7-12　泛化关系示例

4) 实现

实现是类元之间的语义关系,接口和实现它们之间的类或构件之间就是实现的关系。在图形上,把一个实现关系画成一条带有空心三角形的虚线。图 7-13 描述了用"出租车"类来实现"计费"和"调节温度"接口。此外,实现关系还可存在于用例和实现它们的协作之间。

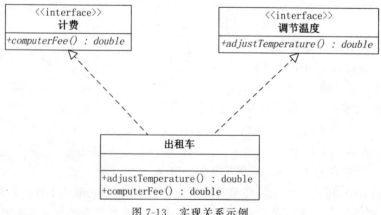

图 7-13　实现关系示例

4. 接口

接口(Interface)是一系列操作的集合,它指定了一个类所提供的服务。在 UML 中,接口的图形表示如图 7-14 所示。

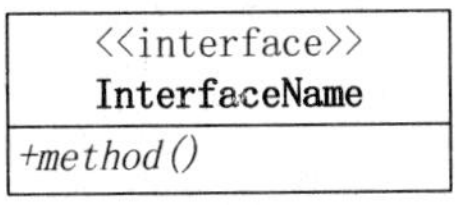

<<interface>>
InterfaceName
+*method*()

图 7-14　接口示例

5. 包图

包图是对 UML 中用例图、类图、UML 关系等模型元素的封装,它用于描述具有相似功能的模型元素的组合,或组织软件系统结构的层次,或展现整个系统的物理部署。通过包图,能对语义上相关的图形元素进行分组,简化系统结构描述,提高系统设计和实现的模块化程度,同时降低各子系统间的耦合度。

包图可以对应面向对象程序设计的语言成分,如 C++ 中的 namespace、Java 中的 package 等,也可以对应软件项目的组织结构,如项目文件夹。在使用包图的过程中需要注意以下几点。

(1) 包用矩形框表示,它可以包含类、对象、其他包以及 UML 关系等模型元素。

(2) 名称要准确描述包的语义,以增强包图的可理解性。

(3) 包之间也具有 UML 关系。

包图及包之间的关系如图 7-15 所示。

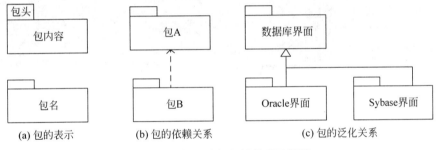

(a) 包的表示　　　(b) 包的依赖关系　　　(c) 包的泛化关系

图 7-15　包图及包之间关系示例图

从图 7-15 可以看出,包之间的关系主要有两类。

(1) 依赖关系:一个包中引入另一个包的输出信息。

(2) 泛化关系:定义包的继承关系,体现具有与类库相似的包的家族。

7.1.9　建立动态模型

动态模型描述了与操作时间和顺序有关的系统特征、影响更改的事件、事件的序列和事件的环境,以及事件的组织,一旦对象模型建立之后,就需要考察对象的动态行为,在 UML 中用各种行为图来描述系统的动态模型,其中比较重要的有状态图、序列图与活动图。

1. 状态图

状态图是一种常用的描述系统动态特性的工具,说明对象在它的生命期中相应时间所经历的状态序列,以及它们对事件的响应。状态图的目的是通过描述某个对象的状态和引起状态转换的事件或条件描述对象的行为。在实际建模时，并不一定为所有的对象都绘制状态图，仅对那些具有明确状态的对象，并且这些状态会影响和改变对象的行为才绘制对象的状态图。

状态图主要由两部分组成。

（1）状态：对象的状态是指在这个对象的生命期中的一个条件或状况，在此期间，对象将满足某些条件、执行某些活动，或者等待某些事件。

（2）转移：转移是由一种状态到另一种状态的迁移。这种转移由被建模实体内部或外部事件触发。对于一个类来说，转移通常是调用了一个可以引起状态发生重要变化的操作的结果。

常见的状态图元素如图 7-16 所示。

图 7-16　常用的状态图元素

图 7-17 表示 CD 播放器的状态图，包括了不同的状态及转换。

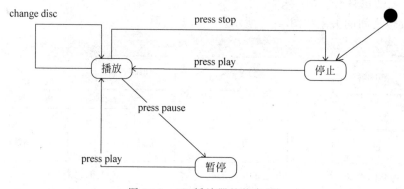

图 7-17　CD 播放器的状态图

【例 7.1】　有一个"病床"实体对象，它的状态迁移分散在不同的用例中，可以使用状态图统一表达这些状态的迁移，如图 7-18 所示。

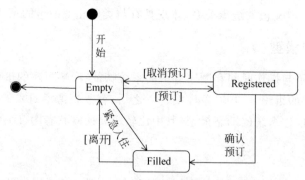

图 7-18　医院住/出院系统状态图

2. 序列图

序列图又叫顺序图,用于描述对象间的动态协作关系,并着重表现在时间先后顺序上多个对象是如何进行交互的。序列图中包括的元素有对象、生命线、激活和消息,如图 7-19 所示。

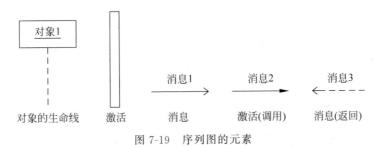

图 7-19　序列图的元素

(1) 对象:排列在图的顶部,在图中用矩形框表示,内部标注对象,对象名用下画线修饰。

(2) 生命线:对象下面的虚垂线是对象的生命线,在序列图中用矩形条和虚线相叠加,表示对象的生命期,生命线自由向下表示时间顺序。

(3) 激活:生命线上覆盖的长条矩形称为激活,表示一个对象执行一个动作所经历的时间段。

(4) 消息:表示对象间的每个事件,用带箭头的线表示。对每个消息都有一个消息标签,用来指明消息的名称。

序列图的重点是显示对象之间发送消息的时间顺序。在图中时间从上到下推移,并且显示对象之间随着时间的推移而交换的消息。

【例 7.2】　顾客在餐馆用餐与付款的具体过程描述如下:顾客找服务员点菜,点菜后服务员给厨师下单;厨师做完菜后,服务员给顾客上菜;顾客用餐后,向服务员提示付款,服务员通知收款员算账,收款员算账后,服务员把账单给顾客;顾客把信用卡给服务员,服务员送信用卡给收款员;收款员刷卡并打印信用卡签字确认单,服务员把信用卡签字确认单送给顾客,顾客签字后,服务员把签字确认单送给收款员;收款员校对签名,并把存根给服务员,最后服务员把存根送给顾客。描述上述过程的序列图,如图 7-20 所示。

3. 活动图

活动图用于描述用例或场景的活动顺序,或描述一个活动到另一个活动的控制流。活动图所描述的内容可以是类内部的处理流程,也可以是整个软件系统的操作流程。活动图反映在系统功能逻辑中参与的对象,以及每个对象各自的行为活动。活动图常用的元素如图 7-21 所示。

1) 活动图的目的

活动图本质上是一种流程图,能够与结构化系统开发方法中的数据流程图相对应。活动图主要用于以下目的。

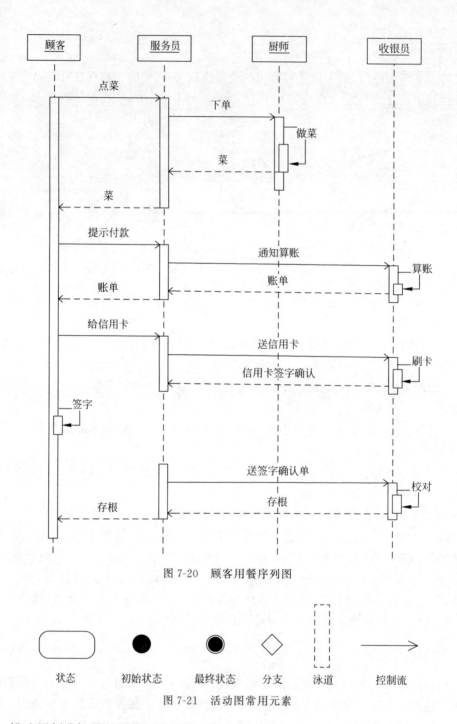

图 7-20　顾客用餐序列图

图 7-21　活动图常用元素

状态　　初始状态　　最终状态　　分支　　泳道　　控制流

- 描述用例或场景的活动顺序。
- 描述一个活动到另一个活动的控制流。
- 描述类内部的工作和处理流程。
- 反映活动所影响的对象。
- 反映每个对象各自的行为活动。

2）活动图的组成

活动图的图形元素包括以下几个主要的组成部分。

- 起点：用实心黑色圆点表示，表明活动图行为的初始位置或状态。
- 终点：在起点上外加一个小圆来表示，表明活动图行为的结束位置或状态。
- 对象：用对象名称表示，表明活动过程中涉及的对象，或触发活动的对象。
- 活动约束：通过设置活动的前置条件和后置条件来约束活动。前置条件是指活动前需要满足的先决条件；后置条件是指活动结束后执行后续操作所需的条件。
- 控制流：活动图中各项活动间的转换控制，用带箭头的直线表示，箭头指向下一个将要转入的活动。
- 分支：活动流分支的图形元素用菱形表示。活动后置条件的不同，导致了不同的控制流程。
- 并发：并发的图形元素用一条竖线和多条控制流共同描述。活动图在描述系统控制流时，会存在多个并发流程的情况。并发将控制流分为多个并行运行的分支，以达到共同完成事务活动的目的。
- 异常处理：异常处理用一条有向折线表示，折线箭头指向处理异常的类、接口等模型元素。异常定义了当活动中发生特殊情况时涉及的对象及相关操作。
- 泳道：泳道通过画虚线的方式，将活动划分为若干组，每组活动被指定给相关对象。通过划分泳道，明确了对象中包含哪些活动，或者相关的操作分配给哪个对象。每个泳道必定和系统的某个对象相关，每个活动只能属于一个泳道。

活动图是对系统（子系统）流程的描述，涉及问题域的事件、事物和对象，因而主要用于对象的分析阶段。

3）活动图与状态图的区别

状态图和活动图是容易混淆的两类图。状态图描述的是某一对象的状态、状态转换及状态转换的触发事件或条件。通过状态图，能够知道对象在其生命期内与哪些事件（操作）相关。由于状态图面对的是对象，因此它是类图的有益补充。

活动图描述的是某个用例或场景的具体步骤，表现为对一组相关对象的一系列操作。活动图反映了系统的操作流程，体现了系统的功能。活动图是对用例或场景的细化，帮助设计人员了解和掌握用户的业务领域流程。

例如，在"试卷自动生成系统"中，"试题"是一个对象，则"已录入""未录入""已被选""未被选"等都是该对象的状态，这些状态之间的转换就需要用状态图来描述。而"试题录入""选题"等操作，涉及试题、教师、试卷等多个对象，这些操作流程是系统的一个用例或场景，因而用活动图来描述。

【例7.3】 病人住院治疗时，首先需要看诊，医生通过诊断后决定是否住院，如果不需住院则结束；如果需要住院，病人开始办理住院手续。随后，医院医护人员办理住院手续，病人开始住院。住院期间，护理站人员对病人进行不断诊疗，直到病人康复，病人开始办理出院手续,医护人员为病人办理出院。描述上述活动的活动图如图 7-22 所示。

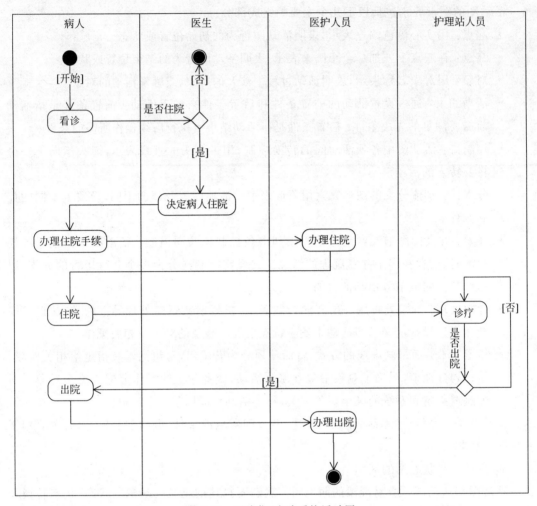

图 7-22　医院住/出院系统活动图

7.1.10　建立功能模型

通常在建立了对象模型和动态模型之后再建立功能模型。功能模型指明了系统应该"做什么",更直接地反映了用户对目标系统的需求。在结构化分析方法中,功能模型通常由一组数据流图组成。在面向对象方法学中,UML 提供的用例图是进行需求分析和建立功能模型的强有力工具。在 UML 中把用例图建立起来的系统模型称为用例模型。

1. 用例图

用例图(Use Case Diagram)是一组行为图,由参与者、用例(Use Case)和它们之间的关系共同构成,是用于描述系统功能的图。它是用例建模的模型元素,描述用例模型中的关系。

用例图是从系统外部描述系统的功能及功能间的关系,它主要用于子系统包、类等事物的功能行为描述。用例图不描述功能实现的细节和性能的约束。用例图的图形元素介绍如下。

1）用例

用例是对一组动作序列的抽象描述,系统执行这些动作序列,产生相应的结果。这些结果要么反馈给参与者,要么作为其他用例的参数。因此,用例通常用于子系统包、类的功能描述。用例元素用椭圆表示,椭圆内定义用例名称。用例有如下特点。

- 用例是从参与者的角度出发来描述系统功能。
- 用例粒度由需求分析人员确定,只要能清楚地表示用户功能即可。
- 用例图不描述多个用例在操作上、时间上的执行顺序。
- 用例不描述具体的实现细节或逻辑过程。
- 一个用例对应用户一个具体的功能目标。

2）参与者

参与者不仅是指系统的用户,它实际上泛指软件系统外部的、所有与系统交互的角色。它在系统之外,通过系统边界与系统内部进行交互,参与者可以是人,可以是与系统进行信息交换的其他外部系统。相同的人或外部系统可以扮演不同角色,从而成为用例图的不同参与者。

3）系统边界

系统边界划分了系统的内部功能和外部参与者。系统边界用矩形框表示,框内是用例,框外是参与者,并可以在矩形框内给出软件系统名称。在不导致出现理解歧义的前提下,系统边界可以省略。

4）通信

通信也称为关联,它连接参与者与用例,表示参与者与用例之间的关系。在 UML 中用一根实线表示,线端可以有箭头。

用例图元素如图 7-23 所示。

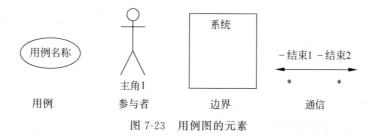

图 7-23　用例图的元素

2. 用例图中的关系

关系用于描述用例图模型元素之间的关联。关系用有向箭头连接参与者与参与者、参与者与用例、用例与用例,并在箭头上定义关系的语义,有向箭头就描述了它们之间的关系。用例图的模型元素之间的常用关系有使用、包含、扩展与泛化关系。

1）使用（uses）

使用关系，表示参与者对用例的操作，例如"普通用户"操作"查询信息"，在一般情况下可省略。它也用于描述一个用例需要借用另一个用例来完成自己的功能，用<< uses >>以及带箭头的实线表示，箭头指向被使用的用例，如图7-24所示。

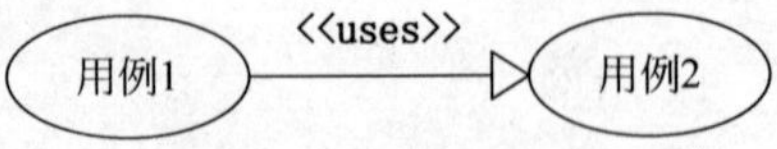

图7-24　使用关系

2）包含（include）

包含关系，表示一个用例的行为包括另一个用例的行为。前者称为基本用例，它描述了其他用例的公共行为。基本用例提供了用例必需的信息或过程。后者称为扩展用例，它为基本用例提供特殊服务。例如"确定领域"功能需要"领域数据"提供领域信息，才能为相应用户提供专业领域服务，如图7-25所示。

3）扩展（extends）

扩展关系，表示扩展用例对基本用例的特殊服务。扩展用例一般是对基本用例的补充，但不影响基本用例的独立性，即没有扩展用例，基本用例也能独立实现功能。基本用例和扩展用例是低耦合的关系，而包含关系中，基本用例需要其他用例的支持，它们之间具有较强的耦合性，如图7-26所示。

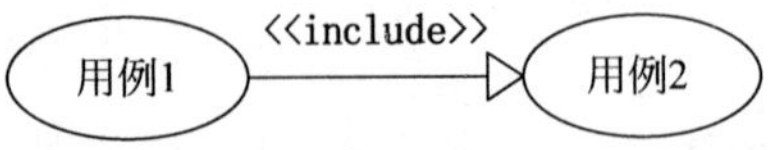

图7-25　包含关系 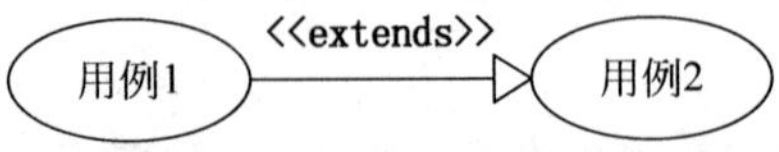　　　　　图7-26　扩展关系

4）泛化关系

泛化关系表示不同参与者或不同用例间的继承关系。例如"领域用户"是"用户"的派生，除了具有用户的基本属性和方法外，还具有自身的领域特征。

【例7.4】　一个简化的搜索引擎包括用户登录、查询信息、确定领域、查询结果反馈、管理数据等用例，系统参与者包括普通用户、领域用户与管理员，请结合实际，给出搜索引擎的基本的用例图表示。

分析：从上面的描述得知简化的搜索引擎的用例与参与者，结合搜索引擎实际的情况，普通用户主要完成信息的查询搜索工作，领域用户除了进行信息查询还需确定领域且执行查询结果反馈功能，管理员完成对普通数据与领域数据的管理。简化的搜索引擎基本用例图如图7-27所示。

需要说明的是：当用例图中表示参与者和用例间的<< uses >>关系时，在不产生歧义的前提下<< uses >>标记可以省略。

【例7.5】　某个仓库系统有3个用例（活动）：货物进仓、货物出仓和显示库存。当货物出仓时，要检查货物的库存情况，如果库存小于10就不能出仓。仓库管理员是活动的执行者，货物出入仓时，仓库管理员需要开具"出入仓单"。请画出该仓库系统用例图。

分析：从上面的描述得知货物出仓要检查库存情况，因此用例"货物出仓"要使用用例"显示库存"。而对于用例"货物进仓"，仓库管理员在货物进仓的同时，要检查货物的库存情况，因此两者之间可以是扩展关系。该仓库系统的用例图如图7-28所示。

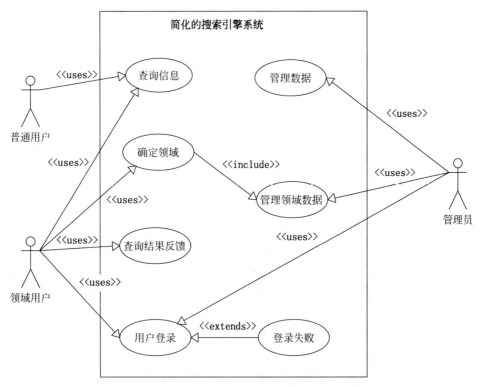

图 7-27 搜索引擎的基本用例图

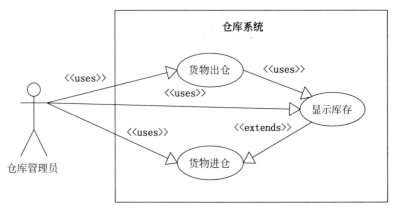

图 7-28 仓库系统的用例图

7.2 面向对象设计

面向对象设计(OOD)是指用面向对象方法指导系统设计软件实现方案的过程,从
OOA 到 OOD 平滑过渡,使得能够将 OOA 的分析结果直接映射为设计方案甚至实现。与
传统软件工程过程开发模型中把软件设计分为概要设计(总体设计)和详细设计相类似,面
向对象软件工程将软件设计划分为系统设计和对象设计,其中以对象设计为主,因为对象自
身的定义和对象间的关系体现了系统设计的内容和方案。

7.2.1　面向对象分析与设计的关系

早期的 OOD 并不是按照现代软件工程过程从 OOA 转换而来的。它是从面向对象编程(Object Oriented Programming,OOP)发展而来的,根据 OOP 选定的编程语言进行 OOD 过程。需求的获取,仍然采用结构化分析的方法进行。用典型的数据流图描述数据和变换过程,并相应地设计为类的属性和方法。但随着 OOD 思想的不断延伸,不可避免地触及需求分析的内容,如对类-对象的分析、类间关系的描述等。因而结构化的需求分析已难以与之相适应,需要有与 OOD 相适应的 OOA 的方法。

面向对象软件工程是以面向对象方法为基础,用 UML 模型元素描述需求的设计实现和测试系统开发全过程。OOD 即是在 OOA 基础上进行的系统设计。OOD 通过不断加深、补充 OOA 的分析结果,完善 OOA 分析中的不足,从而进一步深化了对需求的理解和把握。因此,从 OOA 到 OOD 是一个反复迭代的过程,同时采用 UML 模型元素,大大降低了 OOA 过渡到 OOD 的难度、工作量和出错率,保证了分析人员在从 OOA 到 OOD 的过程中对设计人员指导的一致性和完整性,并能有效地跟踪系统后续的实现和测试过程,对整个系统管理和开发工作进行质量评估。

OOD 的特点主要体现在以下几个方面。

(1) 与 OOA 和 OOP 共同构成面向对象开发的整个过程链,全面体现面向对象的特点。

(2) 强调对象结构而不是程序结构,增加了信息共享的机制,提高了信息共享的程度。

(3) OOD 的设计过程有时要与 OOP 所选用的编程语言相结合,因为不同的面向对象编程语言对于面向对象机制的支持程度不尽相同。

(4) 因为 OOA 和 OOD 的过程都使用 UML 语言来描述,因而过程间的转换不需要任何映射方法和转换步骤,更有利于各阶段间转换和分析结果的复用。

7.2.2　面向对象类的设计

类设计时的第一步是标识应用所需的概念。应用分析过程包括了对问题论域所需的类的模型化;但在最终实现应用时不只有这些类,还需要追加一些类。

1. 类设计的目标

类设计的主要目标如下。

1) 单一概念的模型

在分析与高层设计阶段标识一个"概念"时,常常需要使用多个类来表示。通常在面向对象设计时,需要对一个概念进行分解,用一组类来表示这个概念。一个独立的类只表示一个概念。

2) 可复用的部件

为使所开发的部件能用在未来的应用中,需要一些附加特性。例如,在类的集合中接口的标准化。

3) 可靠的部件

应用软件必须是可靠的,而这种可靠性与它的部件有关。每个部件必须经过充分的测试。如果要建立可复用的类,则通过测试确保部件的可靠性是绝对必要的。

4）可集成的部件

人们希望把类的实例用到其他类的开发和应用中,这要求类的界面应当尽可能小,表示某个类所需要的数据和操作都定义在类中。因此,类的设计应当尽量减少命名冲突,并利用封装特性保证把一个概念的所有细节都组合在一个界面下,利用信息隐蔽保证实现过程中的名字将不会与其他类的名字互相干扰。

2. 通过复用设计类

利用现存类来设计新类有 4 种方式:选择、分解、配置和演变,这是面向对象技术的一个重要优点。许多类的设计都是基于现存类的复用。

1）选择

设计一个类最简单的方法是从现存的部件中简单地选择合乎需要的软件部件,这就是开发软件库的目的。面向对象开发环境应提供一个常用部件库,大多数语言环境都带有原始部件库,如整数、实数和字符,它是提供其他所有功能的基础层。任意基本部件库(如"基本数据结构"部件)都应建立在这些原始层上,例如,列表、集合、栈和队列等。这个层还包括一组提供其他应用域服务的一般类,如窗口系统、图形和图元。

2）分解

最初标识的"类"常常是几个概念的组合。在着手设计时,可能会发现所标识的操作落在分散的几个概念中,或者会发现,数据属性被分开放到模型中拆散概念形成的几个组内,这样必须把一个类分成几个类,希望新标识的类容易实现,或者它们已经存在。

3）配置

在设计类时,可能会要求由现存类的实例提供类的某些特性。通过把相应类的实例声明为新类的属性来配置新类。例如,一种仿真服务器可能要求使用一个计时器来跟踪服务时间。设计者不必开发在这个行为中所需的数据和操作,而是应当找到计时器类,并在服务器类的定义中声明它。

4）演变

要求开发的新类可能与一个现存类非常类似,但不是完全相同。此时,不适宜采用"选择"操作。这时可以从一个现存类演化成一个新类,利用继承机制来表示泛化/特化的联系。特化处理有 3 种可能的方式,如图 7-29 所示。

如果新的概念是一个现存类所表示概念的一个特殊情况,特化运算可以从该现存类的定义产生新类的初始构造,这是典型的类继承的使用。现存类 A 的数据结构和操作可以成为新类 B 的一部分,如图 7-29(a)所示。

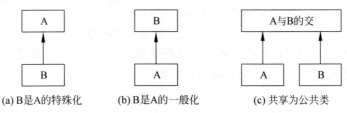

图 7-29 类 A 与类 B 的泛化/特化关系

现存类 A 的公共操作成为新类 B 的共有界面部分。如果新类比软件库中那些现存类更一般,则新类 B 不具有现存类 A 的全部特性,泛化运算把两个类中共同的特性移到新的更高层的类中。例如,原来的类 A 成为新类 B 的子类。如图 7-29(b)所示。

此外可能发现,一个现存类 A 与我们设计的新类 B 共享了概念的某一个部分,则两个概念的共同部分形成新类的基础,且现存类与新类两者成为子类,如图 7-29(c)所示。

后两种涉及现存类的修改,在这两种情况下,可将现存类中定义的操作或数据移到新类中。如果遵循信息隐蔽和数据抽象的原理,这种移动应不影响已有的使用这些类的应用。类的界面保持一致,虽然某些操作是通过继承而不是通过类的定义延伸到这个类的。

3. 类的设计方法

通常,类中的对象具有相同的属性和操作。因此,应当建立一个机制来表示类中对象的数据结构、处理定义和引入过程。这时,类的设计是由数据模型化、功能定义和 ADT(Abstract Data Type,抽象数据类型)定义混合而成的。类是某些概念的一个数据模型,类的属性就是模型中的数据域,类的操作就是数据模型允许的操作,两个处理是互补的。类的标识有主动和被动之分:被动类是以数据为中心的,它能根据系统的其他对象发送来的消息而修改其封装的数据模型;主动类则提供许多系统必须履行的基本操作。

与被动类的实例(被动对象)一样,主动类的实例(主动对象)接收消息,但这些对象是负责发送附加消息和控制某些应用部分的。在窗口环境,一个窗口对象是一个被动对象,窗口是基于发送给窗口的消息来显示某些内容的。窗口管理器是一个主动对象,它担负着在它所控制的窗口上的各种操作。

在被动类与主动类的设计之间不存在明显的差别。在设计主动类时,需要优先确定数据模型,稍后再确定操作;在设计被动对象时,把类提供的服务翻译成操作。在标识了服务之后再设计为支持服务所需要的数据。许多类都是这两个极端的混合。

类中对象的组成包括了 public(共享界面)、operation(操作)和 private(私有数据结构),而消息则通过消息响应机制进行消息的发送与消息处理。因此,类的设计描述包括以下两部分。

1)协议描述

协议描述定义了每个对象类可以接收的消息和当对象接收到消息后完成相关操作来建立对象接口。协议描述仅仅是一组消息和对消息的注释。

2)实现描述

实现描述说明了每个操作的实现细节,这些操作应包含在对象类的消息中,由以下信息构成。

① 属性定义。说明类的数据类型、操作方法(包括对象名和对类引用的规格说明)等。

② 类接口描述。该类的各共有界面,一般包括继承界面和外部界面。

③ 类实例的可能状态之间的有效变换集。

实现描述必须包含充足的信息,以提供在协议描述中所描述的所有消息的处理方式。使用类所提供服务的用户必须熟悉如何实现服务的协议,而服务的提供者(对象类)必须考虑服务如何提供给用户,即实现细节的封装问题。

4. 类的界面

类的界面构成了类的规格说明,定义了它与其他类的交互。界面包括操作特征、先决条件和后置条件。类定义中有如下 3 种不同的存取级别。

1) public(共有界面)

类 A 的共有界面的使用者是所有使用类 A 的实例的对象集合。这个界面是该类操作的一个列表,它包括通常使用的算法与输入输出函数。这些操作的实现和类 A 的数据元素的确切表示,对于类 A 的用户来说都是隐蔽的。

2) private(私有界面)

类 A 的私有界面是一些操作的集合,这些操作仅为该类的其他操作所使用。它们是依赖于实现的,同时它们进一步把实现的细节对外部世界隐蔽起来。

3) subclass(子类)

类 A 的子类界面是一个操作的集合,使用这些操作可存取类 A 子类的实例。这些操作在一定程度上依赖于实现。它们允许子类对类的细节进行特殊的存取。

5. 类的消息模式

在类的设计过程中要根据功能模型、动态模型以及实际情况来设计对象的消息模式。对象之间相互传递消息的机制是:当一个对象接收了一条消息后,就在该对象中寻找消息指定操作名,假如没有找到,就到它的父类中寻找,直到查找成功,或查找失败(找完根类对象)为止。如果找到了所需的操作,就执行这个操作,执行的过程中会有相关的消息发送,消息发送的方法是完全一样的,不考虑具体的接收者。因此,有可能具有相同方法名的不同对象,用不同的方式响应同一条消息的发送,这称为消息发送的多态性。当一对象把一条消息发送出去后,有两种控制方式。一种情况是同时把控制转移给接收消息的对象,当接收消息的那个对象把任务完成后,再把控制权转回给发送消息的对象,这种情况称为控制单线,也可理解为运行过程中的过程调用。另一种情况是当消息发送后,发出的消息可能激活另一个对象(也可能那个接收者早已活动着),这种情况称为控制多线。也可理解为并发处理的通信模块,响应消息将以异步方式返回给发送消息的对象。在控制多线情况下,会出现多条消息排队等待接收对象处理的现象。

消息模式和处理能力共同构成对象的外部特性。

7.2.3 数据设计

数据设计是 OOD 模型中的主要部分之一,负责对永久对象的读取、存储等过程进行管理。数据设计可以利用关系数据库、面向对象数据库和文件系统提供的机制来实现。不同的文件管理方法对数据设计有着不同的影响。采用 OOD 进行数据设计时,目前主要的方法是基于关系数据库来实现。因为关系数据库有坚实的关系代数基础,不同的关系数据库系统都提供相同的数据库管理(共享、锁、完整性约束,支持事务等)、统一的操作接口和标准化的 SQL 语言。而面向对象数据库和文件系统无论在设计上还是实现上,与关系数据库相比,都还存在较大的不足。

1. 基于关系数据库的数据设计

在 OOA 和 OOD 的分析和设计过程中,得到了 UML 类图。基于关系数据库的设计,就是将类图作为关系数据库的概念模型,并兼顾类间的关联关系和泛化关系在数据库中的表示。对于 UML 的类图,通常只考虑转换类中的属性而不考虑类的方法,因为对关系数据库中表(属性集)的操作,必定通过关系数据库系统的接口,或在系统中提供统一方法对数据进行操作,在这些方法中就包括了原有类中的方法。

在将持久对象转换为关系数据时,类和对象与关系数据库的表之间有如表 7-2 所示的基本对应关系。

表 7-2　类和对象与关系数据库表之间的基本对应关系

OOD	关系数据库	描　述
类	表	类中关于属性的定义,就是关系数据库中表的结构
对象	行	对象是类的实例,即类的属性有具体值,对应表中的行
属性	列	类中的一个属性,对应关系数据库中表的一列
关系	表间连接	通过关系数据库中表间连接来设计类间关系

类间关系在关系数据库中的表示主要涉及关联关系和泛化关系。

1) 关联关系的数据设计

类间关联关系的数据设计主要涉及类间重数的描述,类间重数的关联包括如下几种。

(1) 一对一的关联。

一对一的关联有两种设计方案。

- 如果关联的双方(类)定义的属性不多,可直接将关联双方定义为一张单独的表。
- 为关联的双方各自定义一张表,在其中的一张表中定义另一张表的主键,用以实现关联。如果在关联双方各自的表里都定义对方的主键,则实现表间的双向连接。

【例 7.6】　给定一组一对一关联的类,如图 7-30 所示,请给出用两张表设计的一对一关联。

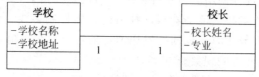

图 7-30　一对一关联类

根据已有的一对一关联类,设计两张表实现这种关联,其中补充定义"学校编号"和"工号"的属性是类所对应的表的主键,这样就实现了表间双向关联如表 7-3、表 7-4 所示。

表 7-3　学校类的表

属性	是否主键
学校编号	是
工号	否(外键)
学校名称	否
学校地址	否

表 7-4　校长类的表

属性	是否主键
工号	是
学校编号	否(外键)
校长姓名	否
专业	否

(2) 一对多的关联。

对于一对多的数据设计,可以考虑将重数为"1"的类直接映射为一张表,并设计主键 K;将重数为"多"的类映射为另一张表,并将 K 作为外键也定义在此表中,以满足关系引用的完整性。

【例7.7】 给定一组一对多关联的类,如图7-31所示,请设计数据表实现这种关联。

图7-31 一对多关联类

分析:本例中,可将教师类定义为一张表,将工号定义为主键,将试卷类定义为一张表,将工号作为外键,如表7-5、表7-6所示所示。

表7-5 教师类表

属性	是否主键
工号	是
姓名	否
权限	否

表7-6 试卷类表

属性	是否主键
试卷编号	是
课程编号	否(外键)
工号	否(外键)
试题	否

(3) 多对多的关联。

为了表示多对多的关联,在多对多数据设计模型中必须引入一张新表,通过此表将多对多的关系转换为两个一对多的关联。

2) 泛化关系的数据设计

对泛化关系的数据设计时,通常采用两种方式进行映射。

(1) 由于基类和派生类之间的继承关系,使得派生类具有基类的属性和方法,因此可以仅将派生类映射为表,将基类中的属性直接定义在派生类的映射表中。另外,如果基类是抽象类,那么也适于采用这种方法将抽象类属性直接定义在派生类的映射表中。

(2) 对于基类和派生类各自定义对应的表,同时把基类的表中的主键定义为派生类表中的外键,以实现基类和派生类的泛化关系。

【例7.8】 已知"用户""教师"和"管理员"之间的泛化关系如图7-32所示,请给出对应的泛化关系数据表示。

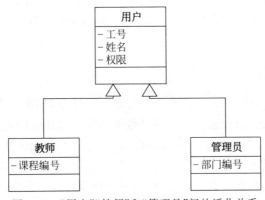

图7-32 "用户""教师"和"管理员"间的泛化关系

分析：针对图 7-32 中"用户""教师"和"管理员"间的泛化关系将基类和派生类映射为 3 张表的泛化关系，如表 7-7～表 7-9 所示。

表 7-7 用户类的表	
属性	是否主键
工号	是
姓名	否
权限	否

表 7-8 教师类的表	
属性	是否主键
课程编号	是
工号	否（外键）

表 7-9 管理员类的表	
属性	是否主键
部门编号	是
工号	否（外键）

2. 基于其他方式的数据设计

除了将类和对象转换为关系数据库以外，还能将类和对象进行面向对象数据库和文件的设计，以永久数据存取。

1）面向对象数据库的数据设计

面向对象数据库是把面向对象的方法和数据库技术结合起来，使得对数据库系统的分析、设计能与面向对象思想一样，符合人们对于客观世界的认识。

传统的数据库建模中，是通过实体关系定义数据库的表，甚至可以将问题域中的物理表格直接定义为数据库的表。但在面向对象方法中，没有表格，只有对象。因此，面向对象数据库面对的是类对象，判断出哪些类对象是永久对象，分析和设计如何高效存取这些对象是面向对象数据库设计的关键。

面向对象数据库系统提供数据描述语言来定义类对象的属性和方法；提供数据操纵语言实现对面向对象数据库的访问。借助于面向对象数据库系统，在面向对象数据库设计中只需考虑表示出需要存储的对象即可。

2）面向文件的数据设计

使用文件系统进行数据设计，不会影响 OOD 的数据建模部分。由于文件没有逻辑大小限制，因此适用于海量数据存储。但与关系数据库和面向对象数据库相比，由于文件系统没有专门的数据管理部分，因而需要设计与数据管理相关的内容，如存储的并发、记录更新、锁机制和数据访问的安全性问题等。

数据存储方式多样，包括顺序文件、索引文件、倒排文件等方式。这些方式各有利弊，各自针对不同特征的应用领域和存储文件。但无论采用哪种文件存储方式，都要考虑对文件进行高效检索的问题。

7.2.4 人机交互设计

交互设计是 OOD 中与系统外部进行信息交换的过程，如果外部系统是其他的软件系统，交互设计的重点就在接口设计上，并满足数据的发送和接收的进行和同步。如果与系统交互的是人，则人机交互设计的重点在界面设计、命令层次和输出报表成为文件等内容上。

人机交互设计的优劣将直接导致用户是否愿意使用，以及是否能快速正确地使用系统。好的人机交互设计不仅界面美观、易用、好用，而且操作流程符合用户的方式和习惯，利于减少用户操作错误。由此可见，人机交互是一个以人的主观性为主导的设计过程，它不仅在技术上满足交互功能,更重要的是要站在用户角度看待人机交互设计的优与劣。

1. 人机交互设计的策略

结合面向对象的特点和实践经验,基于面向对象方法的人机交互设计策略如下。

(1) 对用户分类。根据用户的任务和权限,区分不同用户的操作习惯和命令使用,并不是所有用户都会使用系统的全部,事实上用户仅仅关心与其工作相关部分的功能。同时为了保证系统和数据的安全性,也不允许所有的用户操作和管理整个系统。因此,从面向对象的角度出发,应当定义具有不同权限的角色,并将这些角色授予不同用户,以实现对用户的分类。

(2) 对控制命令的分类。不同类型的用户,其操作方式(如查询、修改、流程控制等)都不完全相同。导航式设计是广泛采用的控制命令设计,它能根据不同的用户进行不同流程、控制的指导,这样也能尽量避免用户操作错误的可能。

(3) 设计人机交互的界面类。例如在图形用户界面环境中,为采用的窗口、按钮、菜单、对话框等图形元素定义相应的类,或通过继承方式修改已有界面类的外部视觉。需要注意的是,界面类的设计应避免在界面类中设计与系统功能有关的内容。界面类仅仅是一个人机交互中交换输入、输出数据的地方,并不进行数据的分析、处理。

2. 人机交互设计的原则

在应用人机交互设计策略的同时,应结合以下原则来进行全面设计。

(1) 保持用户界面的一致性。包括在同一用户界面中,涉及的窗口、菜单、命令、数据显示等都始终保持同一种形式和风格。如提供恢复(UNDO)操作,提供上下文环境的帮助,对数据的修改应提供“确认”回答等。在 OOD 中,应设计一组具有公共显示特性的类,虽然有不同的操作方式、不同的界面结构,但它们都共享这组类。这样,不仅满足了界面视觉的一致性,而且也利于界面修改时保持一致性。

(2) 显示必要信息。在用户界面、操作、上下文帮助等信息的显示上,应只显示必要信息,避免给用户造成混乱。信息显示还需要合理设计显示位置、大小等,这样才能高效利用有限的显示屏。在 OOD 设计中,避免将显示信息直接放入类中,而应组织信息存储的专门文件。因为显示信息的类负责如何显示信息,而与具体的信息内容无关。同时,组织信息文件也便于信息内容的修改和维护。

(3) 提供不同的数据输入方式。数据输入是人机交互过程中最重要的工作,提供高效的数据输入方式,不仅能够提高系统效率,更重要的是能够减少输入数据时出错的可能,包括提供固定格式的输入方式、隐藏当前状态下无效的命令,及时提供输入时的帮助等。

7.2.5　面向对象设计模式简介

OOD 的设计模型最早出现在 20 世纪的 70 年代末到 80 年代初,面向对象方法逐步引起人们的重视,并逐步应用于软件工程过程。1995 年出版的 *Design Pattern Element of Reusable Objet-Oriented Software* 一书,第一次将设计模式由实践提升到理论层面,书中介绍了多种基本的设计模型,并将其规范化。

设计模式是指一套经过规范定义的、有针对性的、能被重复应用的解决方案的总结。使用设计模式是为了更有效地重用原有代码，使得代码重用有章可循，增加了软件结构和代码的可理解性，增强了代码的可靠性。

设计模式包含动态变化和静态特征两方面，这样才具有适应不同应用需求的灵活性。通过对一类事物的操作或对象进行抽象，定义更高层次的（抽象）类以表述它们共同的静态特征，定义虚函数或接口，并通过聚合或继承方式来具体实现不同的动态变化。

按照设计模式的目的可以将 23 种设计模式分为三类：创建型设计模式、结构型设计模式和行为型设计模式。

（1）创建型设计模式包括：Abstract Factory（抽象工厂模式）、Factory Method（工厂方法模式）、Singleton（单态模式）、Builder（建造者模式）和 Prototype（原型模式）。

（2）结构型设计模式包括：Adapter（适配器模式）、Bridge（桥接模式）、Composite（组合模式）、Decorator（装饰模式）、Facade（外观模式）、Flyweight（享元模式）和 Proxy（代理模式）。

（3）行为型设计模式包括：Chain of Responsibility（责任链模式）、Command（命令模式）、Interpreter（解释器模式）、Iterator（迭代器模式）、Mediator（中介者模式）、Memento（备忘录模式）、Observer（观察者模式）、State（状态模式）、Strategy（策略模式）、Template Methed（模板方法模式）和 Visitor（访问者模式）。

为了便于理解，下面介绍几种常用的设计模式。

1. 抽象工厂模式

抽象工厂模式提供一个创建一系列相关或相互依赖对象的接口，而无须指定它们具体的类。例如，麦当劳的汉堡和肯德基的汉堡都是你爱吃的东西，虽然口味有所不同，但不管你去麦当劳还是肯德基，只管向服务员说"来个汉堡"就行了。麦当劳和肯德基就是生产汉堡的工厂。消费者任何时候需要某种产品，只需向工厂请求即可。消费者无须修改就可以接纳新产品。缺点是：当产品修改时，抽象工厂也要做相应的修改。

在抽象工厂模式中，一般需要如下参与者。

（1）抽象工厂（Abstract Factor）：声明一个创建抽象产品对象的操作接口。

（2）具体工厂（Concrete Factory）：实现创建具体产品对象的操作，即实现"抽象工厂"接口。

（3）抽象产品（Abstract Product）：为一类产品对象声明一个接口。

（4）具体产品（Concrete Product）：定义一个将被相应的具体工厂创建的产品对象，实现"抽象产品"接口。

（5）测试程序：仅使用由"抽象工厂"和"抽象产品"声明的接口。

抽象工厂模式的类图如图 7-33 所示。

2. 单态模式

在一些应用场景下，有时只需要产生一个系统实例或一个对象实例，例如，对于同一个视频播放器软件来说，只希望有一个实例存在，而不允许同一播放器的多个实例同时运行；用户对数据库访问时，只有一个数据库连接的实例提供给该用户来操作数据。单态模式的

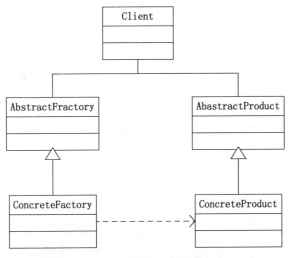

图 7-33   抽象工厂模式类图

优势在于,使得系统运行时仅有一个受约束的实例存在,降低系统控制的复杂度,避免由于产生多个对象而造成的混乱。单态模式描述格式的内容如表 7-10 所示。

表 7-10   单态模式描述格式的内容

设计模式要素	说　　明
目的	一个类仅提供一个实例,并且该实例贯穿于整个应用系统的生命周期
问题描述	只需要对类实例化出一个对象
解决方案	为了确保一个类只有一个对象,定义静态成员数据和静态成员函数,以得到控制访问的唯一实例
参与者	包括一个静态成员数据,它是对该类访问的唯一实例;获取该静态成员数据的静态成员函数,它使得能从外部访问类的唯一实例

3. 建造者模式

建造者模式将一个复杂对象的构建与它的表示分离,使得同样的构建过程可以创建不同的表示。例如,朋友见面都喜欢说"你好",见到不同地方的朋友要能够用他们的方言跟他们说这句话。假设有一个多种语言翻译机,上面每种语言都有个按键,见到朋友时,你只要按下对应的键,它就能够用相应的语言说出"你好",国外的朋友也可以轻松听懂,这就是"你好"建造者。

在建造者模式中,一般需要如下参与者。

(1) 建造者(Builder):为创建一个产品对象的各个部件指定抽象接口。

(2) 具体建造者(Concrete Builder):实现建造者接口以构造和装配该产品的各个部件。

(3) 导演(Director):构造一个使用建造者接口的对象。

(4) 产品(Product):表示被构造的复杂对象。具体建造者创建该产品的内部表示并定义它的装配过程。

建造者模式的类图如图 7-34 所示。

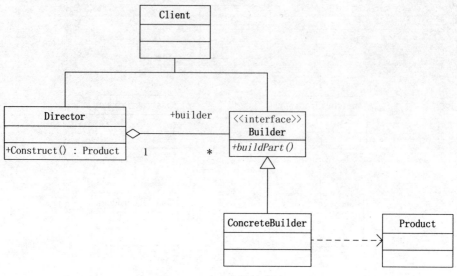

图 7-34　建造者模式的类图

4. 适配器模式

将一个类的接口转换成客户希望的另外一个接口。适配器模式使得原本由于接口不兼容而不能一起工作的那些类可以在一起工作。例如,笔记本电脑不能直接与 220V 的交流电源连接,需要使用电源适配器才能把电脑和交流电源连接在一起。

在适配器模式中,一般需要如下参与者。

(1) 目标接口(Targe):客户所期待的接口。目标可以是具体的或抽象的类,也可以是接口。

(2) 适配类(Adaptee):需要适配的类。

(3) 适配器(Aapter):通过包装一个需要适配的对象,把原接口转换成目标接口。

适配器模式的类图如图 7-35 所示。

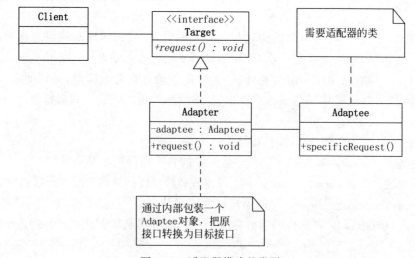

图 7-35　适配器模式的类图

7.2.6 建立实现模型

OOD建立的实现模型,主要用于描述系统实现时的特性,包括系统代码文件的组织构成,以及软件系统在硬件系统上的部署。它们分别由构件图和配置图组成。

1. 构件图

1) 构件图概述

构件图用于描述软件系统代码的物理组织结构,该结构用代码组件表示,因而也称为组件图。代码组件可以是源代码、二进制文件、目标文件、动态链接库、COM组件或可执行文件、数据和相关文档等。

构件图反映了软件组件间的依赖关系,显示了软件系统的逻辑组成结构。构件用带有两个小矩形框的矩形框表示,通过接口使一个构件可以访问另一个构件中定义的操作。

2) 建立构件图的过程

建立构件图的一般过程描述如下。

(1) 确定构件。构件存在于整个面向对象开发过程中,OOA的需求描述、数据字典的定义,OOD的接口设计、界面结构设计、数据设计和过程设计的定义,OOP编写的源文件,生成的链接库和可执行程序都是确定构件的主要依据。

(2) 确定构件间的依赖关系。如可执行程序需要库文件的支持。OOP中(如C++语言)CPP文件通常包含同名的.H文件中的定义等结构,都形成构件间的依赖关系。

(3) 确定与构件相关的其他文档。

图7-36给出一个简单的学生管理系统的构件图示例。

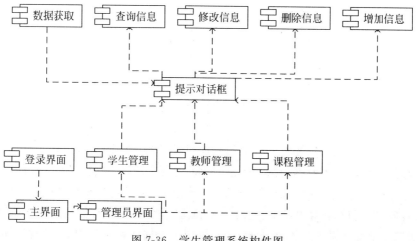

图7-36 学生管理系统构件图

2. 配置图

配置图用于描述软件系统在硬件系统中的部署,反映系统硬件的物理拓扑结构,以及在此结构上的软构件分布。因此,配置图也称为部署图。

配置图的图形元素包括以下几个主要的组成部分。

（1）节点：节点代表一个物理设备，以及在此节点上运行的软件或软件构件。节点的图形元素用立方体表示，并定义节点名称。

（2）连接：连接表示节点间交互的通信链路和联系。

（3）构件：构件是可执行程序或软件的逻辑单元，它分布在节点中，用带有两个小矩形框的矩形框表示。

建立配置图的一般过程如下。

（1）确定系统配置的拓扑结构，定义物理节点。

（2）确定构件图中的构件在拓扑结构中的位置，这是构件在硬件系统上的配置。

（3）确定物理节点间的关系，确定部署在同一节点上的构件间关系。

图 7-37 显示了学生管理系统的配置情况。

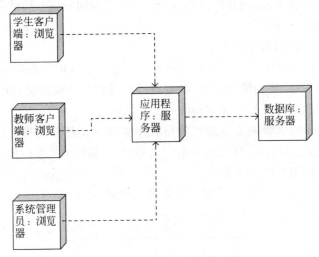

图 7-37　学生管理系统配置图

本 章 小 结

本章主要介绍面向对象开发方法中的面向对象分析与面向对象设计。

面向对象分析的基本原则包括：抽象、封装、继承、分类、聚合、关联、消息通信、粒度控制以及行为分析原则。面向对象分析包括：论域分析、应用分析及面向对象模型的建立。

面向对象模型包括：对象模型、动态模型和功能模型，其中对象模型用于描述系统的数据结构，动态模型描述系统的控制结构，功能模型用于描述系统的功能，三种模型密切相关，每一类模型都从不同侧面反映需求的内容，综合起来则反映用户需求的整体。

面向对象建模方法包括：Coad-Yourdon 方法、Booch 方法、OMT 方法、OOSE 方法以及（UML）统一建模方法。UML 是一种基于面向对象的可视化建模语言，采用丰富的图形符号隐含表示了模型元素的语法，并用这些图形符号组成元模型表达语义，组成模型描述系统的结构以及行为特征。UML 视图包括：用例视图、设计视图、实现视图、过程视图及配置视图等。本章采用 UML 方法，结合具体案例，详细介绍了对象模型、动态模型及功能模型的建立方法。

面向对象设计是指用面向对象方法指导系统设计软件实现方案的过程。面向对象设计包括：面向对象类的设计、数据设计以及人机交互设计。面向对象设计模式是指一套经过规范定义的、有针对性的、能被重复应用的解决方案的总结。按照设计模式的目的可以将 23 种设计模式分为三大类：创建型设计模式、结构型设计模式和行为型设计模式。本章详细介绍了抽象工厂模式、单态模式、建造者模式以及适配器模式。

本 章 练 习

1. 问题思考

（1）传统的软件工程与面向对象的软件工程有什么区别？

（2）面向对象的三大特征是什么？分别举例说明。

（3）什么是对象模型？什么是动态模型？什么是功能模型？它们之间有什么关系？

（4）什么是面向对象数据设计？如何将持久类映射为关系数据表？

（5）构件图与配置图的用途是什么？

2. 专题讨论

（1）利用抽象工厂的设计模式，对"白猫黑猫，抓住老鼠就是好猫"进行情景模拟，给出对应的类图。

（2）分析 POS 机系统中存在的角色及用例，画成 POS 机系统中部分用例图。

第8章 系统实施

信息系统的实施是系统开发工作的最后一个阶段,它的主要活动是根据系统设计所提供的控制结构图、数据库设计、系统配置方案及详细设计资料,编制和调试程序,并测试系统、进行系统切换等,将技术设计转化为物理实际系统。系统实施阶段是成功实现新系统的阶段,又是取得用户对系统信任的关键阶段,需要投入大量的人力、物力和财力,任务繁重。一般来说,系统的规模越大,实施阶段任务越复杂,因此,在系统正式实施之前,要制订周密的计划,确定实施方法、步骤、所需的时间与费用,以保证系统实施工作的顺利进行。

8.1 系统实施阶段的任务

系统实施是开发信息系统的最后一个阶段。这个阶段的任务是实现系统设计阶段提出的物理模型,按照实施方案完成一个可以实际运行的信息系统,交付用户使用。如图 8-1 所示。

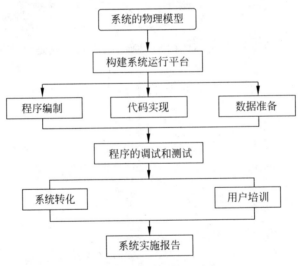

图 8-1 系统实施阶段流程

具体包含如下内容。

(1) 硬件准备。硬件准备包括计算机主机、输入输出设备、存储设备、辅助设备(稳压电源、空调设备)、通信设备等。

(2) 软件准备。准备系统软件、数据库管理系统以及一些应用软件。

(3) 程序的编码与实现。选用合适的程序设计语言,把模块的过程性描述翻译为源程序,源程序要求正确可靠、简明清晰、效率高。

(4) 数据准备。没有一定基础数据的准备,系统调试就不能很好地进行,所以系统实施前要将企业中相关基础数据转存到计算机存储器中。

（5）程序调试与测试。程序调试是将编制的程序投入实际运行前，用手工或编译程序等方法进行测试，修正语法错误和逻辑错误过程，软件测试属于质量保证活动，用于发现软件中存在的错误。

（6）人员培训。对新系统用户的培训内容包括两方面：一是关于先进管理思想和方法的教育；二是面向业务的培训，使系统用户学会新系统的使用方法。

系统实施阶段是一个非常重要的阶段。此阶段工作是否顺利，关系到整个系统的前期投入是否成功。

该阶段的主要人员有程序开发人员和用户。在这个阶段，需要用户积极主动地工作，而非简单地参与和被动地配合，并且要求工作细致。因此，该阶段存在许多问题，举例如下。①如何保证所开发软件具有高质量，具有良好的用户体验？这涉及系统的计算机可执行模型的设计；②如何将所设计的新系统更快地投入运行？这涉及系统的转换；③如何培训系统用户？这涉及系统文档的撰写。

8.2　物理系统的实施

信息系统物理系统的实施是计算机系统和通信网络系统设备的订购、机房的准备和设备的安装调试等一系列活动的总和。

8.2.1　计算机系统的实施

计算机系统的实施是计算机系统和通信网络系统设备的订购、机房的准备和设备的安装调试等一系列活动的总和。计算机系统实施具体包括如下环节。

1. 计算机系统选择

随着信息产业的发展，计算机技术的发展可谓日新月异，不同厂家和型号的计算机产品为信息系统的应用提供了广阔的舞台，但也给系统的实施带来了一定的复杂性。购置计算机系统的基本原则是满足软件系统的设计要求，同时考虑如下问题。

（1）计算机系统是否有合理的性能价格比。

（2）系统是不是具有良好的可扩充性。

（3）能否得到来自供应商的售后服务和技术支持等。

2. 机房准备

（1）机房要安装双层玻璃门窗，并且要求无尘。

（2）硬件通过电缆线连接至电源，防止静电感应。

（3）防止由于突然断电造成的事故发生，应安装备用电源设备，如功率足够的不间断电源。

3. 设备安调与人员培训

（1）安装与调试任务主要应由供货方负责完成。

（2）系统运行用的常规诊断校验系统也应由供货方提供，并负责操作人员的培训。

8.2.2　网络系统实施

随着互联网技术的进步，信息系统通常是一个由通信线路把各种设备连接起来组成的网络系统。这里的网络可以是局域网或广域网，其中局域网指一定范围内的网络，可以实现楼宇内部和临近的几座大楼之间的内部联系；而广域网能连接多个城市、国家或大洲，广域网不仅仅只是连接许多结点中的计算机，它还必须使得计算机之间能同时通信。信息系统实施过程中的网络系统的实施主要包括通信设备的安装、电缆线的铺设及网络性能测试等工作。

常用的通信线路有双绞线、同轴电缆、光纤电缆以及微波和卫星通信等，如图 8-2～图 8-5 所示。常用的通信设备有中继器、路由器、交换机等，如图 8-6 和图 8-7 所示。

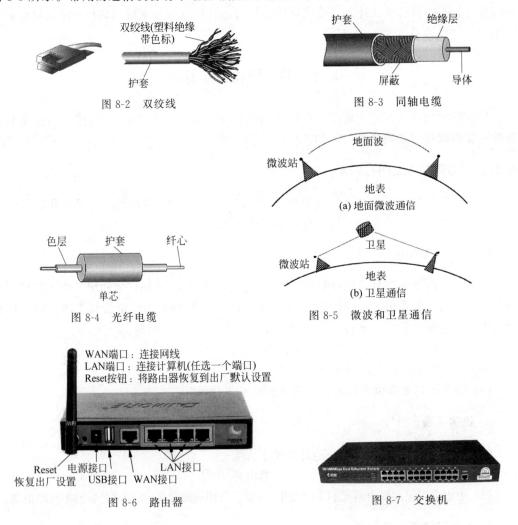

图 8-2　双绞线

图 8-3　同轴电缆

图 8-4　光纤电缆

图 8-5　微波和卫星通信

图 8-6　路由器

图 8-7　交换机

网络系统的实施主要包括以下几点。

（1）网络设备的采购、到货及验收。

（2）绘制网络施工图。

（3）网络工程施工。

（4）设备的安装与调试。

（5）网络系统的调试。

8.3　程序设计

8.3.1　程序设计的目标

随着计算机应用水平的提高,软件越来越复杂,同时硬件价格不断下降,软件费用在整个应用系统中所占的比重急剧上升,从而使人们对程序设计的要求发生了变化。在过去的小型程序设计中,主要强调程序的正确和效率,但对于大型系统中的程序设计,人们则倾向于首先强调程序的可维护性、可靠性和可理解性,然后才是效率。

1）可维护性

由于信息系统需求的不确定性,系统需求可能会随着环境的变化而不断变化,因此,就必须对系统功能进行完善和调整,这就需要对程序进行补充或修改。此外,由于计算机软硬件的更新换代也需要对程序进行相应的升级。信息系统寿命一般是 3～10 年,因此程序的维护工作量相当大。一个不易维护的程序,用不了多久就会因为不能满足应用需要而被淘汰,因此,可维护性是对程序设计的一项重要要求。

2）可靠性

程序应具有较好的容错能力,不仅正常情况下能正确工作,而且在意外情况下应便于处理,不致产生意外的操作,而造成严重损失。

3）可理解性

程序不仅要求逻辑正确,计算机能够执行,而且应当层次清楚,便于阅读。这是因为程序的维护工作量很大,程序维护人员经常要维护他人编写的程序,一个令人不易理解的程序将会给程序维护工作带来困难。

4）效率

程序的效率指程序能否有效地利用计算机资源。近年来地,由于硬件价格大幅度下降,而其性能却不断完善和提高,程序效率已不像以前那样举足轻重了。相反地,程序设计人员的工作效率则日益重要。提高程序设计人员的工作效率,不仅能降低软件开发成本,而且可明显降低程序的出错率,进而减轻维护人员的工作负担。此外,程序效率与可维护性、可理解性通常是矛盾的,在实际编程过程中,人们往往宁可牺牲一定的时间和空间,也要尽量提高系统的可理解性和可维护性,片面地追求程序的运行效率反而不利于程序设计质量的全面提高。

8.3.2　结构化程序设计语言机制

结构化程序设计强调程序设计的风格和程序结构的规范化,以及清晰的结构。这样的设计便于编写、阅读、修改和维护,提高了程序编写的效率以及可维护性,保证了程序的质量。

在编写程序时,结构化方法强调使用顺序结构、循环结构、选择结构等几种基本控制结构,通过组合嵌套,形成程序的控制结构。尽可能避免使用会影响程序质量的 GOTO 语句。在程序设计过程中,尽量采用自顶向下和逐步细化的原则,由粗到细,一步步展开。

1. 结构化程序设计的原则

(1) 使用语言中的顺序、选择、循环等有限的基本控制结构表示程序逻辑。

(2) 选用的控制结构只准许有一个入口和一个出口。

(3) 程序语句组成容易识别的块,每块只有一个入口和一个出口。

(4) 复杂结构应该用基本控制结构进行组合嵌套来实现。

(5) 语言中没有的控制结构,可用一段等价的程序段模拟,但要求该程序段在整个系统中应前后一致。

(6) 严格控制 GOTO 语句,仅在用一个非结构化的程序设计语言去实现一个结构化的构造,或者在某种可以改善而不是损害程序可读性的情况下才可以使用 GOTO 语句。

2. 程序设计自顶向下,模块化设计

自顶向下的模块化设计在系统分析和设计阶段都要使用,每个系统都是由功能模块构成层次结构,底层模块一般规模较小,功能简单,完成系统某一方面的处理功能。在设计中采取自顶向下、逐步求精的方法,把一个模块的功能逐步分解,细化为一系列具体的步骤,进而翻译成一系列用某种程序设计语言写成的程序。自顶向下,逐步求精的方法有如下优点。

(1) 符合人们解决复杂问题的普遍规律,可提高软件开发的成功率和生产率。

(2) 先全局后局部,先整体后细节,先抽象后具体,程序具有清晰的层次结构,容易阅读和理解。

(3) 程序自顶向下,逐步细化,分解成一个树状结构。在同一层的结点上做的细化工作相互独立。在任何一步发生错误,一般只影响它下层的结点,同一层其他结点不受影响。

(4) 程序清晰和模块化,使得在修改和重新设计一个软件时,可复用的代码量最大。

(5) 每一步工作仅在上层结点的基础上做少量设计扩展,便于检查。

(6) 有利于设计的分工和组织工作。

另外,在模块化程序设计中需要注意以下几点。

(1) 模块的独立性。在系统模块之间尽可能地相互独立,减少模块间的耦合。

(2) 模块大小划分要适当。模块中包含的子模块数要合适,既便于模块的单独开发,又便于系统重构。

(3) 模块功能要简单。底层模块一般只完成一项功能。

(4) 共享的功能块应集中。对于可供各模块共享的处理功能,应集中在上一层模块中,供各模块引用。

8.3.3 面向对象程序设计语言机制

面向对象程序设计语言除了结构化语言所支持的机制之外,还增加了面向对象特征和机制。

(1) 类。局部化设计原则是将数据结构与操作数据结构的行为集中在一起。类就很好地支持了这一原则,并且类的内部结构还提供外部访问类内部的权限(public、protected 和 private)。类的封装性很好地体现了模块化的信息隐藏原则。

(2) 继承性。继承性是使得类自动具有其他类的属性(数据结构)和方法(功能)的机制。通过继承,使得现有系统在原有代码的基础上,不加修改或稍做修改,就能实现新的需求。这不仅提高了开发效率,更保证了软件质量。

(3) 多态性。多态性是指相同的模块接口定义具有完全不同的实现过程。这使得具有相同语义而算法不同的模块共享相同的接口定义,减少了调用模块时的理解障碍和记忆负担。

(4) 消息机制。消息是实现多态性的重要机制之一。例如,鸟与兽关于"吃"都用 Eat() 来统一定义,如何区别调用两类不同的 Eat()呢?关键在于对象,消息(如"吃")是由对象发送的。

8.3.4 程序语言的选择

为某个特定开发项目选择程序设计语言时,既要从技术角度、工程角度、心理学角度评价和比较各种语言的适用程度,又必须考虑现实可能性,有时需要做出某种合理的折中。

在选择与评价语言时,首先要从问题入手,确定它的要求是什么,这些要求的相对重要性如何?再根据这些要求和相对重要性来衡量能采用的语言。通常考虑的因素有项目的应用范围、算法和计算复杂性、软件执行的环境、性能上的考虑与实现的条件、数据结构的复杂性、软件开发人员的知识水平和心理因素等。下面给出程序设计语言选择的准则。

(1) 工程项目规模。程序语言是用于实现工程的。工程规模的大小需要程序语言结构的灵活性支持。因为项目规模越大,其不可预测性的因素也越多。因而,需要程序语言在修改性、适应性、灵活性等方面给予更大的支持。

(2) 用户需求。一是用户需求的易变性;二是软件维护中用户的参与性。如果用户参与到开发、维护过程中,则应听取用户对于程序语言选择的意见。

(3) 开发和维护成本。这与程序语言及程序语言开发环境都密切相关。程序语言开发环境自身也是软件系统,也需要维护和技术支持,这些都构成了项目成本。

(4) 编程人员对程序语言的熟悉程度。选择编程人员熟悉的程序语言,不仅开发效率高,而且也能保证软件质量。

(5) 项目的领域背景。某些应用领域(如工程计算)都有本领域专用程序设计语言。这样就使得所选语言不仅有针对性,还能提高开发效率。即使采用通用程序语言,也要与应用领域相结合,并进一步考虑该领域的发展趋势。

8.3.5 软件设计风格

信息系统往往是由多个程序员协同完成的。每个程序员分别独立完成若干个模块的编程,然后将各模块集成为一个系统,不同的程序员设计出来的软件会有不同的风格。具备良好用户体验的系统需要有一个好的软件风格,一个好的软件应有统一的风格。信息系统作为一个软件产品,就具有产品的特征,其中之一就是质量。软件风格分为外部风格和内部风格。前者是从用户的视角出发,软件运行时,用户看到的是动态的软件,用户接口的设计确定了软件的外部风格;后者是从设计的角度出发,确定程序设计时必须遵循的风格。

程序员在编写程序之前,应该与系统设计人员讨论每个程序模块的功能和实现方法,正确理解其含义。如果在系统设计阶段,只是对模块内部处理过程进行细致的描述,为了提高程序的可读性,改善程序质量,通常需要在源程序文档化、数据说明、语句结构和输入/输出方法等方面保持良好的程序设计风格。

1. 源程序文档化

源程序文档化包括了标识符的命名、程序的注释以及程序的视觉组织三个方面。

1)标识符的命名

符号名即标识符,包括模块名、变量名、常量名、子程序名、数据区名、缓冲区名等。这些符号的名字应当能反映它所代表的实际内容,应有一定实际意义。

2)程序的注释

程序中的注释是程序员与读者之间通信的重要手段。正确的注释能够帮助读者理解程序,可为后续阶段进行测试和维护,提供明确的指导。因此,注释绝不是可有可无的,大多数程序设计语言允许使用自然语言来写注释,这就给阅读程序带来很大的方便。一些正规的程序文本中,注释行的数量占到整个源程序的 $1/3 \sim 1/2$,甚至更多。

3)程序的视觉组织

利用空格、空行和移行,提高程序的可视化程度。例如,在自然的程序段之间可用空行隔开;对于选择语句和循环语句,把其中的程序段语句向右做阶梯式移行。这样可使程序的逻辑结构更加清晰,层次更加分明。

2. 数据说明

在编写程序时,需注意数据说明的风格。为了使程序中数据说明更易于理解和维护,必须注意以下几点。

(1)数据说明的次序应当规范化,使数据属性容易查找。

(2)当多个变量名用一个语句说明时,应当对这些变量按字母的顺序排列。

(3)如果设计了一个复杂的数据结构,应当使用注释来说明在程序实现时这个数据结构的固有特点。

3. 语句结构

在设计阶段确定了软件的逻辑流程结构,但构造单个语句则是编码阶段的任务。语句构造力求简单、直接，不能为了片面追求效率而使语句复杂化。

4. 输入和输出（I/O）

输入和输出信息是与用户的使用直接相关的。输入和输出的方式和格式应当尽可能方便用户的使用。因此，在软件需求分析阶段和设计阶段，就应基本确定输入和输出的风格。系统能否被用户接受，有时就取决于输入和输出的风格。

对于输入数据，在设计和程序编码时都应考虑下列原则。

（1）对所有的输入数据都进行检验，从而识别错误的输入，以保证每个数据的有效性。

（2）检查输入项的各种重要组合的合理性，必要时报告输入状态信息。

（3）使得输入的步骤和操作尽可能简单，并保持简单的输入格式。

（4）输入数据时，应允许使用自由格式输入。

（5）应允许默认值。

（6）输入一批数据时，最好使用输入结束标志，而不要由用户指定输入数据数目。

（7）在以交互式输入/输出方式进行输入时，要在屏幕上使用提示符明确提示交互输入的请求，指明可使用选择项的种类和取值范围，同时，在数据输入的过程中和输入结束时，也要在屏幕上给出状态信息。

（8）当程序设计语言对输入/输出格式有严格要求时，应保持输入格式与输入语句的要求的一致性。

为保证输出数据的清晰性，输出数据的格式设计应满足如下原则。

（1）数值型数据应该做到：以小数点为分点，左右对齐，不显示高位无效零，低位无效零根据数据精度的要求显示；对于为零的数据一般采取不显示的方式，在某些特殊的情况下按特殊要求替代（如用符号"－"替代）。

（2）字符型数据应该做到：较长的数据采取左对齐的方式，便于阅读，而对于较短的数据可以采取居中的方式。

（3）日期型数据应该做到：采取一致的格式模板方式显示。

（4）对于屏幕输出，尽量保证输出内容在一屏中输出完全，尽量减少水平方向滚动。

8.3.6 程序效率

1. 提高效率的准则

程序的效率是指程序的执行速度及程序所需占用的内存的存储空间。典型的提高程序效率的准则如下。

（1）不要一味地追求程序的效率，应当在满足正确性、可靠性、可读性等质量因素的前提下，设法提高程序的效率。

（2）以提高程序的全局效率为主，以提高局部效率为辅。

（3）在优化程序效率时，应当先找出限制效率的"瓶颈"，不要在无关紧要之处优化。

（4）先优化数据结构和算法，再优化执行代码。

（5）有时候时间效率和空间效率可能对立，此时应当分析哪个更重要。例如多花费一些内存来提高性能。

（6）不要追求紧凑的代码，因为紧凑的代码并不能产生高效的机器码。

一般说来，任何对效率无重要改善，且对程序的简单性、可读性和正确性不利的程序设计方法都是不可取的。

2. 算法对效率的影响

源程序的效率与详细设计阶段确定的算法的效率直接有关。在详细设计翻译转换成源程序代码后，算法效率反映为程序的执行速度和存储容量的要求。

许多编译程序具有"优化"功能，可以自动生成高效率的目标代码。它可剔除重复的表达式计算，采用循环求值法、快速的算术运算，以及采用一些能够提高目标代码运行效率的算法来提高效率。对于效率至上的应用来说，这样的编译程序是很有效的。

8.4　软件的调试

很多错误是在软件程序的设计过程中产生，无法完全避免。对于一般的语法问题，可以自动提醒正在运行的系统程序，立即进行修改，所以，这类错误是非常容易辨别与改正的。另外一类错误是系统程序在运行过程中产生错误的计算结果，因为不正确的调控或者一些数据的运算逻辑产生问题，这类错误比较隐蔽，只是偶尔产生，也不容易察觉，所以，想要彻底处理这类问题是非常费时、费力的。

8.4.1　软件调试方法

软件调试有很多种方法。常用的有 4 种，即强行排错法、回溯排错法、归纳排错法和演绎排错法。

1. 强行排错法

这种方法需要动脑筋的地方比较少，因此叫强行排错。通常有以下 3 种表现形式。

（1）打印内存变量的数值。在执行程序时，通过打印内存变量的数值，将该数值同预期的数值进行比较，判断程序是否执行出错。对于小型程序，这种方法很有效。但程序较大时，由于数据量大，逻辑关系复杂，效果较差。

（2）在程序关键分支处设置断点，如弹出提示框。这种方法对于弄清多分支程序的流向很有帮助，可以很快锁定程序出错发生的位置范围。

（3）使用编程软件的调试工具。通常编程软件的 IDE 集成开发环境都有调试功能，使用最多的就是单步调试功能。它可以一步一步地跟踪程序的执行流程，以便发现错误所在。

2. 回溯排错法

这是在小型程序中常用的一种有效的调试方法。一旦发现了错误，可以先分析错误现象，确定最先发现该错误的位置。然后，沿程序的控制流程，人工追踪源程序代码，直到找到错误根源或确定错误产生的范围。

3. 归纳排错法

归纳排错法是一种从特殊推断一般的系统化思考方法。其基本思想是：从一些线索

（错误的现象）着手，通过分析它们之间的关系来找出错误。为此，可能需要列出一系列相关的输入，然后看哪些输入数据的运行结果是正确的，哪些输入数据的运行结果有错误，然后加以分析、归纳，最终找出错误原因。

4. 演绎排错法

演绎排错法是从一般原理或前提出发，经过排除和精确化的过程来推导出结论的思考方法。调试时，首先根据错误现象，设想及枚举出所有可能出错的原因作为假设。然后再使用相关数据进行测试，逐个排除不可能正确的假设。最后，再用测试数据验证剩余假设是否是出错的原因。

8.4.2 调试的原则及提升调试效率的方法

1. 调试的基本原则

调试成功的因素一方面在于方法，另一方面在很大程度上取决于个人的经验。但在调试时，通常应该遵循以下原则。

1) 确定错误的性质和位置

仔细分析思考与错误征兆有关的信息，避开死胡同。调试工具只是一种辅助手段。利用调试工具可以帮助思考，但不能代替思考。通常避免使用试探法，最多只能将它当作最后的手段，毕竟小概率事件有时也会发生。

2) 修改错误

在出现错误的地方，很可能还有别的错误。修改错误的一个常见失误是只修改了这个错误的征兆或这个错误的表现，而没有修改错误本身，在修正一个错误的同时又引入新的错误。

2. 提升调试效率的方法

1) 绘制程序流程图

一些程序员认为，绘制程序流程图是烦琐的事，而且浪费时间。其实不然，当读者对着偌大的程序一筹莫展时，面对纷纭复杂的关系理不出头绪时，使用程序流程图绝对可以事半功倍。建议在编制程序前先绘制流程图，使编程的思路有条理，调试时同样会有条不紊。若编制程序之前没有绘制流程图，当排错没有进展时，可以马上编写流程图。你会发现，程序中某些分支或细节被忽略了，这些细节可能就是程序出错的地方。

2) 不要过多地依赖单步调试

有些程序对时间很敏感。数据只在某一瞬间有效，等到单步执行到那里时，数据早已更改了。当然，调试也就不会得到有意义的结果。

3) 修改代码的原则

在程序彻底正常运行前，决不要轻易删除一段代码，即使当时认为这段代码是错的。现在的集成开发环境都提供了注释工具，将暂时认为错误的代码注释要优于直接删除。若同一段代码修改多次，还应该在代码后面注明修改的时间及修改的原因。这些信息在后续的调试中会给你带来帮助。

4）检查循环语句

循环语句经常是造成程序没有任何响应的罪魁祸首。详细检查程序中使用的每一个循环语句，尤其是 while() 循环语句。

5）与外部设备打交道

在程序中操作文件时，一定要编写出错处理的代码。因为这些外部设备随时、随机都有可能不满足编制程序时的条件。

6）数组下标和循环的上下限

为简化程序的编制，对于大量的、有规律的数据处理，通常都会选择采用数组和循环来实现。此时要注意检查：设置的数组下标是否满足实际数据需要，循环的上下限是否漏掉了数据的两个端点值。

7）屏蔽无关的代码

当调试某个功能的代码时，为缩小查找范围，可以把与其无关的其他代码作为注释，或把该段代码的某个分支作为注释，这样会加快找到问题的根源。

8.5　软件的测试

8.5.1　软件测试概述

1. 软件测试概念

软件测试是为了发现错误而执行程序的过程。也就是说，根据软件开发各阶段的规格说明和程序的内部结构而精心设计了一批测试用例（即输入数据及其预期的输出结果），并利用这些测试用例去运行程序，以发现程序错误的过程。软件测试在软件生命周期中横跨两个阶段：通常在编写出每一个模块之后就对它做必要的测试（称为单元测试）。模块的编写者与测试者是同一个人。编码与单元测试属于软件生命周期中的同一个阶段。在这个阶段结束之后，对软件系统还要进行各种综合测试，这是软件生命周期的另一个独立的阶段，即测试阶段，通常由专门的测试人员承担这项工作。

2. 软件测试的目的和原则

设计测试的目标是以最少的时间和人力，系统地找出软件中潜在的各种错误和缺陷。如果成功地实施了测试，就能够发现软件中的错误。测试的附带收获是，它能够证明软件的功能和性能与需求说明相符合。此外，实施测试收集到的测试结果数据为可靠性分析提供了依据。所以，软件测试不能表明软件中不存在错误，它只能说明软件中存在错误。

软件测试的原则如下。

（1）应当把"尽早地和不断地进行软件测试"作为软件开发者的座右铭。不应把软件测试仅仅看作是软件开发的一个独立阶段，而应当把它贯穿到软件开发的各个阶段中。坚持在软件开发的各个阶段的技术评审，这样才能在开发过程中尽早发现和预防错误，把出现的错误克服在早期，杜绝某些隐患。

（2）测试用例应由测试输入数据和与之对应的预期输出结果两部分组成。测试以前，应当根据测试的要求选择测试用例(Test Case),用来检验程序员编制的程序,因此不但需要测试的输入数据,而且需要针对这些输入数据的预期输出结果。

(3)程序员应避免检查自己的程序。程序员应尽可能避免测试自己编写的程序,程序开发小组也应尽可能避免测试本小组开发的程序。如果条件允许,最好建立独立的软件测试小组或测试机构。这点不能与程序的调试相混淆,调试由程序员自己来做可能更有效。

(4)在设计测试用例时,应当包括合理的输入条件和不合理的输入条件。合理的输入条件是指能验证程序正确的输入条件,不合理的输入条件是指异常的、临界的、可能引起问题异变的输入条件。信息系统处理非法命令的能力必须在测试时受到检验。用不合理的输入条件测试程序时,往往比用合理的输入条件进行测试能发现更多的错误。

(5)充分注意测试中的群集现象。在被测程序段中,若发现错误数目多,则残存错误数目也比较多。这种错误群集性现象,已为许多程序的测试实践所证实。根据这个规律,应当对错误群集的程序段进行重点测试,以提高测试投资的效益。

(6)严格执行测试计划,排除测试的随意性。测试之前应仔细考虑测试的项目,对每一项测试做出周密的计划,包括被测程序的功能、输入和输出、测试内容、进度安排、资源要求、测试用例的选择、测试的控制方式和过程等,还要包括系统的组装方式、跟踪规程、调试规程、回归测试的规定,以及评价标准等。对于测试计划,要明确规定,不要随意解释。

(7)应当对每一个测试结果做全面检查。有些错误的征兆在输出实测结果时已经明显地出现了,但是如果不仔细地、全面地检查测试结果,就会使这些错误遗漏。必须对预期的输出结果明确定义,对实测的结果仔细分析检查,抓住特征,暴露错误。

(8)妥善保存测试计划、测试用例、出错统计和最终分析报告,为维护提供方便。

8.5.2　软件测试的方法和技术

软件测试的过程与软件开发的过程是相反的。在早期的开发过程中,软件工程师试图从一个抽象的概念构建为一个实实在在的系统。在测试过程中,软件工程师试图通过设计案例来"破坏"这个构建好的系统。所以开发是构造的过程,测试是"破坏"的过程。而测试的破坏性质主要体现在如下几方面。

(1)为了发现缺陷,而执行程序的过程。

(2)好的测试方案是尽可能发现迄今为止尚未发现的错误的方案。

(3)成功的测试是发现了至今为止未发现的错误的测试。

由于软件测试的目的是在最小的成本和最少的时间内,通过设计合适的测试用例,系统发现不同类别的错误。所以,测试可以证明软件有错误,而不能证明软件没有错误。既然测试的目的是为了发现缺陷,所以测试的实质是尽可能地覆盖所有的情况,衡量测试的一个非常重要的指标是覆盖率:

$$覆盖率=至少被执行一次的项数/总项数$$

软件测试的方法和技术是多种多样的。对于软件测试技术,可以从不同的角度加以分类。从是否需要执行被测软件的角度,可分为静态测试和动态测试;从测试是否针对系统的内部结构和具体实现算法的角度来看,可分为白盒测试和黑盒测试,以至于发展到灰盒测试。

1. 静态测试

静态测试或称静态分析,是指无须执行被测代码,而是借助专用的软件测试工具评审软件文档或程序,度量程序静态复杂度,检查软件是否符合编程标准,借以发现编写的程序的不足之处,减少错误出现的概率。由此看出,静态测试是对代码进行扫描分析,检测它的语法规则复杂度等是否符合要求。静态测试是对被测程序进行特性分析的一些方法的总称,这种方法的主要特性是不利用计算机运行被测试的程序,而是采用其他手段达到检测的目的。主要是为软件的质量保证提供依据,以提高软件的可靠性和易维护性。常用的静态测试方法包括如下内容。

1)源程序静态分析

通常采用以下方法进行源程序的静态分析。

(1)生成各种引用表。主要由如下几种。

- 直接从表中查出说明/使用错误等。如,循环层次表、变量交叉引用表、标号交叉引用表等。
- 为用户提供辅助信息。如,子程序(宏、函数)引用表、等价(变量、标号)表、常数表等。
- 用来做错误预测和程序复杂度计算。如,操作符和操作数的统计表等。

(2)静态错误分析。静态错误分析主要用于确定在源程序中是否有某类错误或"危险"结构,主要包括下面几种。

- 类型和单位分析:为了强化对源程序中数据类型的检查,发现在数据类型上的错误和单位上的不一致性,在程序设计语言中扩充了一些结构。如单位分析要求使用一种预处理器,它能够通过使用一般的组合/消去规则,确定表达式的单位。
- 引用分析:最广泛使用的静态错误分析方法就是发现引用异常。如果沿着程序的控制路径,变量在赋值以前被引用,或变量在赋值以后未被引用,这时就发生了引用异常。为了检测引用异常,需要检查通过程序的每一条路径,也可以建立引用异常的探测工具。
- 表达式分析:对表达式进行分析,以发现和纠正在表达式中出现的错误,包括在表达式中不正确地使用了括号造成错误,数组下标越界造成错误,除式为零造成错误,对负数开平方,或对 π 求正切值造成错误,以及对浮点数计算的误差进行检查。
- 接口分析:关于接口的静态错误分析,主要检查过程、函数过程之间接口的一致性。因此,要检查形参与实参在类型、数量、维数、顺序、使用上的一致性;检查全局变量和公共数据区在使用上的一致性。

2)人工测试

静态分析中进行人工测试的主要方法有桌前检查、代码会审和走查。经验表明,使用这种方法能够有效地发现 30%～70% 的逻辑设计和编码错误。

(1)桌前检查。由程序员自己检查自己编写的程序。程序员在程序通过编译之后,进行单元测试设计之前,对源程序代码进行分析、检验,并补充相关的文档,目的是发现程序中的错误。检查项目如下。

- 检查变量的交叉引用表：重点检查未说明的变量和违反了类型规定的变量；还要对照源程序，逐个检查变量的引用、变量的使用序列；临时变量在某条路径上的重写情况；局部变量、全局变量与特权变量的使用；
- 检查标号的交叉引用表：验证所有标号的正确性；检查所有标号的命名是否正确；转向指定位置的标号是否正确。
- 检查子程序、宏、函数：验证每次调用与被调用位置是否正确；确认每次被调用的子程序、宏、函数是否存在；检验调用序列中调用方式与参数顺序、个数、类型上的一致性。
- 等值性检查：检查全部等价变量的类型的一致性，解释所包含的类型差异。
- 常量检查：确认每个常量的取值和数制、数据类型；检查常量每次引用同它的取值、数制和类型的一致性。
- 标准检查：用标准检查程序或手工检查程序中违反标准的问题。
- 风格检查：检查在程序设计风格方面的问题。
- 比较控制流：比较由程序员设计的控制流图和由实际程序生成的控制流图，寻找和解释每个差异，修改文档和校正错误。
- 选择、激活路径：在程序员设计的控制流图上选择路径，再到实际的控制流图上激活这条路径。如果选择的路径在实际控制流图上不能激活，则源程序可能有错。用这种方法激活的路径集合应保证源程序模块的每行代码都被检查，即桌前检查至少应覆盖语句。
- 对照程序的规格说明，详细阅读源代码：程序员对照程序的规格说明书、规定的算法和程序设计语言的语法规则，仔细地阅读源代码，逐字逐句进行分析和思考，比较实际的代码和期望的代码，从它们的差异中发现程序的问题和错误。
- 补充文档：桌前检查的文档是一种过渡性的文档，不是公开的正式文档。通过编写文档，也是对程序的检查和测试，可以帮助程序员发现和抓住更多的错误。

这种桌前检查，由于程序员熟悉自己的程序和自身的程序设计风格，可以节省很多检查时间，但应避免主观片面性。

（2）代码会审。由若干程序员和测试员组成一个会审小组，通过阅读、讨论和争议，对程序进行静态分析。

代码会审分两步。第一步，小组负责人提前把设计规格说明书、控制流程图、程序文本及有关要求、规范等分发给小组成员，作为评审的依据。小组成员在充分阅读这些材料之后，进入审查的第二步——召开程序审查会。在会上，首先由程序员逐句讲解程序的逻辑。在此过程中，程序员或其他小组成员可以提出问题，展开讨论，审查错误是否存在。实践表明，程序员在讲解过程中能发现许多原来自己没有发现的错误，而讨论和争议则促进了问题的暴露。

在会前，应当给会审小组的每个成员准备一份常见错误的清单，把以往所有可能发生的常见错误罗列出来，供与会者对照检查，以提高会审的实效。这个常见错误清单也叫作检查表，它把程序中可能发生的各种错误进行分类，对每一类列举尽可能多的典型错误，然后把它们制成表格，供会审时使用。

（3）走查。走查与代码会审基本相同,其过程分为两步。第一步也是把材料先发给走查小组每个成员,让他们认真研究程序,然后再开会。开会的程序与代码会审不同,不是简单地读程序和对照错误检查表进行检查,而是让与会者"充当"计算机。即首先由测试组成员为被测程序准备一批有代表性的测试用例,提交给走查小组。走查小组开会,集体扮演计算机的角色,让测试用例沿程序的逻辑运行一遍,随时记录程序的踪迹,供分析和讨论用。

人们借助于测试用例的媒介作用,对程序的逻辑和功能提出各种疑问,结合问题开展热烈的讨论和争议,能够发现更多的问题。

2. 动态测试

静态测试不运行被测程序,而动态测试需要运行被测程序。动态测试是实际运行被测程序,输入相应的测试用例,判定执行结果是否符合要求,从而检验程序的正确性、可靠性和有效性。使用白盒测试技术和黑盒测试技术进行的软件测试一般都属于动态测试。黑盒测试又称为数据驱动测试,把测试对象当作看不见的黑盒,在完全不考虑程序内部结构和处理过程的情况下,测试者仅依据程序功能的需求规范考虑,确定测试用例和推断测试结果的正确性,它是站在使用软件或程序的角度,从输入数据与输出数据的对应关系出发进行的测试。和黑盒测试恰恰相反,白盒测试按照程序内部的逻辑结构测试程序,测试人员完全知道程序内部结构和处理过程。

8.5.3 软件测试的流程

软件测试是通过一些典型数据的运行检验系统在各种情况下的正确性的过程。最简单的测试途径是拟订测试计划,这些计划应基于系统功能设计的规范。然后,将测试过程分为许多较小的、易于处理的部分。标准的测试流程如图8-8所示。

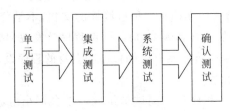

图 8-8　软件测试的流程

1. 单元测试

单元测试是针对程序模块,进行正确性检验的测试,一般和软件编码属于同一阶段。其目的在于发现各模块内部可能存在的各种差错。单元测试需要从程序的内部结构出发设计测试用例。多个模块可以平行地独立进行单元测试。

1）单元测试的内容

单元测试包括如下内容。

（1）模块接口测试。

对通过被测模块的数据流进行测试。为此,对模块接口,包括参数表、调用子模块的参数、全局数据、文件输入/输出操作都必须检查。

（2）局部数据结构测试。

设计测试用例检查数据类型说明、初始化、默认值等方面的问题，还要查清全局数据对模块的影响。

（3）路径测试。

选择适当的测试用例，对模块中重要的执行路径进行测试。对基本执行路径和循环进行测试可以发现大量的路径错误。

（4）错误处理测试。

检查模块的错误处理功能是否包含错误或缺陷。例如，是否拒绝不合理的输入；出错的描述是否难以理解、是否对错误定位有误、是否出错原因报告有误、是否对错误条件的处理不正确；在对错误处理之前错误条件是否已经引起系统的干预等。

（5）边界测试。

要特别注意数据流、控制流中刚好等于、大于或小于确定的比较值时出错的可能性。对这些地方要仔细地选择测试用例，认真加以测试。

此外，如果对模块运行时间有要求，还要专门进行关键路径测试，以确定最坏情况下和平均意义下影响模块运行时间的因素。这类信息对于进行性能评价是十分有用的。

2）单元测试的步骤

通常单元测试在编码阶段进行。在源程序代码编制完成，经过评审和验证，确认没有语法错误之后，就开始进行单元测试的测试用例设计。利用设计文档，设计出可以验证程序功能、找出程序错误的多个测试用例。对于每一组输入，应有预期的正确结果。

模块并不是一个独立的程序，在考虑测试模块时，同时要考虑它和外界的联系，用一些辅助模块去模拟与被测模块相联系的其他模块。这些辅助模块分为两种。

（1）驱动模块：相当于被测模块的主程序。它接收测试数据，把这些数据传送给被测模块，最后输出实测结果。

（2）桩模块：用以代替被测模块调用的子模块。桩模块可以做少量的数据操作，不需要把子模块的所有功能都带进来，但不允许什么事情也不做。

被测模块、与它相关的驱动模块及桩模块共同构成了一个"测试环境"，如图 8-9 所示。

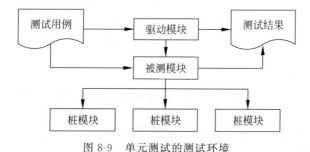

图 8-9　单元测试的测试环境

2. 集成测试

在单元测试的基础上，需要将所有模块按照设计要求组装成为系统。集成测试又称为组装测试或联合测试，是针对各个相关模块的组合测试，主要目标是尽可能多地发现与接口有关的问题。

集成测试可以有多种方式,例如可以把所有模块按程序结构组装起来之后整体进行测试,也可以先对一个模块测试,然后逐步组装成系统。选择什么方式把模块组装起来形成一个可运行的系统,直接影响到模块测试用例的形式、所用测试工具的类型、模块编号的次序和测试的次序,以及生成测试用例的费用和调试的费用。通常,把模块组装成为系统的方式有两种方式。

1) 一次性集成方式

它是一种非增殖式集成方式,也叫作整体拼装。使用这种方式时,首先对每个模块分别进行模块测试,然后再把所有模块组装在一起进行测试,最终得到要求的信息系统。

由于程序中不可避免地存在涉及模块间接口、全局数据结构等方面的问题,所以一次试运行成功的可能性并不很大。

2) 增殖式集成方式

增殖式集成方式又称为渐增式集成方式。首先对一个个模块进行模块测试,然后将这些模块逐步组装成较大的系统,在组装的过程中一边连接一边测试,以发现连接过程中产生的问题。最后通过增殖逐步组装成为要求的信息系统。

(1) 自顶向下的增殖方式。

将模块按系统程序结构,沿控制层次自顶向下进行集成。这种增殖方式在测试过程中较早地验证了主要的控制和判断点。在一个功能划分合理的程序结构中,判断常出现在较高的层次,较早就能遇到。如果主要控制有问题,尽早发现它能够减少以后的返工。

下面通过一个例子学习自顶向下集成方法。

【例 8.1】 假设一个系统的软件层次结构如图 8-10 所示,使用自顶向下集成方法把系统中的模块集成在一起。试说明其集成的顺序。

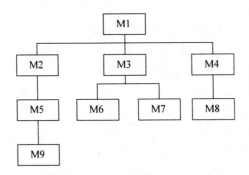

图 8-10　自顶向下集成的软件层次结构

分析:自顶向下集成可以采取深度优先策略与广度优先策略。

① 深度优先策略。

如果选取最左侧的路径作为主控路径,首先集成模块 M1、M2、M5 和 M9,其次集成 M3、M6 和 M7,最后集成 M4 和 M8。因此按照深度优先策略,图 8-10 中的模块集成顺序为:M1、M2、M5、M9、M3、M6、M7、M4 和 M8。

② 广度优先策略。

广度优先策略是一层一层地按水平顺序集成。因此,按照广度优先策略,图 8-10 中的模块集成顺序为: M1、M2、M3、M4、M5、M6、M7、M8 和 M9。

通过以上例子,可以将自顶向下集成测试的具体步骤归纳如下。①用主控模块作为测试驱动模块,其直接下属模块用桩模块来代替;②依据所选的集成策略(深度优先或广度优先),每次用实际模块代替下属的桩模块(新集成进来的模块往往又需要新的桩模块);③在集成每个实际模块时都要进行测试;④完成一组测试后再用一个实际模块代替另一个桩模块;⑤可以进行回归测试(即重新再做所有的或者部分已做过的测试),以保证不引入新的错误。

从第②步开始,循环执行上述步骤,直至整个软件结构构造完毕。

（2）自底向上的增殖方式。

从程序结构的最底层模块开始组装和测试。因为模块是自底向上进行组装,对于一个给定层次的模块,它的子模块(包括子模块的所有下属模块)已经组装并测试完成,所以不再需要桩模块。在模块的测试过程中,需要从子模块得到的信息可以通过直接运行子模块得到。具体测试步骤如下。①把低层模块组合成实现某个特定子功能的模块群;②开发测试驱动模块,控制测试数据的输入和测试结果的输出;③对每个模块群进行测试;④去掉测试使用的驱动模块,沿着软件结构自底向上移动,把模块群与较高层模块组合成实现更大功能的新模块群。

从第①步开始循环执行上述各步骤,直至整个软件结构构造完毕。

3. 系统测试

系统测试是把已确认的软件系统移植到实际运行环境中,与其他系统元素(如硬件、人员、数据库等)组合在一起。按照系统的功能和性能需求进行的测试。为了发现缺陷并度量产品质量,一般使用黑盒测试技术,由独立的测试人员完成。

系统测试通常包括功能测试、压力测试、性能测试、容量测试、用户界面测试以及兼容性测试等。

4. 确认测试

确认测试又称为有效性测试,目的是验证目标系统的功能需求和性能需求及其他特性需求是否与用户的需求一致。因此,用户要积极参与到这个步骤中。在这个测试步骤中所发现的错误主要是软件需求规格说明中的错误。

8.5.4 白盒测试

根据软件产品的内部工作过程,在计算机上进行测试,以证实每种内部操作是否符合设计规格要求,所有内部成分是否已经过检查。这种测试方法就是白盒测试。白盒测试把测试对象看作一个打开的盒子,允许测试人员利用程序内部的逻辑结构及有关信息,设计或选择测试用例,对程序所有逻辑路径进行测试。通过在不同点检查程序的状态,确定实际的状态是否与预期的状态一致。

然而,在进行测试的过程中,不可能对于所有可能的输入数据都进行穷举测试。因为可能的测试输入数据数目往往会达到天文数字,因此如何设计恰当的测试用例,一直是测试人员比较关注的问题。下面针对白盒测试方法,重点介绍逻辑覆盖这种测试用例设计方法。

逻辑覆盖是以程序内部的逻辑结构为基础的设计测试用例的技术,属于白盒测试。由于人们无法做到穷举所有测试用例覆盖程序中每一条路径。因此,测试用例尽可能多地覆盖程序路径,已成为测试人员共识。为了衡量覆盖程度,下面给出不同的覆盖标准,分别为:语句覆盖、判定覆盖、条件覆盖、判定/条件覆盖、条件组合覆盖及路径覆盖。

【例 8.2】 已知一段 C 语言代码如下。

```c
int setm(intA, intB, int C){
    int M = 1;
    if(A > C  &&   B > C)
        M = A + C;
    if(B > M||M == 1)
        M = B;
    return M;
}
```

其对应的程序流程图如图 8-11 所示。

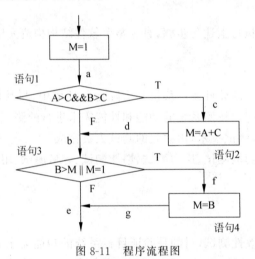

图 8-11　程序流程图

在该例中输入参数为 A、B、C,变量 M 的初值为 1。语句 1 和语句 3 中逻辑表达式的各子关系表达式用符号表示为:C1 表示 A>C,C2 表示 B>C,C3 表示 B>M,C4 表示 M==1。语句 1 的逻辑表达式用 T1 表示,语句 3 的逻辑表达式用 T2 表示;$Ti(i=1,2)$ 表示该逻辑表达式取值为 true,$\overline{Ti}(i=1,2)$ 表示该逻辑表达式取值为 false,$Ci(1 \leqslant i \leqslant 4)$ 表示子关系表达式值为 true,$\overline{Ci}(1 \leqslant i \leqslant 4)$ 表示子关系表达式值为 false。

1) 语句覆盖

语句覆盖就是设计若干个测试用例,运行被测程序,使得每一条可执行语句至少执行一次。这种覆盖又称为点覆盖,它使得程序中每个可执行语句都得到执行,但它是最弱的逻辑覆盖准则,效果有限,必须与其他方法交互使用。

在图 8-11 中，执行路径 a-c-d-f-g 就能覆盖所有语句。为此，设计语句覆盖的测试用例如表 8-1 所示。

表 8-1　语句覆盖测试用例

测试用例	执行路径	判断取值	子条件取值	覆盖分支
A＝2,B＝4,C＝1	a-c-d-f-g	不予考虑	不予考虑	不予考虑

从表 8-1 可以看出，由于不考虑条件取值及所覆盖的分支，因而语句覆盖是最弱的逻辑覆盖。

2）判定覆盖

判定覆盖就是设计若干个测试用例，运行被测程序，使得程序中每个判断的取真分支和取假分支至少经历一次。判定覆盖又称为分支覆盖。

在图 8-11 中，判断为语句 1 和语句 3，各分支是指 b 和 c、e 和 f。为此，设计的判定覆盖测试用例如表 8-2 所示。

表 8-2　判定覆盖测试用例

测试用例	执行路径	判断取值	子条件取值	覆盖分支
A＝2,B＝1,C＝1	a-b-f-g	$\overline{T1},T2$	不予考虑	b,f
A＝2,B＝2,C＝1	a-c-d-e	$T1,\overline{T2}$	不予考虑	c,e

从表 8-2 可以看出，判定覆盖仅考虑逻辑表达式整体取值，没考虑各子关系表达式的取值，因而判定覆盖只比语句覆盖稍强一些，但实际效果表明，只是判定覆盖，还不能保证一定能查出在判断的条件中存在的错误。因此，还需要更强的逻辑覆盖准则去检验判断内部条件。

3）条件覆盖

条件覆盖就是设计若干个测试用例，运行被测程序，使得程序中每个判断的每个条件的可能取值至少执行一次。

在图 8-11 中，判定语句 1 和语句 3 中每个子关系表达式 C1、C2、C3 和 C4 各自的"真/假"值取一次，为此设计的测试用例如表 8-3 所示。

表 8-3　条件覆盖测试用例

测试用例	执行路径	判断取值	子条件取值	覆盖分支
A＝2,B＝1,C＝2	a-b-f-g	不予考虑	$\overline{C1},\overline{C2},\overline{C3},C4$	不予考虑
A＝2,B＝4,C＝1	a-c-d-f-g	不予考虑	$C1,C2,C3,\overline{C4}$	不予考虑

从表 8-3 可以看出，条件覆盖仅判定各子条件的取值，而不考虑子条件组合对整个判定值的影响，因而条件覆盖虽然深入到判定中的每个条件，但可能不满足判定覆盖的要求。

4）判定/条件覆盖

判定/条件覆盖就是设计足够的测试用例，使得判断中每个条件的所有可能取值至少执行一次，同时每个判断本身的所有可能判断结果至少执行一次。换言之，即是要求各个判断的所有可能的条件取值组合至少执行一次。

在图 8-11 中,对于判定语句 1 和语句 3 的各个分支,以及各个子关系表达式 C1、C2、C3 和 C4 各自"真/假"值取一次,为此,设计判定/条件覆盖测试用例如表 8-4 所示。

表 8-4　判定/条件覆盖测试用例

测试用例	执行路径	判断取值	子条件取值	覆盖分支
A=2,B=2,C=1	a-c-d-e	T1,$\overline{T2}$	C1,C2,$\overline{C3}$,C4	c, e
A=2,B=2,C=2	a-b-f-g	$\overline{T1}$,T2	$\overline{C1}$,$\overline{C2}$,C3,C4	b, f

判定/条件覆盖有缺陷。从表面上来看,它测试了所有条件的取值,但是事实并非如此。往往某些条件掩盖了另一些条件,即遗漏某些条件取值错误的情况。为彻底地检查所有条件的取值,需要将判定语句中给出的复合条件表达式进行分解,形成由多个基本判定嵌套的流程图,这样就可以有效地检查所有的条件是否正确。

5）条件组合覆盖

条件组合覆盖就是设计足够的测试用例,运行被测程序,使得每个判断的所有可能的条件取值组合至少执行一次。

在图 8-11 中,需要对判定语句 1 和判定语句 3 的各子关系组合进行测试,首先给出各子条件组合关系如下。

① A>C,B>C　作 C1 C2,属第一个判断的取真分支;

② A>C,B<=C　作 C1 $\overline{C2}$,属第一个判断的取假分支;

③ A<=C,B>C　作 $\overline{C1}$ C2,属第一个判断的取假分支;

④ A<=C,B<=C　作 $\overline{C1}$ $\overline{C2}$,属第一个判断的取假分支;

⑤ B>M,M==1　作 C3 C4,属第二个判断的取真分支;

⑥ B>M,M≠1　作 C3 $\overline{C4}$,属第二个判断的取真分支;

⑦ B<=M,M==1　作 $\overline{C3}$ C4,属第二个判断的取真分支;

⑧ B<=M,M≠1　作 $\overline{C3}$ $\overline{C4}$,属第二个判断的取假分支。

理论上至少 8 个测试用例,但由于判定语句 1 和判定语句 3 之间的变量关联,因此设计条件组合覆盖测试用例如表 8-5 所示。

表 8-5　条件组合覆盖测试用例

测试用例	执行路径	判断取值	子条件取值	覆盖分支
A=2,B=4,C=1	a-c-d-f-g	不予考虑	C1,C2,C3,$\overline{C4}$	c, f
A=2,B=2,C=1	a-c-d-e	不予考虑	C1,C2,$\overline{C3}$,C4	c, e
A=2,B=1,C=1	a-b-f-g	不予考虑	C1,$\overline{C2}$,$\overline{C3}$,C4	b, f
A=1,B=4,C=1	a-b-f-g	不予考虑	$\overline{C1}$,C2,C3,C4	b, f
A=1,B=1,C=1	a-b-f-g	不予考虑	$\overline{C1}$,$\overline{C2}$,$\overline{C3}$,C4	b, f

条件组合覆盖是一种相当强的覆盖准则,可以有效地检查各种可能的条件取值的组合是否正确。它不但可覆盖所有条件的可能取值的组合,还可覆盖所有判断的可取分支,但可能有的路径会遗漏掉。测试还不完全。

6) 路径覆盖

路径覆盖就是设计足够的测试用例,覆盖程序中所有可能的路径。这是最强的覆盖准则。但在路径数目很大时,真正做到完全覆盖是很困难的,必须把覆盖路径数目压缩到一定限度。

经过以上分析可知,满足条件组合覆盖标准的测试数据,一定满足判定/条件覆盖标准;满足判定/条件覆盖标准的测试数据,一定满足判定覆盖和条件覆盖标准;满足判定覆盖的测试数据一定满足语句覆盖标准。但是满足判定覆盖标准未必满足条件覆盖标准,满足条件覆盖标准也未必满足判定覆盖标准。

8.5.5　黑盒测试

黑盒测试又称功能测试,即根据软件产品的功能设计规格,在计算机上进行测试,以证实每个实现了的功能是否符合要求。黑盒测试意味着测试要在软件的接口处进行。也就是说,这种方法是把测试对象看作一个黑盒子,测试人员完全不考虑程序内部的逻辑结构和内部特性,只依据程序的需求分析规格说明,检查程序的功能是否符合它的功能说明,力争发现以下类型的错误。

- 功能错误或遗漏。
- 在接口上,输入接收错误或输出结果错误。
- 数据结构错误或外部信息访问错误。
- 性能错误。
- 初始化或终止错误。

采用黑盒技术设计测试用例的方法有:等价类划分、边界值分析、错误推测法、因果图法等。

1. 等价类划分

用黑盒测试发现程序中的错误,必须在所有可能的输入条件和输出条件中确定测试数据,来检查程序是否都能产生正确的输出。

等价类划分是一种典型的黑盒测试方法。使用这一方法时,完全不考虑程序的内部结构,只依据程序的规格说明来设计测试用例。由于不可能用所有可以输入的数据来测试程序,因而只能从全部可供输入的数据中选择一个子集进行测试。如何选择适当的子集,使其尽可能多地发现错误。解决的办法之一就是等价类划分。

首先把数目极多的输入数据(有效的和无效的)划分为若干等价类。所谓等价类是指某个输入域的子集合。在该子集合中,各个输入数据对于揭露程序中的错误都是等效的,并合理地假定:测试某等价类的代表值就等价于对这一类其他值的测试。因此,可以把全部输入数据合理划分为若干等价类,在每一个等价类中取一个数据作为测试的输入条件,就可用少量具有代表性的测试数据,取得较好的测试效果。

等价类的划分有两种不同的情况。

- 有效等价类:是指对于程序规格说明来说,是合理的、有意义的输入数据构成的集合。利用它,可以检验程序是否实现了规格说明书中预先规定的功能和性能。

- 无效等价类：是指对于程序规格说明来说，是不合理的、无意义的输入数据构成的集合。利用它，可以检查程序中功能和性能的实现是否有不符合规格说明要求的地方。

在设计测试用例时，要同时考虑有效等价类和无效等价类的设计。软件不能都只接收合理的数据，还要经受意外的考验，接收无效的或不合理的数据，这样获得的软件才能具有较高的可靠性。

1) 划分等价类的原则

- 按区间划分：如果可能的输入数据属于一个取值范围或值的个数限制范围，则可以确立一个有效等价类和两个无效等价类。例如，如果输入月份，则 1～12 为一个有效等价类，小于 1 和大于 12 的为无效等价类。
- 按数值划分：如果规定了输入数据的一组值，而且程序要对每个输入值分别进行处理，则可为每一个输入值确立一个有效等价类，此外，针对这组值确立一个无效等价类，它是所有不允许的输入值的集合。
- 按数值集合划分：如果可能的输入数据属于一个值的集合，或者须满足"必须如何"的条件，这时可确立一个有效等价类和一个无效等价类。
- 按限制条件或规格划分：如果规定了输入数据必须遵守的规则或限制条件，则可以确立一个有效等价类（符合规则）和若干个无效等价类（从不同角度违反规则）。

2) 设计测试用例的步骤

（1）在确立了等价类之后，建立等价类表，如表 8-6 所示，列出所有划分出的等价类，并为每个等价类规定唯一编号。

表 8-6　等价类表

输入条件	有效等价类	无效等价类
…	…	…
…	…	…

（2）设计一个新的测试用例，使其尽可能多地覆盖尚未覆盖的有效等价类，重复这一步，直到所有的有效等价类都被覆盖为止。

（3）设计一个新的测试用例，使其尽可能多地覆盖尚未覆盖的无效等价类，重复这一步，直到所有的无效等价类都被覆盖为止。

【例 8.3】　根据下面给出的规格说明，利用等价类划分的方法，给出足够的测试用例。

"一个程序中读入 3 个整数。把这 3 个数值看成是一个三角形的 3 条边。这个程序要打印出信息，以说明这个三角形是三边不等的、等腰的，还是等边的。"

分析：设三角形的三条边分别为 A，B，C。如果它们能够构成三角形的三条边，必须满足如下条件。

A＞0，B＞0，C＞0，且 A＋B＞C，B＋C＞A，A＋C＞B。

如果是等腰的，还要判断是否 A＝B，或 B＝C，或 A＝C。

对于等边的，则需判断是否 A＝B，且 B＝C，且 A＝C。

首先列出等价类表如表 8-7 所示。

表 8-7　例 8.3 对应的等价类表

输 入 条 件	有效等价类	无效等价类
是否为三角形的三条边	(A>0)(1),(B>0)(2), (C>0)(3),(A+B>C),(4) (B+C>A)(5),(A+C>B)(6)	A≤0(7),B≤0(8),C≤0(9), A+B≤C(10),A+C≤B(11), B+C≤A(12)
是否为等腰三角形	(A=B)(13),(B=C)(14), (A=C)(15)	(A≠B)and(B≠C)and(A≠C)(16)
是否为等边三角形	(A=B)and(B=C)and(A=C)(17)	(A≠B)(18),(B≠C)(19),(A≠C)(20)

设计测试用例：输入三角形三条边长 A、B、C，表示为【A,B,C】。

- 【3,4,5】覆盖等价类(1),(2),(3),(4),(5),(6)。若满足,即为一般三角形。
- 【0,1,2】覆盖等价类(7)。不能构成三角形。
- 【1,0,2】覆盖等价类(8)。同上。　若不考虑特定 A、B、C,
- 【1,2,0】覆盖等价类(9)。同上。　三者取一即可。
- 【1,2,3】覆盖等价类(10)。同上。
- 【1,3,2】覆盖等价类(11)。同上。　若不考虑特定 A、B、C,
- 【3,1,2】覆盖等价类(12)。同上。　三者取一即可。
- 【3,3,4】覆盖等价类(1),(2),(3),(4),(5),(6),(13)。　满足即为等腰三角形,
- 【3,4,4】覆盖等价类(1),(2),(3),(4),(5),(6),(14)。　若不考虑特定 A、B、C,
- 【3,4,3】覆盖等价类(1),(2),(3),(4),(5),(6),(15)。　三者取一即可。
- 【3,4,5】覆盖等价类(1),(2),(3),(4),(5),(6),(16)。不是等腰三角形。
- 【3,3,3】覆盖等价类(1),(2),(3),(4),(5),(6),(17)。是等边三角形。
- 【3,4,4】覆盖等价类(1),(2),(3),(4),(5),(6),(14),(18)。　不是等边三角形,
- 【3,4,3】覆盖等价类(1),(2),(3),(4),(5),(6),(15),(19)。　若不考虑特定 A、B、C,
- 【3,3,4】覆盖等价类(1),(2),(3),(4),(5),(6),(13),(20)。　三者取一即可。

2. 边界值分析

人们从长期的测试工作经验得知,大量的错误是发生在输入或输出范围的边界上,而不是在输入范围的内部。因此针对各种边界情况设计测试用例,可以查出更多的错误。例如,在做三角形计算时,要输入三角形的三个边长——A、B 和 C。我们应注意到,这三个数值应当满足 A>0、B>0、C>0、A+B>C、A+C>B、B+C>A,才能构成三角形。但如果把六个不等式中的任何一个大于号("＞")错写成大于等于号("≥"),那就不能构成三角形。问题恰出现在容易被疏忽的边界附近。这里所说的"边界"是指：相对于输入等价类和输出等价类而言,稍高于其边界值及稍低于其边界值的一些特定情况。

边界值分析是一种很实用的黑盒测试方法,它具有很强的发现程序错误的能力,使用边界值分析方法设计测试用例,首先应确定边界情况。通常输入等价类与输出等价类的边界,就是应着重测试的边界情况。应当选取正好等于、刚刚大于,或刚刚小于边界的值作为测试数据,而不是选取等价类中的典型值或任意值作为测试数据。

边界值分析方法是最有效的黑盒测试方法,但当边界情况很复杂的时候,要找出适当的

测试用例还需针对问题的输入域、输出域边界,耐心细致地逐个考虑。

【例 8.4】 设某高校有一个学生信息管理系统,要求输入学生的出生年月。假设出生年月限定在 1980 年 1 月至 2000 年 12 月,并规定出生年月由 6 位数字字符组成,前 4 位表示年(如 1982),后 2 位表示月(如 05)。输入有效数据时,则提示"输入有效"信息;反之,提示"输入无效"信息。用边界值分析法设计测试用例,来测试程序的"出生年月检查功能"。

分析:

第一步,划分数据的边界。

年份边界为:1980 和 2000;

月份边界为:01 和 12。

第二步,设计测试用例。

应当选取正好等于、刚刚大于或刚刚小于边界的值作为测试数据。因此,可选如下测试用例。

(1) 使输入的年份和月份刚好等于最小值。

输入:198001;

预期结果:输入有效。

(2) 使输入的年份和月份刚好大于最小值。

输入:198102;

预期结果:输入有效。

(3) 使输入的年份刚好小于最小值。

输入:197902;

预期结果:输入无效。

(4) 使输入的月份刚好小于最小值。

输入:199500;

预期结果:输入无效。

(5) 使输入的年份和月份刚好等于最大值。

输入:200012;

预期结果:输入有效。

(6) 使输入的年份和月份刚好小于最大值。

输入:199911;

预期结果:输入有效。

(7) 使输入的年份刚好大于最大值。

输入:200102;

预期结果:输入无效。

(8) 使输入的月份刚好大于最大值。

输入:199513;

预期结果:输入无效。

3. 错误推测法

人们也可以靠经验和直觉推测程序中可能存在的各种错误,从而有针对性地编写检查这些错误的例子,这就是错误推测法。

错误推测法的基本思路是：列举出程序中所有可能的错误和容易发生错误的特殊情况,根据它们选择测试用例。例如,在介绍单元测试时,曾列出许多在模块中常见的错误,这些是单元测试经验的总结。此外,对于在程序中容易出错的情况,也有一些经验。例如,输入数据为0或输出数据为0是容易发生错误的情形,因此可选择输入数据为0或使输出数据为0的例子作为测试用例。又例如,输入表格为空或输入表格只有一行,也是容易发生错误的情况。可选择表示这种情况的例子作为测试用例。再例如,可以针对一个排序程序,输入空的值(没有数据)、输入一个数据、让所有的输入数据都相等、让所有输入数据有序排列、让所有输入数据逆序排列等,进行错误推测。

4. 因果图法

前面介绍的等价类划分方法和边界值分析方法,都是着重考虑输入条件,并未考虑输入条件之间的联系。如果在测试时,必须考虑输入条件的各种组合,可能的组合数量将是天文数字。因此,必须考虑使用一种适合于描述对于多种条件的组合,相应地产生多个动作的形式来考虑设计测试用例,这就需要利用因果图。

因果图方法最终生成的就是判定表。它适合于检查程序输入条件的各种组合情况。

利用因果图生成测试用例的基本步骤如下。

(1) 分析软件规格说明描述中,哪些是原因(即输入条件或输入条件的等价类),哪些是结果(即输出条件),并给每个原因和结果赋予一个标识符。

(2) 分析软件规格说明描述中的语义,找出原因与结果之间、原因与原因之间分别对应的是什么关系？根据这些关系,画出因果图。

(3) 由于语法或环境限制,有些原因与原因之间、原因与结果之间的组合情况不可能出现。为表明这些特殊情况,在因果图上用一些记号标明约束或限制条件。

(4) 把因果图转换成判定表。

(5) 把判定表的每一列拿出来作为依据,设计测试用例。

因果图法中使用了简单的逻辑符号,以直线连接左右结点,左结点表示输入状态(即原因),右结点表示输出状态(即结果)。因果图中用4种符号分别表示规格说明中的4种因果关系,如图8-12表示了4种符号所代表的因果关系,它们分别表示了是、非、或和与的关系。

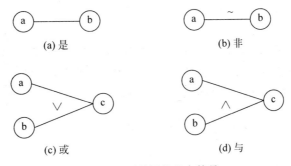

图8-12　因果图的基本符号

【例 8.5】 有如下需求：如果第一个字符是 A 或 B,第二个字符是数字,则更新文件;如果第一个字符不正确,则产生 X12 的信息;如果第二个字符不正确,则产生 X13 信息。明确了上述要求之后,可以将原因和结果分开。

因(输入)包括的内容如下。

- 1：第一字符 A；
- 2：第一字符 B；
- 3：第二字符是数字。

果(输出)包括的内容如下。

- 70：更新文件；
- 71：产生信息 X12；
- 72：产生信息 X13。

则图 8-13 就是得到的例 8.5 对应的因果图。其中 11 为中间节点,考虑到输入条件 1 和 2 不能同时成立,增加了约束 E。

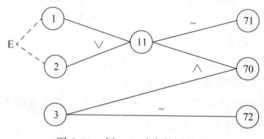

图 8-13　例 8.5 对应的因果图

8.5.6　测试方法选择的综合策略

软件测试方法有许多种,在进行软件测试过程中可以多种方法综合应用,一般应遵循如下策略。

(1) 首先进行等价类划分,包括输入条件和输出条件的等价划分,将无限测试变成有限测试,这是减少工作量和提高测试效率的最有效的方法。

(2) 在任何情况下,都必须使用边界值分析方法。经验表明,用这种方法设计出的测试用例发现程序错误的能力最强。

(3) 如果程序的功能说明中含有输入条件的组合情况,则一开始就可选用因果图法和错误推测法。

(4) 可以用错误推测法追加一些测试用例,这需要依靠测试工程师的智慧和经验。

(5) 对照程序逻辑,检查已设计出的测试用例的逻辑覆盖程度。如何没有达到要求的覆盖标准,应当再补充足够的测试用例。

本 章 小 结

本章描述了信息系统实施阶段的流程及主要活动。系统实施的任务包括：硬件准备及实施、软件准备、数据准备、程序编码及调试、系统测试等。

信息系统物理系统实施包括计算机系统实施与网络系统实施。程序编码过程中要保持良好的程序设计风格,具体包括源程序文档化、数据说明、语句结构及输入输出原则,还详细介绍了软件调试的方法和调试原则。

软件测试是为了发现错误而执行程序的过程,软件测试包括静态测试和动态测试。静态测试常用源程序静态分析法与人工测试法。动态测试常用的方法为白盒测试与黑盒测试。白盒测试根据软件产品的内部工作过程,在计算机上进行测试,以证实每种内部操作是否符合设计规格要求。本章针对白盒测试方法,重点介绍逻辑覆盖测试用例设计方法。黑盒测试又称功能测试,即根据软件产品的功能设计规格,在计算机上进行测试,以证实每个实现了的功能是否符合要求,本章详细介绍了黑盒测试用例设计方法,包括:等价类划分、边界值分析、错误推测法、因果图法等。

本 章 练 习

1. 问题思考

(1) 信息系统实施主要内容有哪些?

(2) 如何保持良好的程序设计风格?

(3) 什么是黑盒测试?什么是白盒测试?两者有什么不同?

(4) 什么是单元测试?什么是集成测试?它们各有什么特点?

(5) 如果程序员为了确保能够满足功能需求而测试一个类,这属于白盒测试还是黑盒测试?

2. 专题讨论

(1) 下面是快速排序算法中的一趟排序算法,其中,datalist 是数据表,它有两个数据成员:一个是元素类型为 Element 的数组 V,另一个是数组大小 n。算法中用到两个操作:一个是取某数组元素 V[i] 的关键码操作 getKey(),另一个是交换两数组元素内容的操作 Swap()。

```
int Partition ( datalist &list, int low, int high ) {
//在区间[ low, high ]以第一个对象为基准进行一次划分,k 返回基准对象回放位置
int   k = low; Element pivot = list.V[low];        //基准对象
  for ( int i = low + 1; i <= high; i++)           //检测整个序列,进行划分
    if ( list.V[i].getKey ( ) < pivot.getKey ( ) && ++k != i )
      Swap ( list.V[k], list.V[i] );               //小于基准的交换到左侧去
    Swap ( list.V[low], list.V[k] );               //将基准对象就位
    return k;                                      //返回基准对象位置
  }
```

试画出它的程序流程图,并利用逻辑覆盖方法为它设计测试用例。

(2) 设要对一个自动饮料售货机软件进行黑盒测试。该软件的规格说明如下:"有一个处理单价为 4 元 5 角钱的盒装饮料的自动售货机软件。若投入 4 元 5 角硬币,按下"可乐"、"雪碧"或"红茶"按钮,相应的饮料就送出来。若投入的是 5 元硬币,在送出饮料的同时退还 5 角硬币。"试利用因果图法,建立该软件的因果图。

第9章 系统的切换、维护与评价

9.1 系统的切换

9.1.1 系统切换的目的和内容

系统切换又称为系统迁移，即新系统开发完成后将原来的旧系统切换到新系统上来。在数据转换过程中，由于原有的系统数据的复杂性，给数据转换工作带来了很大的难度，为了在新系统启动后不影响原系统正常的业务，因此数据转换完成后，必须保证新系统的正常运行。另外，原有系统是独立运行的系统，数据在新系统中虽然是集中存放的，但是各个系统由于存在业务上的差别，数据在逻辑上应当保持一定的独立性。

总的来说，系统切换的主要任务包括：数据资源整合、新旧系统迁移、新系统运行监控过程等。数据资源整合包含两个步骤：数据整理与数据转换。数据整理就是将原系统数据整理为系统转换程序能够识别的数据；数据转换就是将整理完成后的数据按照一定的转换规则转换成新系统要求的数据格式。数据的整合是整合系统切换的关键；新旧系统迁移就是在数据正确转换的基础上，制订一个切实可行的计划，保证业务办理顺利、平稳过渡到新系统中进行；新系统运行监控就是在新系统正常运转后，还需要监控整个新系统运行的有效性和正确性，以便及时对数据转换过程中出现的问题进行纠正。

9.1.2 系统切换方法

信息系统的切换一般有 3 种方法。

1）直接切换法

直接切换是指：在某一确定的时刻，旧系统停止运行，新系统投入运行。新系统一般要经过较详细的测试和模拟运行，考虑到系统测试中试验样本的不彻底性，一般只有在旧系统已完全无法满足需要或新系统不太复杂的情况下采用这种方法。

2）并行切换法

在新系统投入运行时，旧系统并不停止运行，而是与新系统同时运行一段时间，对照两者的输出，利用旧系统对新系统进行检验。一般可分两步进行：第一步以旧系统作业为正式作业，新系统作校核用；第二步，经过一段时间运行，在验证新系统处理准确可靠后，旧系统停止运行。并行处理的时间视业务内容而定，短则 2～3 个月，长则半年至一年，转换工作不应急于求成。

3）试点过渡法

试点过渡法先选用新系统的某一部分代替旧系统，作为试点，逐步地代替整个旧系统。

9.1.3 系统切换工作流程

系统切换包括前期调研、数据整理、数据转换、系统切换、运行监控五个阶段。系统切换的整个工作流程如图 9-1 所示。

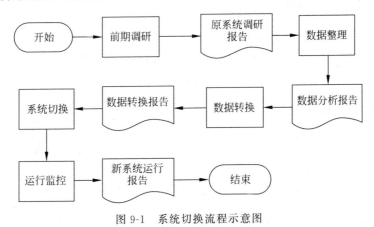

图 9-1 系统切换流程示意图

1．前期调研

前期调研是数据转换过程中很重要的一个步骤，也是至关重要的一部分。在进行数据转换工作前，需要先认真阅读系统的相关文档，熟悉原有的系统。主要需要弄清楚旧系统的网络结构、业务范围、开发工具、开发平台以及采用的数据库、旧系统的数据分布状况、业务流程、数据结构等。在此基础上，编写《前期调研分析报告》。

2．数据整理

数据整理就是将原系统数据整理为系统转换程序能够识别的数据。数据整理大致分为两个阶段：第一阶段就是将不同类型、不同来源的数据采集备份到统一的数据库中；第二阶段就是将原始数据进行整理，按照不同的要求分类进入不同的中间数据库，为数据转换提供中间数据。

3．数据转换

数据转换就是将整理后的数据，依照对照表的要求进行转换，并写入到新系统。这个过程可以通过交换系统实现。数据转换方式主要有以下几种。

（1）直接转换。直接转换方式是最常用的方式，就是将原表中对应字段的数据原封不动地搬到新表中来。按照"数据照搬"原则，应该尽量采用这种方法。

（2）程序转换。对那些需要进行计算才能进行转换的数据将采用程序转换方式进行。

（3）代码对照。某些代码字段，往往新旧系统的编码不相同，这时就需要参照代码对照表进行代码对照转换。

（4）类型转换。少数数据可能需要对类型进行转换，如旧表以字符串"YYYY-MM-DD"来存放日期，而新表中以 DATE 型来存放日期，这时就需要进行类型转换。

（5）常量转换。新表中某些字段可能存在默认值，这时将采用常量转换方式，当旧表没有对应字段或旧表对应字段数据为空时，将直接在新表中写入默认数据。

（6）不转换。对于旧表中有但新表中没有的字段将不作任何转换。

4. 系统切换及运行监控

完成数据转换过程,给出数据转换报告,这个过程可以通过交换系统实现。之后,可以切换到新的系统中。在所有新系统平稳运行后,还需要进行定期的运行监控,并对部分数据进行调整。

9.1.4 系统切换保障措施

在整个切换过程中,系统实现安全、平稳过渡是第一位的。可以采用如下措施保证系统切换安全。

1. 数据备份

在进行新旧系统数据转换时,对原系统数据进行备份以保证历史数据的可追溯性。一旦在新系统中业务办理出现问题,则可以通过追溯历史数据来判断是数据转换出现错误,还是新系统程序存在 bug。

2. 数据测试

数据测试分为两个层次测试:一个是数据监测性测试,就是在数据转换完成后,测试数据转换的正确性;二是验证性测试,验证性测试通过使用已经通过功能测试的新系统办理实际业务来验证数据转换的正确性。

数据测试是一个关键环节,关系到系统切换成功与否,所以必须加大测试力度来保证数据转换的正确性。而与数据测试相关的系统功能测试也必须重视,因为如果系统功能存在问题,则数据测试也就无法保证正确性。

3. 切换点的选择

系统在什么时候进行切换,也是一个很关键的问题。一般情况下,都选择在一个业务周期结束,下一个业务周期开始的时候进行切换。

4. 切换方式的选择

系统切换有两种方式:一种是新旧系统并轨运行,另一种是新系统单轨运行。

对于第一种方式,以旧系统为主、新系统为辅,在时机成熟的时候切换到新系统运行;第二种是以新系统为主、旧系统为辅,旧系统只是验证新系统业务办理的正确与否。第一种方式的安全系数大,由于过渡期时间会很长,业务人员工作量很大;而第二种方式由于直接采用新系统,存在一定的风险,可以通过加大测试力度来降低风险。综上所述,建议采用第二种方式,就是以新系统为主、原系统为辅的方式。

5. 应急预案

在特殊情况下,由于某种原因导致系统没有能够正常切换或者切换以后系统运行不稳定。在这种情况下,必须启动应急预案来解决。

应急预案需要从业务系统、数据库、网络平台三个方面来考虑应急处理措施,只有三方面同时恢复到系统切换前的状态,才能保证原系统业务经营的正常进行。业务应用系统应急措施主要是在业务经办时保留原业务应用系统,并且保证原业务应用系统的客户端配置环境能够在最短时间内恢复到以前的配置;数据库应急措施就是利用原始数据与原系统保持一致来处理的,也就是在新系统数据库中保留备份,并且按照原系统数据集中情况下分不同用户存放备份数据,但是用户名仍需要采用原数据库系统用户名。一旦出现紧急情况,新系统数据库立即切入原备份数据库。网络平台应急预案用于保证在数据大集中的情况下整个社会保障网络链路的畅通。

9.1.5 系统切换过程中需注意的问题

系统切换是系统正常运行的关键,所以在系统切换过程中应注意以下问题。

(1)最大限度地保证原系统数据转换到新系统中,即使是对错误数据进行一些处理,然后在新系统中调整。

(2)新旧系统的对应关系一定要完整。

(3)原系统的数据在新系统中一定要有备份,不能在数据转换完成以后就将原系统数据删除掉。原系统备份数据至少保留一年。

(4)新系统开发过程中,数据转换负责人一定要与信息系统项目负责人保持经常沟通,以保证转换数据的正确性。同时,信息系统项目负责人熟悉原系统的业务流程和用户的习惯操作方式也是必要的。

(5)数据质量测试是非常重要的一个环节。

9.2 系 统 维 护

系统维护是信息系统全生命周期中的重要阶段,是对系统主要提供维护和技术支持以及其他相关的支持和服务。该阶段的主要任务是保证系统的安全运行,延长系统的安全运行周期,延长系统的生命周期,充分发挥系统的价值。

9.2.1 系统维护的目的与存在的问题

1. 系统维护的目的

系统维护是指在系统已经交付使用以后,为了改正错误、完善系统或满足新的应用需求而修改系统的过程。

作为系统开发生命周期中的最后一个阶段,系统维护的主要任务是对系统进行必要的修改和调整,以及对系统的运行状态进行检查和控制,以保证已开发的系统能正常运行,又保证用户的新需求能快速得到满足。

2. 系统维护存在的问题

信息系统维护目前存在许多困难,既有技术方面的因素,如许多系统开发过程中重设计而轻维护,也有很多非技术方面的因素,如领导的重视程度不够,管理人员对自己的需求一知半解等,导致维护工作不系统,系统维护的内容、周期、原则和方法等无章可循。总的来说,在维护阶段,经常遇到的问题如下。

(1) 没有文档或文档不全,使得程序难以读懂。系统有许多微妙之处,如全局数据、系统接口、完整性约束等,由于被误解,以致无法估量对系统进行修改后所产生的后果。

(2) 系统开发人员经常流动,使得当需要对系统进行维护时,不能依靠原开发人员提供对系统的解释。系统维护不仅仅局限于改错,特别是进行完善性维护时,需要重新遍历系统开发的全过程。所以,没有参加过系统开发过程的维护人员只有从头开始了解系统的分析和设计过程,才能完成系统维护工作。这不仅费时、费工,而且不能保证质量。

(3) 在系统设计中没有考虑修改的需要,没有采用功能独立的模块化设计方法,使得修改不得不采用非结构化的方式进行维护,并为此付出高额代价,不仅困难而且容易出错。

(4) 系统维护不是一项有吸引力的工作。系统维护人员日复一日地在已经运行的系统中排除故障或进行一些改进,工作单调,缺乏挑战性,从事这项工作令人缺乏成就感。

9.2.2 系统维护的分类

系统维护是面向系统中各个构成因素的。按照维护对象不同,系统维护的内容可分为以下几类。

(1) 应用软件维护。应用软件维护是系统维护的最主要内容。它是指对相应的应用程序及有关文档进行的修改和完善。系统的业务处理过程是通过应用程序的运行而实现的,一旦程序发生问题或业务发生变化,就必然地引起程序的修改和调整。因此,系统维护的主要活动是对程序进行维护。

(2) 数据维护。数据库是支撑业务运作的基础平台,需要定期检查运行状态。业务处理对数据的需求是不断发生变化的,除了系统中主体业务数据的定期正常更新外,还有许多数据需要进行不定期的更新,或随环境或业务的变化而进行调整,以及数据内容的增加、数据结构的调整。此外,数据的备份与恢复等,都是数据维护的工作内容。

(3) 代码维护。代码维护是指对原有代码进行的扩充、添加或删除等维护工作。随着系统应用范围的扩大,应用环境的变化,系统中的各种代码都需要进行一定程度的增加、修改、删除,以及设置新的代码。

(4) 硬件设备维护。主要是指对主机及外设的日常维护和管理,如机器部件的清洗、润滑,设备故障的检修,易损部件的更换等,这些工作都应由专人负责,定期进行,以保证系统正常有效地工作。

(5) 机构和人员的变动。信息系统是人机系统,人工处理也占有重要地位,人的作用占主导地位。为了使信息系统的流程更加合理,有时会涉及机构和人员的变动。这种变化往往也会影响对设备和程序的维护工作。

9.2.3 系统运维服务工作方式

系统运维的主要工作方式包括响应式服务和主动式服务两类。

1. 响应式服务

响应式服务是指用户向服务提供者提出服务请求，由服务提供者对用户的请求做出响应，解决用户在使用、管理过程中遇到的问题，或者解决系统相关故障。

响应式服务采用首问负责制。第一首问为本单位信息中心。信息中心负责接受用户服务请求，并进行服务问题的初步判断。如果问题能够解决则直接给客户反馈，否则提交到首问服务外包商。对于明确的问题，信息中心将问题直接提交到相应的服务外包商。

首问外包服务商在信息中心的支持下，负责对问题进行排查，力争将问题精确定位到某具体环节。问题定位后将其转发给相应的服务外包商。如果问题范围较大，涉及多个服务外包商时，由信息中心进行协调，在首问外包服务商统一指导下进行联合作业，直至问题解决完毕。

问题处理完成后，由责任服务外包商、首问服务外包商填写相应服务表单，并由首问外包服务商提交给信息中心，信息中心再向最终用户反馈。

服务外包商首先通过电话、电子邮件、远程接入等手段进行远程解决，如果能够解决问题，则由工程师负责填写服务单，每季度汇总后提交信息中心签字备案。

远程方式解决无效时，由服务外包商的工程师进行现场工作。根据故障状况，工程师现场能解决问题时，及时解决用户的问题；如不能，则由信息中心协调其他相关服务外包商进行联合故障排查，直至问题解决。如果问题仍然存在，则由各方领导相互协商，共同商讨解决办法。

2. 主动式服务

主动式服务是指服务外包商定期对系统进行健康检查。硬件设备主要以检查设备运行状况为主，软件主要以检查数据状况、检查应用配置以及进行必要的补丁升级等为主，以便提前将故障消灭在萌芽状态。

首先，根据定期巡检计划对系统进行全面检查。如果在巡检中发现问题，需要判断问题是否需要报修，如不需报修，则由巡检人员对系统进行必要调整；否则启动响应式服务去完成问题的解决。

系统巡检服务完成后，工程师编制巡检报告，并按照约定的期限汇总报送信息中心。

9.2.4 应用软件维护

1. 应用软件维护概念

应用软件维护主要是指软件交付使用之后，为了改正错误或满足新的需要而修改软件的过程。要求进行维护的原因多种多样，归结起来有三种类型。

（1）改正在特定的使用条件下暴露出来的一些潜在程序错误或设计缺陷。

（2）因在软件使用过程中数据环境发生变化或处理环境发生变化，需要修改软件以适应这种变化。

（3）用户和数据处理人员在使用时常提出改进现有功能、增加新的功能，以及改善总体性能的要求,为满足这些要求,就需要修改软件,把这些要求纳入软件之中。

2. 应用软件维护类型

1）改正性维护

在软件交付使用后,必然会有一部分隐藏的错误被带到运行阶段来。这些隐藏下来的错误在某些特定的使用环境下就会暴露出来。为了识别和纠正软件错误、改正软件性能上的缺陷、排除实施中的误使用,而应当进行的诊断和改正错误的过程,就叫作改正性维护。

2）适应性维护

随着计算机的飞速发展,外部环境(新的硬、软件配置)或数据环境(数据库、数据格式、数据输入输出方式、数据存储介质)可能发生变化,为了使软件适应这种变化而去修改软件的过程就叫作适应性维护。

3）完善性维护

在软件的使用过程中,用户往往会对软件提出新的功能与性能要求。为了满足这些要求,需要修改或再开发软件,以扩充软件功能、增强软件性能、改进加工效率、提高软件的可维护性。这种情况下进行的维护活动叫作完善性维护。

在维护阶段的最初两年,改正性维护的工作量较大。随着错误发现率急剧降低,并趋于稳定,就进入了正常使用期。然而,由于改造的要求,适应性维护和完善性维护的工作量逐步增加。实践表明,在几种维护活动中,完善性维护所占的比重最大,来自用户要求扩充、加强软件功能、性能的维护活动约占整个维护工作的50%。

4）预防性维护

除了以上三类维护之外,还有一类维护活动,叫作预防性维护。这是为了提高软件的可维护性、可靠性等,为以后进一步改进软件打下良好基础。通常,预防性维护定义为:"把今天的方法学用于昨天的系统以满足明天的需要"。也就是说,采用先进的软件工程方法对需要维护的软件或软件中的某一部分(重新)进行设计、编制和测试。在整个软件维护阶段所花费的全部工作量中,预防性维护只占很小的比例,而完善性维护占了几乎一半的工作量,如图9-2所示。

软件维护活动所花费的工作占整个生命周期工作量的70%以上,如图9-3所示。

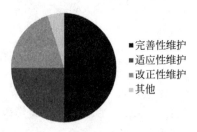

图9-2　三类维护占总维护比例图

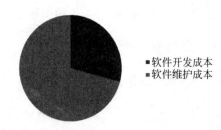

图9-3　维护在软件生命周期所占比例

3. 软件可维护性的定义

所谓软件可维护性,是指纠正软件系统出现的错误和缺陷,以及为满足新的要求进行修改、扩充或压缩的容易程度。可维护性、可使用性、可靠性是衡量软件质量的几个主要质量特性，也是用户十分关心的几个方面。可惜的是，对于影响软件质量的这些重要因素，目前尚没有对它们定量度量的普遍适用的方法。但是就它们的概念和内涵来说，则是很明确的。

软件的可维护性是软件开发阶段各个时期的关键目标。目前广泛使用的是用如下 7 个特性来衡量程序的可维护性。而且对于不同类型的维护，这 7 种特性的侧重点也不相同。如表 9-1 所示。

表 9-1　各特性在各类维护中的侧重点

	改正性维护	适应性维护	完善性维护
可理解性	√		
可测试性	√		
可修改性	√	√	
可靠性	√		
可移植性		√	
可使用性		√	√
效率			√

4. 应用软件维护的方法

1）建立明确的软件质量目标和优先级

一个可维护的程序应该是可理解的、可靠的、可测试的、可修改的、可移植的、效率高的、可使用的。但要实现这些所有的目标，需要付出很大的代价，而且也不一定行得通。因为某些质量特性是相互促进的，但另一些质量特性却是相互抵触的，例如效率和可移植性、效率和可修改性等。因此，尽管可维护性要求每一种质量特性都要得到满足，但它们的相对重要性应随程序的用途及计算环境的不同而不同。所以，应当在对程序的质量特性提出目标的同时，还必须规定它们的优先级。这样有助于提高软件的质量，并对软件生命周期的费用产生很大的影响。

2）使用提高软件质量的技术和工具

采用恰当的技术和工具能够有效地提高软件的可维护性。例如，模块化技术是软件开发过程中提高软件质量、降低成本的有效方法之一，也是提高可维护性的有效的技术。它的优点是如果需要改变某个模块的功能，则只要改变这个模块，对其他模块影响很小；如果需要增加程序的某些功能，则仅需增加完成这些功能的新的模块或模块层；程序的测试与重复测试比较容易；程序错误易于定位和纠正；容易提高程序效率。

3）进行明确的质量保证审查

质量保证审查对于获得和维持软件的质量，是一个很有用的技术。除了保证软件得到适当的质量外，审查还可以用来检测在开发和维护阶段内发生的质量变化。一旦检测出问题来，就可以采取措施来纠正，以控制不断增长的软件维护成本，延长软件系统的有效生命周期。

4）选择可维护的程序设计语言

程序设计语言的选择，对于程序的可维护性影响很大。低级语言（即机器语言和汇编语言)难于理解,很难被掌握,因此很难维护。高级语言比低级语言容易理解,具有更好的可维护性。

5)改进程序的文档

程序文档是对程序总目标、程序各组成部分之间的关系、程序设计策略、程序实现过程的历史数据等的说明和补充。程序文档对提高程序的可理解性有着重要作用。即使是一个十分简单的程序,要想有效地、高效率地维护它,也需要编制文档来解释其目的及任务。而对于程序维护人员来说,要想对程序编制人员的意图重新改造,并对今后变化的可能性进行估计,缺了文档也是不行的。因此,为了维护程序,人们必须阅读和理解文档。

5. 维护实施过程

软件的维护实施过程如下。

1)建立维护组织

通常,软件维护工作并不需要建立一个正式的组织机构。但是,委派维护管理员负责维护工作是绝对必要的。维护管理员、变化授权人和系统管理员等分别代表了维护工作的某个职责范围。维护管理员、变化授权人可以是指定的某个人,也可以是一个包括管理人员、高级技术人员等在内的小组。系统管理员是被委派熟悉一部分产品程序的技术人员。每个维护需求都由维护管理员转交给对应的系统管理员去评价。系统管理员对维护需求评价后,由变化授权人决定应该进行哪些活动。上述维护组织如图9-4所示。

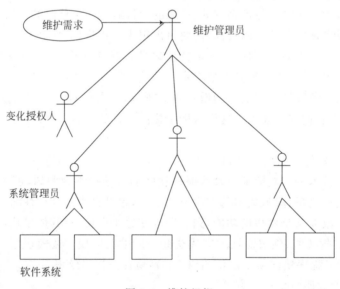

图 9-4　维护组织

2)填写维护申请

所有维护申请应按规定的方式提出。维护组织通常提供维护申请表,由申请维护的用户填写。如果申请的是改正性维护,用户必须完整地说明出错的情况,如输入数据、全部输出信息以及其他有关材料。如果申请的是适应性或完善性维护,则应提出一个简短的软件需求说明书。

维护申请表是由软件维护组织外部提交的文档,它是计划维护活动的基础。软件维护组织内部应相应地做出软件修改报告,内容包括:维护所需工作量、维护需求的性质、维护申请的优先次序、预计修改后的状况等内容。

3)维护工作流程

一般由维护需求而引起的工作流程如下。

(1)判定维护类型。当用户和维护管理人员对维护类型的判定存在不同意见时,应协商解决。

(2)对改正性维护请求,从评价错误的严重性开始。如果存在严重错误,则应在系统管理员的指导下分配人员立即进行维护工作;否则,就同其他开发任务一起,统一安排工作时间。

(3)对适应性和完善性维护请求,应先确定请求的优先次序。如果某项请求的优先次序非常高,就应立即开始维护工作;否则,就同其他开发任务一起,统一安排工作时间。

尽管维护类型不同,但都需要进行同样的技术工作:修改软件需求说明、修改软件设计、设计评审、对代码做必要的修改、单元测试、集成测试、确认测试。

4)保存维护记录

维护人员对程序进行修改前,要着重保存好两个记录——维护申请表和软件修改报告。保存维护记录需要保存的数值内容包括程序标识、源程序语句数、机器代码指令数、使用的程序设计语言、程序交付日期、程序交付以来的运行次数、自交付以来程序失效的次数、程序变动的层次和标识、因程序变动而增加的语句数、因程序变动而删除的语句数、每项修改耗费的人时数、程序修改日期、软件工程师名字、维护请求表的标识、维护类型、维护开始与结束日期、累计用于维护的人时数、与完成的维护相联系的效益。

5)评价维护活动

如果已经开始保存维护记录了,就可以对维护工作做一些定量判断,至少可以从以下几个方面进行评价。

- 每次程序运行平均失败的次数。
- 用于每一类维护活动的总人时数。
- 平均每个程序、每种语言、每种维护类型所必需的程序修改数。
- 维护过程中增加或删除源语句平均花费的人时数。
- 维护每种语言平均花费的人时数。
- 一张维护申请表的平均周转时间。
- 不同维护类型所占的比例。

9.2.5 数据维护

1. 数据维护的目的

在信息系统运行的过程中,数据维护主要是指对存储数据的维护,即数据库维护和数据文件维护。由于应用环境在不断变化,系统运行过程中数据的物理存储也会不断变化,需要不断地调整、修改数据库的设计。

数据维护的目标是确保存储的数据正常使用,保证现行系统安全、可靠地运行;为不断开发新的应用软件提供数据支撑基础,从而增强系统的生命力,延长系统的生命周期。

2. 数据维护的主要内容

数据库是数据维护的重点。数据维护的主要内容有如下几个方面。

1) 数据库的备份、转储和恢复

数据库的备份、转储和恢复是系统正式运行后最重要的维护工作之一。

数据库的备份就是要针对不同的应用要求,制订不同的转储计划,定期对数据库和日志文件进行备份。数据库备份的方式分为自动备份和手动备份。其中,自动备份就是利用数据库管理系统提供的安全功能,让它按企业设置的备份要求(时间、范围等)自动完成;手动备份就是由系统维护人员完成备份。数据库自动备份的时间间隔可以设置得比较短,例如每天至少要做一次。

数据备份可分为两大类。一类是离线备份,即把数据备份到外存上去,一般来说,采用这种备份方式的恢复时间会比较长,但投资较少。另一类是在线备份,如数据复制。数据复制实际上就是一种同步的数据备份,其恢复时间非常短,但对资源的占用率比较高,投资也大。可以看出,这两种方式各有特点。对于企业来说,最好的备份解决方案就是两者的有机融合。

数据库的转储就是将备份的数据库和日志文件转移到其他介质和设备上去,以防物理灾害发生而导致备份的数据库和日志文件丢失。数据库的转储可以按照系统设计阶段设计的存储系统完成。数据库转储的时间间隔至少要等同于数据库备份的时间间隔。

数据库恢复是指,一旦数据库发生故障,能够利用数据库备份及日志文件备份,尽快将数据库恢复到某种已知的正确状态,并尽可能减少对数据库的破坏。信息系统恢复的核心就是数据恢复。

2) 数据库的安全性控制与完整性控制

保护数据库的安全就是防止恶意破坏和非法使用。在数据库运行期间,由于应用环境的变化,对安全性的要求也会变化。因此,需要根据不同用户的实际需要,修改他们的操作权限或密级。

完整性控制用以防止数据库中存在的不合语义的数据和错误的输入/输出所造成的无效操作和错误结果。在数据库运行阶段,往往要增加新的完整性约束条件或修改旧的完整性约束条件,以满足用户要求。

3) 数据库的重组和重构

数据库运行一段时间后,由于记录的不断增、删、改,会导致大量的指针链和存储垃圾,降低数据库存储空间的利用率和数据的存取效率,使数据库的性能下降,因此需要进行数据库的重组。数据库管理系统一般都提供重组用的实用程序,按照原设计要求重新安排记录的存储位置,回收垃圾,减少指针链,调整数据区和溢出区等。数据库的重组不改变原设计的数据逻辑结构和物理结构。

当数据库反映的现实世界发生了变化,如增加了新的应用或实体,原设计不能很好地满足新的需求时,就重构数据库。部分修改原数据库的模式或内模式称为数据库的重构,如增加新的数据项、增加或删除索引等。软件系统一般也提供了修改数据库结构的功能。数据库重构的程度是有限的,只能有部分修改或调整。

9.3 系统评价

9.3.1 系统评价的目的

系统评价是信息系统开发过程中一个重要的环节。依据系统可行性研究阶段、系统分析阶段、系统设计阶段提出的费用指标、效益指标、管理指标和技术指标,对所开发的新系统进行评价,目的如下。

(1) 从管理、技术、经济对新开发的系统进行评价;

(2) 总结成绩、经验和教训,发现问题,为系统今后的发展和应用明确目标,使系统能真正满足企业的需求;

(3) 对系统开发人员(包括终端用户)的工作给予肯定,这对于采取自行开发、联合开发方式的系统来说尤为重要。

9.3.2 系统评价方法

系统评价方法有以下 4 类。

1) 专家评估

由专家根据个人的知识和经验直接判断来进行评价。常用的有特尔斐法、评分法、表决法和检查表法等。

2) 技术经济评估

以价值的各种表现形式来计算系统的效益而达到评价的目的。如净现值法、利润指数法、内部报酬率法和索别尔曼法等。

3) 模型评估

用数学模型在计算机上仿真来进行评价。如可采用系统动力学模型、投入产出模型、计量经济模型和经济控制论模型等数学模型。

4) 系统分析

对系统各个方面进行定量和定性的分析来进行评估。如成本效益分析、决策分析、风险分析、灵敏度分析、可行性分析和可靠性分析等。

9.3.3 系统评价指标

怎样才算是一个成功的系统?评价应用系统的标准是什么?根据信息系统的特点,其评价指标分为管理指标和技术指标两个方面。

1. 管理指标

企业作为一个复杂系统,有许多特征来表现其各种能力和功能。有些特征是可以量化的,有些则是不可量化的。例如,管理水平、企业对市场的响应速度、企业在行业的影响度、销售利润率、市场占有率、客户满意度、资金周转率等。信息系统的使用会对这些特征产生影响，使企业的表现与使用之前不同，这个不同就是系统产生的效果。这些特征及其测量就是管理评价指标。

从经营观来说，不同的信息系统是用来解决不同问题的（如会计管理信息系统、MRPⅡ系统、人力资源管理信息系统等）。即使是解决相同的问题，系统也会不同（例如解决企业制造问题可以有 MRPⅡ系统、ERP 系统）。因此，当评价一个信息系统时，要设计用于评价的管理指标。

2. 技术指标

技术评价是从信息技术的角度评价，由于信息系统的使用引起的企业信息特征的变化，因此应该有相应的特征和测量。

一个成功的应用系统应该达到的主要技术指标包括正确性、高效率、适应性、易用性、可移植性、经济性、可维护性等。

9.3.4 系统评价流程

系统评价流程包含以下 6 个过程。

（1）组织系统评价小组。系统评价小组由企业领导、系统用户等组成。

（2）制订系统评价计划，即制订系统评价任务、时间、所需评价材料。

（3）制订评价标准。要恰当地评价信息系统所产生的效果或者价值，应该制定一个评价指标体系，其中包括指标集、权重集。有些信息系统已有公认的指标集（如 MRPⅡ或 ERP 的指标集）。

（4）准备材料。按照评价指标体系中提出的指标，收集相关的数据（除企业自身情况外，还可以收集国内外情况、行业情况、竞争对手的情况），给出定量指标值计算的公式，以及计算的结果。评价资料中不能忽视终端用户的使用报告。

（5）实施评价。按照系统评价计划，对提交的评价定量指标、定性指标等材料进行评价，提出改进意见或建议，给出结论性的意见。

（6）编写评价报告。以书面形式，编写评价报告。

本 章 小 结

本章介绍了信息系统开发过程中的系统切换、维护与评价。

系统切换又称为系统迁移，即新系统开发完成后，将原来的老系统切换到新系统上来。信息系统的切换一般有 3 种方法：直接切换法、并行切换法、试点过渡法。系统切换包括前期调研、数据整理、数据转换、系统切换、运行监控五个阶段。系统在整个切换过程中，安全、平稳过渡是第一位的，为保证系统切换安全，可采用的措施包括数据备份、数据测试、切换点选择、切换方式选择以及应急预案制定等。

系统维护是信息系统生命周期中的重要环节，是对系统主要提供维护和技术支持以及其他相关的支持和服务。系统维护是面向系统中各个构成因素的，按照维护对象不同，系统维护的内容可分为应用软件维护、数据维护、代码维护以及硬件设备维护、机构和人员的变动维护等。其中应用软件维护又分为改正性维护、适应性维护、完善性维护和预防性维护。

系统评价是信息系统开发过程中一个重要的环节。依据系统可行性研究阶段、系统分析阶段、系统设计阶段提出的费用指标、效益指标、管理指标和技术指标，对所开发的新系统进行评价。系统评价方法主要包括专家评估、技术经济评估、模型评估、系统分析等。本章还介绍了系统评价指标与系统评价流程。

本 章 练 习

1. 问题思考

(1) 系统切换的内容有哪些？在切换过程中需要注意什么问题？

(2) 软件维护类型都有哪些？请分别举例说明。

(3) 软件可维护性与哪些因素有关？应采取哪些措施提高软件的可维护性？

(4) 软件系统的评价目的是什么？有哪些评价方法？

(5) 思考改错性维护与"排错(调试)"不是一个概念？

2. 专题讨论

(1) 你认为如何才能更好地提高信息系统的可维护性？

(2) 讨论高级语言对适应性维护的影响。使程序适应新的环境是可能的吗？

第10章 系统项目管理

系统的开发工作是一项涉及企业管理、计算机技术、网络通信技术、数据技术等诸多领域的复杂的系统工程。为了更好地对信息系统的开发工作进行管理，保证信息系统实现预定的目标和功能，人们在信息系统的建设中，引入了工程项目管理的思想和方法。应该说，其他领域的这些有效的项目管理方法，在信息系统的建设中取得了很好的效果。

10.1 系统项目管理的目标

项目管理是在一定资源条件的约束下，如时间、资金、人力、设备、材料、能源、动力等，为有效地达到项目的既定目标（如项目竣工时计划达到的质量、投资、进度），按照项目的内在规律和程序，对项目的全过程进行有效的计划、组织、协调、领导和控制的系统管理活动，从而保证软件项目取得成功，得到满足用户需求的软件产品。

系统项目管理的目标包括以下几个方面。

（1）如期完成项目。项目的复杂性和软件产品的特点，决定了信息系统开发过程一定会发生变动。因而，如何使得变动在可控范围内，使得变动易于适应系统开发过程的继续，使得变动对项目计划的影响最小，并最终如期完成项目，是管理的重点目标。

（2）项目成本控制在计划之内。信息系统开发的成本/效益分析说明信息系统产品是要盈利的。因此，任何对于计划的改变，都必须控制在项目成本可接受的范围内。

（3）妥善处理用户的需求变动。由于信息系统规模大、复杂性高，因此在需求阶段难以完成整个系统的需求获取。在信息系统项目实施过程中，如何记录用户需求变更、如何把用户需求变更及时反映到系统中，是目标管理的一个难点。

（4）保证项目质量。管理实施过程中，确保信息系统开发过程按照既定计划完成，是保证项目质量的坚实基础。

（5）保持对项目进度的跟踪与控制。信息系统管理的实施不仅是在项目启动时进行合理计划和安排，更重要的是管理过程必须贯穿信息系统项目开发的全过程。不仅要保持项目开发过程中的进度跟踪和控制，而且在项目结束后的维护阶段，对系统进行的任何修改（包括文档维护）也都应纳入管理范畴。

10.2 系统项目管理的特点和内容

与其他项目管理过程的实施一样，信息系统项目也需要进行管理控制和目标管理。但信息系统项目有它自身的特点，它是针对人的知识、智力开发活动而进行的管理。在整个信息系统开发活动进程中，需要对思想、架构、概念、算法、流程、逻辑、效率和优化等各项抽象因素进行综合管理，因而使得信息系统管理的过程更为复杂和难以控制。

信息系统项目管理的特点体现在如下几方面。

（1）信息系统项目的产品是抽象的逻辑产品，难以用尺寸、重量、体积、外观等物理实体标准来衡量和评价，难以制订软件产品的质量评价体系。

（2）信息系统产品的生产过程是人的智力活动过程，而非传统意义上的"制造"过程，难以监管并及时纠正生产过程中出现的错误和问题。

（3）信息系统产品开发过程中涉及软件分析师、设计工程师、程序员、测试人员、用户和管理人员等，人员配备复杂，难以进行有效管理。

（4）信息系统目前仍无法摆脱手工开发模式。"没有完全一样的软件项目"，这不仅使得对项目实施过程难以控制，而且还需要根据具体应用领域、环境等制订特殊管理过程和内容。

（5）源于应用领域的复杂性和软件开发技术的复杂性。信息系统自身是一个复杂系统，因而信息系统管理要做到未雨绸缪，开发内容做到如抽丝剥茧般的细致。

（6）信息系统项目管理需要综合各方面，特别是社会因素、精神因素、认知要素、技术问题、领域问题、用户沟通等各项复杂内容。

（7）管理技术的基础是实践，只有反复实践才能提高管理技术，总结管理经验，更好地、有效地实施和控制管理过程。

针对信息系统项目管理的特点和存在的问题，在实施信息系统管理过程中，应明确信息系统管理内容和范围，做到有的放矢；否则就会迷失在信息系统管理纷繁复杂的事务中，既浪费管理资源，又没有达到预期的管理目标。

系统项目管理的内容主要包括如下几个方面。

- 项目的组织与人员管理；
- 制订项目计划；
- 项目质量控制；
- 项目风险管理；
- 项目文档管理。

这几个方面都是贯穿、交织于整个系统开发过程中的，其中项目的组织与人员管理把注意力集中在项目组的构建和项目组人员的构成、优化；项目计划主要包括工作量、成本、开发时间的估计，并根据估计值制定和调整项目组的工作；项目质量控制主要关注系统开发过程中，各阶段的工作是否按预定的计划进行，各阶段设计成果是否符合期望值；风险管理预测未来可能出现的各种危害到项目进度和系统质量的潜在因素并由此采取措施进行预防；文档管理要求系统开发过程中，各阶段必须按照项目计划及时提交各种有关的分析和设计文档，并对这些文档进行规范化的管理。

10.3　系统项目管理过程

信息系统项目管理包括进度管理、成本管理、质量管理、人员管理、资源管理、标准化管理。管理的对象是进度、系统规模及工作量估算、经费、组织机构和人员、风险、质量、作业和环境配置等。信息系统项目管理所涉及的范围覆盖了整个信息系统生命期。

为使系统项目开发获得成功，一个关键问题是必须对系统开发项目的工作范围、可能遇到的风险、需要的资源（人、硬/软件）、要实现的任务、经历的里程碑、花费工作量（成本），以及进度的安排等做到心中有数。而信息系统项目管理可以提供这些信息。通常，这种管理在技术工作开始之前就应开始，而在信息系统从概念到实现的过程中继续进行，并且只有当系统开发工作最后结束时才终止。

信息系统项目管理有5个阶段：启动、规划、跟踪控制、评审和评价及管理文档的编写，每个阶段都有各自的过程，其中规划与跟踪控制是信息系统项目管理的核心部分。

1）启动

项目启动是信息系统项目管理的第一个阶段。该阶段的主要任务是确定项目的目标和范围，其中包括信息系统开发的周期，信息系统完成的主要功能，信息系统的限制条件、性能、稳定性。在这一阶段，项目的范围要进行明确的定义，项目目标必须是可实现可度量的。万事开头难，如果这一阶段没有管理好，会导致项目最终失败。

2）规划

在开始项目运作之前，项目团队必须花足够的时间对项目进行规划。项目规划是建立项目行动指南的基准，该阶段包括信息系统项目的成本估算，风险分析，进度计划、人员的配备等。该阶段形成项目计划书将作为跟踪控制的依据。

3）跟踪控制

项目跟踪控制包括按计划执行项目和跟踪项目，以使项目在预算内、按进度、使用户满意地完成。这个阶段包括：测量实际进度，并与计划进度相比较。当发现计划有不当之处时，要及时更正计划。当实际进度落后于计划进度、超出预算或没有达到要求时，要及时采取纠正措施，使项目回到正常轨道上。

4）评审和评价

项目管理人员应对计划完成程度进行评审，对项目进行评价。并对计划和项目进行检查，使之在变更或完成后保持完整性和一致性。

5）编写管理文档

项目管理人员根据合同确定信息系统开发过程是否完成。如果完成，应从完整性方面检查项目完成的结果和记录，并把这些结果和记录编写成文档并存档。

10.4　系统项目的组织

系统开发作为一类项目，需要按照项目管理方式运作。首先，应该成立信息系统项目建设小组，然后对组内每个成员的工作进行分配，使每个成员对自己的角色、职责有明确的理解，从而有利于信息系统项目建设的成功。

在总体规划阶段，已经成立了一个规划组。现在信息系统的开发即将全面展开，这时必须建立一个更加全面的项目小组来负责各项工作的实施，项目组内部业务人员和技术人员还应该开展双向动员和培训。

信息系统的开发首先要做好人员的组织工作。开发过程所需要的人员有用户、系统分析员、系统设计员、数据库管理员、网络工程师、程序开发人员等。他们在系统开发过程中所处的地位和作用是不同的。如何组织好这些参加信息系统项目的人员，使他们发挥最大的工作效率，对成功地完成项目至关重要。在建立项目小组时应注意以下原则。

(1) 尽早落实责任，明确每个成员的责任。

(2) 知人善任，将每个人的专长尽可能地发挥好。

(3) 减少接口，在开发过程中，人与人之间的联系是必不可少的，存在着通信路径。

经验表明，信息系统的生产率和完成任务中存在的通信路径数目是互相矛盾的。因此，要有合理的人员分工和好的组织结构，以减少不必要的生产损失。

10.5 信息系统项目工作计划

信息系统项目工作计划的主要任务就是为信息系统的开发制订一份详细的工作计划，并对计划的执行进行有效的组织、监督与控制。

1. 信息系统开发项目工作计划的编制

编制项目工作计划首先要确定以下几点。

(1) 开发阶段、子项目与工作步骤的划分。

(2) 子项目之间的依赖关系与系统的开发顺序。

(3) 各开发阶段、子项目与工作步骤的工作量。

在此基础上，根据项目的总进度要求，用某种或多种工程项目计划方法制定出具体工作内容与要求，落实到具体人员，限定完成时间的行动方案。

开发阶段是项目开发过程中的重要阶段，每个阶段都要求有明确的成果。开发阶段的划分与采用的开发策略和开发方法有关，当综合性地采用多种开发策略与方法时，可以存有并列的开发阶段。子项目是因系统过于庞大，须分轻重缓急逐步开发而划分的分项目。子项目可按系统的构成来划分，例如应用系统中的各子系统、系统平台、培训等。子项目的划分不是时序的，有些子项目会延续多个开发阶段。工作步骤是开发阶段的进一步细分，每一个工作步骤完成一项具体的工作内容。

子项目确定后，还要分析它们之间的相互依赖关系，以便能在时间上安排先后开发顺序。显然，基础的、前端的子项目，例如销售子系统、工程数据管理子系统等，应先安排；依赖性的、建立在其他子项目之上的子项目，例如生产管理子系统、财务管理子系统等，应后安排。另一方面，为充分体现信息系统的效益及激发企业管理人员的信心，一些难度低、见效快的子项目也应予以优先安排，例如库存管理子系统等。

编制信息系统开发项目工作计划的常用方法有甘特图。甘特图又称线条图，是一种对各项活动进行计划调度与控制的图表，它具有简单、直观和便于编制等特点。由于信息系统开发项目带有不确定性与不稳定性因素，工作计划不宜也不可能制订得过于具体，一般可在计划中预留一定的机动时间，随着计划的进行，情况会逐步明朗，因此可在计划落实过程中再做修订与补充。

2. 信息系统项目计划安排方法

信息系统项目的进度安排与任何一个多任务工作的进度安排基本差不多。因此,只要稍加修改,就可以把用于一般开发项目的进度安排的技术和工具应用于信息系统项目。

项目的进度计划和工作的实际进展情况,需要采用图示的方法描述,特别是表现各项任务之间进度的相互依赖关系。以下介绍几种有效的图示方法。在这几种图示方法中,必须明确标明各个任务的计划开始时间、完成时间;各个任务完成的标志;各任务及参与工作的人数,各个任务与工作量之间的衔接情况;完成各个任务所需的物理资源和数据资源。

1) 甘特图

甘特图(Gantt Chart)是表示工作进度计划及工作实际进展状况最为简明的图形表示方法。它是历史悠久、使用广泛的进度计划工具之一。

甘特图的一般表示如图 10-1 所示。

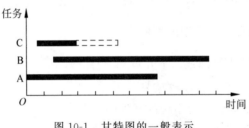

图 10-1　甘特图的一般表示

图 10-1 中的横坐标表示项目进行的时间,纵坐标是项目的各项任务,方框(或直线)的不同长度代表各任务执行的时间,并对应各自任务的起止时间。同一方框中的实线代表当前任务已用的时间,虚线代表剩余时间。一般情况下,在制订进度计划时,可以都用实线表示。例 10.1 说明了甘特图的画法。

【例 10.1】　在"简历自动获取和查询系统"中,把对简历文件的下载、分析、检索过程从时间上做一个示意性的定义:简历文件下载 1 小时的文件,需要经过 1.5 小时的分析才能得到结果并存入简历数据库,对于用户提交的一个检索是在 1 秒钟内得到结果。

系统运行 5 小时后的甘特图如图 10-2 所示。

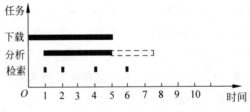

图 10-2　系统运行了 5 个小时后的甘特图

在甘特图中,每一任务完成的标准不是以能否继续下一阶段任务为标准,而是以必须交付应交付的文档与通过评审为标准。因此,在甘特图中,文档编制与评审是软件开发进度的里程碑。甘特图的优点是标明了各任务的计划进度和当前进度,能动态地反映信息系统开发进展情况;缺点是难以反映多个任务之间存在的复杂的逻辑关系,难以发现项目计划中的关键部分,难以挖掘项目中有潜力、灵活机动的任务安排。

2) 工程网络图

工程网络图是制订项目计划时的另一种常用的图形工具,它不仅能描述项目的起止时间和各项任务的工期,更能比较现实地描述各任务间彼此的依赖关系。常用的工程网络技术包括 PERT 技术和 CPM 方法。

PERT 技术叫作计划评审技术,CPM 方法叫作关键路径法,它们都是安排开发进度,制订信息系统开发计划的最常用的方法。它们都采用网络图来描述一个项目的任务网络,也就是从一个项目的开始到结束,把应当完成的任务用图或表的形式表示出来。通常用两张表来定义网络图。一张表给出与一特定信息系统项目有关的所有任务(也称为任务分解结构),另一张表给出应当按照什么样的次序来完成这些任务(也称为限制表)。

PERT 技术和 CPM 方法都为项目计划人员提供了一些定量的工具,具体内容如下。

(1) 确定关键路径,即决定项目开发时间的任务链。

(2) 应用统计模型,对每一个单独的任务确定最可能的开发持续时间的估算值。

(3) 计算边界时间,以便为具体的任务定义时间窗口。边界时间的计算对于软件项目的计划调度是非常有用的。

【例 10.2】 某一信息系统项目在进入编码阶段之后,考虑安排 3 个模块 A、B、C 的开发工作。其中,模块 A 是公用模块,模块 B 与 C 的测试有赖于模块 A 调试的完成。模块 C 是利用现成已有的模块,但对它要在理解之后做部分修改。最后直到 A、B 和 C 做组装测试为止。请给出该项目的任务网络图。

依据题目要求,按照 3 个模块的工作步骤来安排任务,绘制的任务网络图如 10-3 所示。

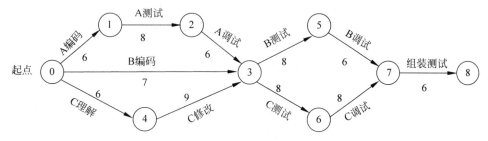

图 10-3　开发模块 A、B、C 的任务网络图

在此图中,各边表示要完成的任务,边上均标注任务的名字,如"A 编码"表示模块 A 的编码工作。边上的数字表示完成该任务的持续时间。图中有数字编号的结点是任务的起点和终点,在图中,0 号结点是整个任务网络的起点,8 号结点是终点。图中足够明确地表明了各项任务的计划时间,以及各项任务之间的依赖关系。

3. 信息系统开发项目进度的控制

在实际中,几乎没有一个信息系统开发项目能按计划进度完成,由此造成的损失也是很大的,因此信息系统开发项目的进度控制显得尤为重要。进度控制通过计划执行的监督和检查、计划延误的分析和解决等活动实现。信息系统开发计划执行的监督与检查方法与其他开发项目是类似的。

当计划发生延误时,要进行具体原因的分析。一般来讲,信息系统开发进度的拖期,除了有与其他工程项目同样存在的环境变化、资金不到位、人员变动等原因外,还有一些特殊的原因,主要包括以下几种。

(1) 各项开发活动的工作量是凭经验估计的,实际工作量与预计数发生较大的差别。

(2) 开发过程中产生不少事先未估计到的活动,使工作量增加。

(3) 由于需求或其他情况发生变化,使已完成的成果要作局部修改,造成返工。上述导致计划不能如期进行的原因往往是不可避免的,但哪些活动延误、什么原因造成延误等必须分析清楚。只有在明确问题的前提下,才能选取对策,解决问题或修改计划。在总体上把握开发进度,以使延误造成的损失减至最小。

针对不同的原因,可能采取的解决措施有以下几种。

(1) 对开发中的不确定性问题,可事先在工作计划中留有一定的宽裕度,例如工作步骤的工作量取上限、预设机动时间等。

(2) 开发过程中经常性地与用户交换意见,随时掌握企业的发展动向,及时地明确遗留的不确定问题以少返工。

(3) 当关键路线上的活动延误时,要调配现有开发人员,或增加开发人员或加班加点或集中人力予以重点解决。

(4) 在上述措施难以有效解决延误问题时,对原定计划作调整。例如,子项目先后次序的调整,部分工作步骤的提前或推后。必要时也可在不影响总体目标的前提下,删减个别子项目,或减低局部的功能指标。

信息系统是一个复杂的人机系统,开发项目工作计划进度的控制也必然是一项难度极大的工作,目前已有的方法也不是很成熟。从根本上说,信息系统开发进度问题的解决还有赖于企业管理模式的规范化、系统开发的标准化等问题的解决。

10.6　信息系统项目质量管理

信息系统软件质量是软件能否被用户认可和接受的重要保证。软件质量管理的目的是有效地保证软件质量,顺利地向用户交付满意的软件。

1. 软件质量保证

质量被定义为某一事物的特征或属性,具有可测量的特征。但是,软件在很大程度上是一种知识实体,其特征的定义远比物理对象要困难得多。软件质量属性包括循环复杂度、内聚性、功能点数量、代码行数等。

质量分为设计质量和一致性质量。设计质量是指设计者为一个产品规定的特征。一致性质量是指在制造产品的过程中遵守设计规格说明的程度。设计质量包括系统的需求、规格说明和设计,而一致性质量则关注实现问题。Robert Glass 给出了一个直观的公式。

$$用户满意度=合格的产品+好的质量+按预算和进度交付 \tag{10-1}$$

如果用户不满意,那么其他任何事情都不重要了。质量控制是为了保证每件产品都能满足需求而在整个软件过程中所运用的一系列审查、评审和测试。质量控制的关键概念之一是所有工作产品都具有明确的和可测量的规格说明。

软件产品质量管理包括软件的质量检测、质量保证和质量认证3个重要方面。

（1）软件质量检测是种粗放式的质量管理形式。其方法类似于在生产线的末端逐一检测产品、遇见不合格的就修理或报废。在软件开发过程中，它大致类似于对软件产品的测试和纠错活动。这种事后检测的方式往往无助于质量的改正。

（2）软件质量保证是指软件生产过程包含的一系列质量保证活动，其目的是使所开发的软件产品达到规定的质量标准。由于软件产品的质量形成于生产全过程，而不是靠"检测"出来的，因此，质量管理活动必须扩展到软件生产的全工程，这体现了软件质量全面控制的核心思想。软件质量全面控制强调"全过程控制"和"全员参与"两层意思。软件质量保证的一系列活动都应遵循任何管理体系都遵循的 PDCA（Plan-Do-Check-Action，计划—实施—检测—措施）顺序。

（3）软件质量认证是从软件产业管理的角度，把对个别产品的质量保证扩展到对软件企业整体资质的认证，其目的是全面考查企业的质量体系和提供符合质量要求的软件产品的能力。软件质量保证由各种任务构成。完成这些任务的参与者有两种：做技术工作的软件工程师和负责实施软件质量保证活动的小组。

2. 软件质量的度量

质量度量贯穿于信息系统项目的全过程中以及软件交付用户使用之后。在项目交付之前得到的度量提供了一个定量的根据，以做出设计和测试质量好坏的判断。这一类度量包括程序复杂性、有效的模块性和总的程序规模。在软件交付之后的度量则把注意力集中于还未发现的差错数和系统的可维护性方面。特别要强调的是，软件质量的售后度量可向管理者和技术人员表明软件工程过程的有效性达到什么程度。

虽然已经有许多软件质量的度量方法，但事后度量使用得最广泛。它包括正确性、可维护性、完整性和可使用性。Gilb 提出了它们的定义和度量。

（1）正确性：一个程序必须正确地运行，而且还要为它的用户提供某些输出。正确性要求软件执行所要求的功能。对于正确性，最一般的度量是每千代码行（KLOC）的差错数，其中将差错定义为已被证实是不符合需求的缺陷。差错在程序交付用户普遍使用后由程序的用户报告，按标准的时间周期（典型情况是 1 年）进行计数。

（2）可维护性：包括当程序中发现错误时，要能够很容易地修正它；当程序的环境发生变化时，要能够很容易地适应；当用户希望变更需求时，要能够很容易地增强它。还没有一种方法可以直接度量可维护性，因此必须采取间接度量。有一种简单的面向时间的度量，叫作平均变更等待时间（Mean Time To Change，MTTC）。这个时间包括开始分析变更要求、设计合适的修改、实现变更并测试它，以及把这种变更发送给所有的用户。一般地，一个可维护的程序与那些不可维护的程序相比，应有较低的 MTTC（对于相同类型的变更）。

（3）完整性：这个属性度量一个系统抗拒对它的安全性攻击（事故的和人为的）的能力。软件的所有 3 个成分——程序、数据和文档都会遭到攻击。

为了度量完整性，需要定义两个附加的属性——危险性和安全性。危险性是特定类型的攻击将在一给定时间内发生的概率，它可以被估计或从经验数据中导出。安全性是排除

特定类型攻击的概率,它也可以被估计或从经验数据中导出。一个系统的完整性可定义为:

$$完整性 = \sum(1 - 危险性 \times (1 - 安全性)) \tag{10-2}$$

其中,对每一个攻击的危险性和安全性都进行累加。

(4)可使用性:即用户友好性。如果一个程序不具有"用户友好性",即使它所执行的功能很有价值,也常常会失败。可使用性力图量化"用户友好性",并依据以下4个特征进行度量。

- 为学习系统所需要的体力上的和智力上的技能;
- 为达到适度有效使用系统所需要的时间;
- 当软件被某些人适度有效地使用时所度量的在生产率方面的净增值;
- 用户角度对系统的主观评价(可以通过问题调查表得到)。

除了以上方法,缺陷排除效率(DRE)也是一种普遍使用的质量度量方法。DRE 本质上是对质量保证及控制活动中滤除缺陷能力的测量,而这些质量保证及质量控制活动贯穿应用于所有过程框架活动中。当把项目作为一个整体来考虑时,且假设 E 是软件交付给最终用户之前发现的错误数,D 是软件交付之后发现的缺陷数,则 DRE 的计算公式为 DRE=E/(E+D)。

3. 信息系统软件质量控制方法

信息系统项目开发的质量控制是一个极为重要的问题。一般说来,可以采取下列方法和措施对系统开发的全过程进行质量控制与检查。

(1)严格挑选项目组成员。项目组人员的素质是保证信息系统质量的基本前提,他们除了熟悉本职业务和信息技术之外,还应能在较长的开发期内善于与人合作。

(2)加强培训工作。在系统开发的整个过程中,有计划、分阶段地对各类人员进行有关知识和开发技术的培训。

(3)正确选择系统开发策略与方法。正确的开发策略与方法是质量保证的重要条件,在项目开发之前,应结合项目特点(如项目的规模、项目的结构化程度、用户的信息技术水平),确定开发策略,选择开发方法,如结构化方法、原型法等。

(4)设立质量控制点。分别在系统规划、系统分析、系统设计、系统实施阶段设立质量控制点。各开发阶段结束时,立即进行阶段审查,把好质量关。

① 规划阶段,要审查系统目标的合理性、系统开发的基础条件的具备情况、项目计划安排的可行性等。

② 系统分析阶段,需要审查现行系统的描述是否正确、新系统功能是否明确、新系统逻辑模型是否合理、子系统的划分是否合理。

③ 系统设计阶段,需要审查软、硬件选型及网络方案的合理性,检查模块的划分是否合理、数据库的设计是否合理、信息规范化程度如何。

④ 系统实施阶段,需要检查程序的结构化程度是否满足要求,程序是否正确、测试方案及用例是否完整、测试报告是否规范等问题。

(5)建立严格的文档管理制度。文档必须齐全、规范,与开发工作同步,方案、程序的版本与文档一致。

（6）建立集体评议制度。集体评议的目的是及早发现系统开发中的问题，找出解决问题的办法，集思广益，充分交流思想，保持整个系统协调一致。

10.7　信息系统软件项目的风险管理

信息系统项目管理的目的之一是进行风险管理。一个可以预期的失败并不是最坏的，这样的项目只需要放弃或者提供更多的资源来争取更好的结果就可以了。事实上，在软件项目中，最令人担忧的实际上是那些未知的东西。能否更早地了解和管理这些未知的元素，是软件项目管理水准的重要体现。目前，风险管理被认为是 IT 软件项目中减少失败的一种重要手段。当不能很确定地预测将来事情的时候，可以采用结构化风险管理来发现计划中的缺陷，并且采取行动来减少潜在问题发生的可能性和影响。风险管理意味着在危机发生之前就对它进行处理，这就提高了项目成功的机会，同时减少了不可避免的风险所产生的后果。

软件项目风险管理实际上是贯穿在项目开发过程中的一系列管理步骤，其中包括风险识别、风险预测、风险管理策略、风险解决和风险监控。它能让风险管理者主动"攻击"风险，进行有效的风险管理。通常，软件风险分析包括风险识别、风险预测和风险管理三项活动。

1. 风险识别

软件风险可区分为项目风险、技术风险和商业风险。项目风险是指在预算、进度、人力、资源、客户，以及需求等方面存在的潜在问题，它们可能造成软件项目成本提高、开发时间延长等风险。技术风险是指设计、实现、接口和维护等方面的问题，它们可能造成软件开发质量的降低、交付时间的延长等后果。商业风险包括市场、商业策略、推销策略等方面的问题，这些问题会直接影响软件的生存能力。

为了正确识别风险，我们将可能发生的风险分成若干风险类，每类建立一个风险项目检查表来识别它们。以下是常见的风险类以及需要检查的内容。

（1）产品规模风险：检查与软件总体规模相关的风险。

（2）商业影响风险：检查与管理或市场约束相关的风险。

（3）与客户相关的风险：检查与客户素质和沟通能力相关的风险。

（4）过程风险：检查与软件过程定义和开发相关的风险。

（5）技术风险：检查与软件的复杂性和系统所包含的技术成熟度相关的风险。

（6）开发环境风险：检查与开发工具的可用性和质量相关的风险。

（7）人员结构和经验风险：检查与开发人员的总体技术水平和项目经验相关的风险。

以商业影响风险类为例，其风险项目检查表中可能包括下列问题。

（1）建立的软件是否符合市场的需求（市场风险）？

（2）建立的软件是否符合公司的整体商业策略（策略风险）？

（3）销售部门是否知道如何推销这种软件（销售风险）？

（4）有没有因为课题内容或人员的改变，使该项目失去管理层的支持（管理风险）？

（5）项目预算或参加人员有没有保证（预算风险）？

如果上述任何一个问题的答案是否定的,就可能出现风险,这时需要识别并预测可能产生的影响。

2. 风险预测

风险预测,又可称为风险估计,包括对风险发生的可能性、风险发生所产生的后果两项活动的估计。通常,风险预测由参与风险评估的计划人员、管理人员和技术人员共同完成。

建立风险可能性尺度。风险可能性的尺度可以定性或定量来定义,一般不能用是或否来表示,较多使用的是概率尺度,如极罕见($<10\%$)、罕见($10\%\sim25\%$)、普通($25\%\sim50\%$)、可能($50\%\sim75\%$)以及极可能($>75\%$)。这些概率可以根据过去开发的项目、开发人员的经验,或者其他方面收集的数据,经过统计分析估算而得。

估计风险对产品和项目的影响。风险产生的后果通常使用定性的描述,如灾难性的、严重的、可容忍的,以及可忽略的。如果风险实际发生了,对产品和项目所产生的影响一般与风险的性质、范围和时间3个因素有关。风险的性质是指风险发生时可能产生的问题。例如,系统之间的接口定义得不好,就会影响软件的设计和测试,也可能导致系统集成时出现问题。风险的范围是指风险的严重性和分布情况。风险的时间是指风险的影响从何时开始,以及风险会持续多长时间等。

3. 风险管理

风险管理又称为风险规避,是对风险进行驾驭和监控的活动。

风险驾驭指项目管理者综合考虑风险出现的概率和一旦发生风险就可能产生的影响,确定处理风险的策略。对于一个具有高影响但发生概率很低的风险,不必花费很多的管理时间。对于低影响但高概率的风险,以及高影响且发生概率为中到高的风险,应该优先将其列入风险管理之中。

风险监控指对每一个已识别风险定期进行评估,从而确定风险出现的可能性是变大还是变小、风险影响的后果是否有所改变。风险监控应该是一个持续不断的过程。

风险管理应该建立风险缓解、监控和管理计划,它将记录风险分析的全部工作结果。这份文档是整个项目管理计划的一部分,为项目管理者所用。

进行风险管理和制订风险监控和管理主要依靠项目管理者的判断和经验。

【例 10.3】 在某个软件开发项目中,假如某开发人员在开发期间中途离职的概率是0.7,且离职后会对项目有影响,那么对该风险应如何规划,给出相应策略。

答:经过分析,可给出如下策略。

(1) 与在职人员协商,了解其可能流动的原因。

(2) 在项目开始前,把缓解这些流动原因的工作列入风险管理计划。

(3) 做好人员流动的准备,并采取措施,以确保一旦人员离开项目仍能继续。

(4) 制订文档标准并建立一种机制,保证文档能及时产生。

(5) 对所有工作进行仔细审查,使更多人能够按计划进度完成自己的工作。

(6) 对于每个关键性技术岗位,要注意培养后备人员等。

进行风险预测和采取风险管理措施会增加项目成本,称为风险成本。决定采用哪些风险驾驭和监控策略,还需要兼顾估算的风险成本,做综合考虑。

10.8　系统项目的文档管理

信息系统的文档是描述系统从无到有的整个发展过程和演变过程状态的文字资料。在系统开发中,文档常常用来表示对活动、需求、过程或结果进行描述、定义、规定,报告或认证的任何书面或图示的信息。它们描述和规定了信息系统设计和实现的细节,说明信息系统的操作命令。文档是信息系统产品的一部分,没有文档的信息系统就不能称为成功的系统。信息系统实际是由物理的信息系统与对应的文档两大部分组成,系统的开发应以文档的描述为依据,而系统的运行与维护更需要文档来支持。信息系统文档的编制在信息系统开发工作中占有突出的地位,其工作量也很大。高质量、高效率地开发、分发、管理和维护文档对于充分发挥信息系统产品的效益有着重要的意义。

系统文档不是事先一次形成的,而是在多次开发、运行与维护过程中不断地按阶段依次编写、修改来完善的。因此,必须对文档进行规范管理,包括各开发、运行阶段的文档编写规范,要建立文档的收、存、保管制度与借用制度等。

一个典型信息系统开发阶段所需的文档有:系统规划报告、可行性论证报告、系统分析说明书及评审意见、系统设计方案及评审意见、系统分析更改记录、系统设计更改记录和开发过程中的各种会议记录等。

文档都对应于信息系统开发的各个阶段,后一阶段的文档必须在前一阶段的文档基础上进行编写,这样才能保证整个文档的连续性与一致性,才能使系统开发逐步、有序地进行。在运行维护阶段,应该还有系统的技术手册、使用说明书、维护手册,以及原来的调试、测试的有关记录等。

本　章　小　结

系统项目管理是在一定资源条件的约束下,按照项目的内在规律和程序,对项目的全过程进行有效的计划、组织、协调、领导和控制的系统管理活动,从而保证软件项目取得成功,得到满足用户需求的软件产品。

系统项目管理的内容主要包括:项目的组织与人员管理、制订项目计划、项目质量控制、项目风险管理、项目文档管理等内容。信息系统项目管理有 5 个阶段:启动、规划、跟踪控制、评审和评价及管理文档的编写,每个阶段都有各自的过程,其中规划与跟踪控制是项目管理的核心部分。信息系统项目管理应该成立信息系统项目建设小组,然后对组内每个成员的工作进行分配,使每个成员对自己的角色、职责有明确的理解,从而有利于信息系统项目建设的成功。

信息系统项目工作计划的主要任务就是为信息系统的开发制订一份详细工作计划,并对计划的执行进行有效的组织、监督与控制。结合具体案例,本章重点介绍了甘特图方法与工程网络图方法。信息系统软件质量是系统能否被用户认可和接受的重要保证,其目的是有效地保证软件质量,顺利地向用户交付满意的软件。系统质量度量包括正确性、可维护性、完整性和可使用性。信息系统项目风险管理实际上是贯穿在项目开发过程中的一系列管理步骤,其中包括风险识别、风险预测、风险管理策略、风险解决和风险监控。它能让风险管理者主动"攻击"风险,进行有效的风险管理。通常,信息系统风险分析包括风险识别、风险预测和风险管理三项活动。系统的开发应以文档的描述为依据,一个典型信息系统开发阶段所需的文档有系统规划报告、可行性论证报告,系统分析说明书及评审意见、系统设计方案及评审意见、系统分析更改记录、系统设计更改记录和开发过程中的各种会议记录等。

本 章 练 习

1. 问题思考

(1) 信息系统软件项目管理计划包括哪些内容?

(2) 信息系统软件风险包括哪些活动?并分别举例说明。

(3) 质量成本有哪些?如何在质量和成本之间进行折中。

(4) 信息系统软件项目进度计划方法有哪些?各有什么特点?

2. 专题讨论

(1) 在信息系统软件项目管理中,为什么"靠质量来管理"是一条重要原则?试举例说明?

(2) 在软件使用的第一个月中,用户发现 9 个缺陷,在交付之前,软件团队在评审和测试中发现了 242 个错误,那么项目的缺陷排除效率是多少?

参 考 文 献

[1] Jeffrey L. Whitten，Lonnie D. Bentley. 系统分析与设计方法[M].肖刚,孙慧,等译.7 版.北京：机械工业出版社,2007.

[2] 窦万峰. 软件工程方法与实践[M].3 版.北京：机械工业出版社,2017.

[3] 薛华成.管理信息系统[M].北京：清华大学出版社,2012.

[4] 姜方桃,郑庆华.管理信息系统理论与实务[M].2 版.北京：清华大学出版社,2017.

[5] 刘腾红,刘婧珏.信息系统分析与设计[M].北京：清华大学出版社,2013.

[6] 常晋义.管理信息系统原理方法与应用[M].3 版.北京：高等教育出版社,2016.

[7] 向阳.信息系统分析与设计[M].北京：机械工业出版社,2013.

[8] 刘仲英.管理信息系统[M].3 版.北京：高等教育出版社,2017.

[9] 黄梯云,李一军.管理信息系统[M].6 版.北京：高等教育出版社,2016.

[10] 胡思康.软件工程基础[M].北京：清华大学出版社,2014.

[11] Joseph S. Valacich. Joey F. George. Jeffrey A. Hoffer. 系统分析与设计基础[M].龚晓庆,等译.6 版.北京：清华大学出版社,2018.

[12] 王珊,萨师煊.数据库系统概论[M].5 版.北京：高等教育出版社,2014.

[13] Dennis A，Wixom B H. Systems Analysis and Design：An Object-Oriented Approach with UML[M].5thed. New Jerey：Wiley Publisher，2015.

[14] 李代平,杨成义.软件工程[M].4 版.北京：清华大学出版社,2017.

[15] 蔡淑琴.管理信息系统分析与设计[M].北京：高等教育出版社,2016.

[16] 张海藩.软件工程导论[M].3 版.北京：清华大学出版社,1998.

[17] Larman C. UML 和设计模式[M].3 版.李洋,等译.北京：机械工业出版社,2011.

[18] Dupuy S，Bousquet Du. A multi-formalism approach for the validation of UML models[J]. Formal Aspects of Computing，2000,12(12)：228-230.

[19] 顾新建,祁国宁,韩永生.企业工程建模方法与企业参考模型[M].北京：科学出版社,2005.

[20] 吴迪.企业管理信息系统基础[M].北京：清华大学出版社,1998.

[21] 邵兵家.电子商务概论[M].3 版.北京：高等教育出版社,2011.

[22] 甘利人.企业信息化建设与管理[M].北京：北京大学出版社,2001.

[23] 郑人杰.软件工程[M].北京：人民邮电出版社,2009.

[24] 王文亚.制造企业 ERP 应用可行性的研究[J].现代经济信息,2014(7)：214-216.

[25] 陈文伟,数据仓库与数据挖掘[M].北京：清华大学出版社,2010.

[26] 杨克磊,高喜珍.项目可行性研究[M].上海：复旦大学出版社,2012.

[27] 郑人杰,马素霞,殷人昆.软件工程概论[M].2 版.北京：机械工业出版社,2014.

[28] 朱少民,软件工程：软件质量保证和管理[M].北京：清华大学出版社,2007.

[29] 石冬凌,任长宁,贾跃,高兵.面向对象软件工程[M].北京：清华大学出版社,2016.

[30] 张世华.科锐公司业务流程重组方案设计[D].甘肃：兰州大学,2018.

[31] 刘欣.基于业务流程重组的信息系统规划方法及实证研究[D].河北：华北电力大学大学,2008.

[32] 郑人杰,殷人昆,陶永雷.实用软件工程[M].2 版.北京：清华大学出版社,1997.

[33] 殷人昆.软件工程复习与考试指导[M].北京：高等教育出版社,2001.

[34] 黄孝章,刘鹏,苏利祥.信息系统分析与设计[M].2 版.北京：清华大学出版社,2017.

[35] 陈恒,骆焦煌.软件工程[M].北京：清华大学出版社,2017.

[36] 张权范,软件工程基础[M].北京：北京交通大学出版社,2009.

图书资源支持

感谢您一直以来对清华版图书的支持和爱护。为了配合本书的使用，本书提供配套的资源，有需求的读者请扫描下方的"书圈"微信公众号二维码，在图书专区下载，也可以拨打电话或发送电子邮件咨询。

如果您在使用本书的过程中遇到了什么问题，或者有相关图书出版计划，也请您发邮件告诉我们，以便我们更好地为您服务。

我们的联系方式：

地　　址：北京市海淀区双清路学研大厦 A 座 701

邮　　编：100084

电　　话：010-83470236　010-83470237

资源下载：http://www.tup.com.cn

客服邮箱：tupjsj@vip.163.com

QQ：2301891038（请写明您的单位和姓名）

资源下载、样书申请

书圈

扫一扫，获取最新目录

课 程 直 播

用微信扫一扫右边的二维码，即可关注清华大学出版社公众号"书圈"。